발행일 2022. 1. 25.   **1쇄 인쇄일** 2022. 1. 18.
신고번호 제2017-000193호 **펴낸곳** 한국교육방송공사 경기도 고양시 일산동구 한류월드로 281
기획 및 개발 송아롬 김나진 윤영란 이상호 이원구 이재우 최영호
표지디자인 ㈜무닉 **편집** 더 모스트 **인쇄** 팩컴코리아㈜
인쇄 과정 중 잘못된 교재는 구입하신 곳에서 교환하여 드립니다.

수학 ㅁㅏ스터

교재의 난이도 및 활용 안내

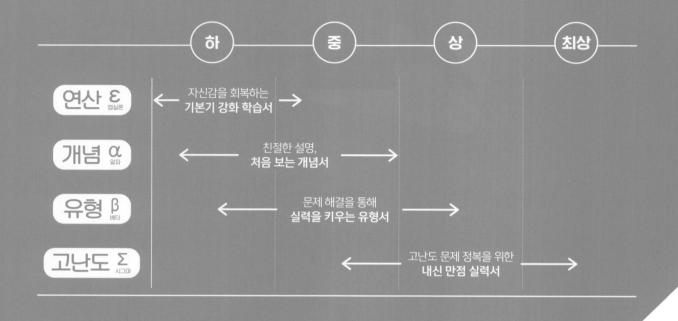

	하	중	상	최상
연산 ε 엡실론	← 자신감을 회복하는 기본기 강화 학습서 →			
개념 α 알파		← 친절한 설명, 처음 보는 개념서 →		
유형 β 베타			← 문제 해결을 통해 실력을 키우는 유형서 →	
고난도 Σ 시그마				← 고난도 문제 정복을 위한 내신 만점 실력서 →

수학 마스터

중학 수학 만점 실력서

고난도 Σ 시그마

중학 수학 **3·2**

| 교재 내용 문의 | 교재 내용 문의는 EBS 중학사이트 (mid.ebs.co.kr)의 교재 Q&A 서비스를 활용하시기 바랍니다. | 교재 정오표 공지 | 발행 이후 발견된 정오 사항을 EBS 중학사이트 정오표 코너에서 알려 드립니다. **교재학습자료 → 교재 → 교재 정오표** | 교재 정정 신청 | 공지된 정오 내용 외에 발견된 정오 사항이 있다면 EBS 중학사이트를 통해 알려 주세요. **교재학습자료 → 교재 → 교재 선택 → 교재 Q&A** |

수학 마스터

중학 수학 만점 실력서

고난도 Σ 시그마

중학 수학 3·2

고난도 문제를 통한 내신 만점 실력서!
상위권 도약을 위한 필수 교재!

1 개념 Review

- 반드시 알고 넘어가야 할 핵심 개념
- $\sum$ NOTE: 발전 개념 또는 좀 더 쉽게 문제 해결에 접근할 수 있는 꿀팁 제시

2 필수 확인 문제

- 고난도 문제를 접하기 전에 반드시 알고 넘어가야 하는 엄선된 개념별 필수 문제
- 시험 대비 실전 문제와 서술형 학습

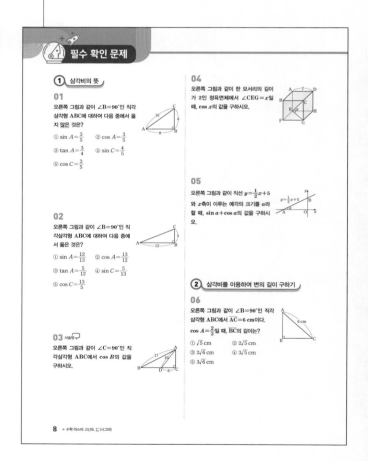

고난도 문제의 쉬운 접근성으로
처음 푸는 고난도 학습서

3 고난도 대표 유형

- 시험에 자주 출제되는 고난도 대표 유형 문제
- Σ 포인트 : 스스로 풀 수 있도록 풀이 전략 또는 해결 포인트 제시
- 고난도 실전 문제로 가는 브리지 문제

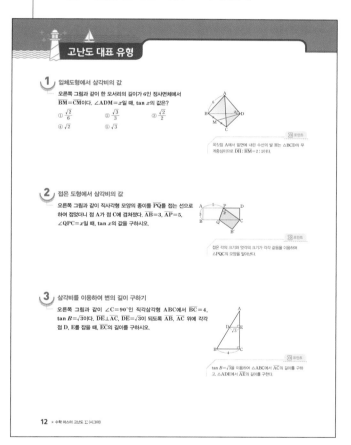

4 고난도 실전 문제

- 개념별 실전 고난도 연습 문제
- 대표 유형 ① : 고난도 대표 유형의 유사 문제를 통한 완전 학습
- 고난도 서술형 학습

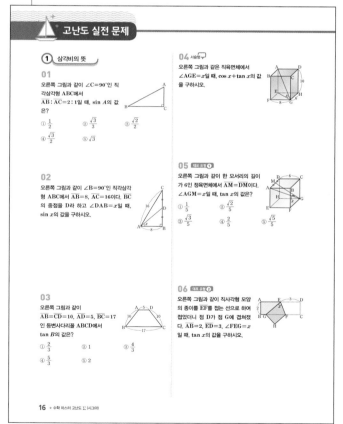

01

삼각비

1 삼각비의 뜻

∠B=90°인 직각삼각형 ABC에서 ∠A, ∠B, ∠C의 대변의 길이를 각각 a, b, c라 하면

(1) ∠A의 사인 ➡ $\sin A = \dfrac{\overline{BC}}{\overline{AC}} = \dfrac{a}{b}$

(2) ∠A의 코사인 ➡ $\cos A = \dfrac{\overline{AB}}{\overline{AC}} = \dfrac{c}{b}$

(3) ∠A의 탄젠트 ➡ $\tan A = \dfrac{\overline{BC}}{\overline{AB}} = \dfrac{a}{c}$

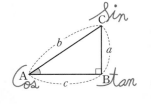

sin, cos, tan는 각각 sine, cosine, tangent를 줄여서 쓴 것이다.

sin A, cos A, tan A에서 A는 ∠A의 크기를 나타낸 것이다.

sin A, cos A, tan A를 통틀어 ∠A의 삼각비라 한다.

참고 **일차함수의 그래프와 삼각비의 값**

직선 $y=mx+n$이 x축과 이루는 예각의 크기를 a라 할 때

$$\sin a = \dfrac{\overline{OB}}{\overline{AB}}, \quad \cos a = \dfrac{\overline{AO}}{\overline{AB}}, \quad \tan a = \dfrac{\overline{OB}}{\overline{AO}}$$

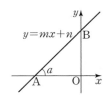

2 삼각비를 이용하여 변의 길이 구하기

직각삼각형에서 한 변의 길이와 삼각비의 값을 알 때, 나머지 두 변의 길이는 다음과 같은 순서대로 구한다.
① 주어진 삼각비의 값을 이용하여 한 변의 길이를 구한다.
② 피타고라스 정리를 이용하여 나머지 한 변의 길이를 구한다.

3 삼각비를 이용하여 다른 삼각비의 값 구하기

sin, cos, tan 중 한 삼각비를 알 때, 다른 삼각비의 값은 다음과 같은 순서대로 구한다.
① 주어진 삼각비의 값을 갖는 직각삼각형을 그린다.
② 피타고라스 정리를 이용하여 나머지 한 변의 길이를 구한다.
③ 다른 삼각비의 값을 구한다.

주어진 삼각비의 값을 갖는 직각삼각형을 가장 간단하게 그린다.

4 직각삼각형의 닮음과 삼각비의 값

직각삼각형의 닮음을 이용하여 삼각비의 값을 구할 때는 다음과 같은 순서대로 구한다.
① 닮은 삼각형을 찾는다.
   ➡ △ABC∽△DBA∽△DAC (AA 닮음)
② 크기가 같은 대응각을 찾는다.
   ➡ ∠ABC=∠DAC, ∠BCA=∠BAD
③ 닮은 직각삼각형에서 대응각에 대한 삼각비의 값이 서로 같음을 이용하여 삼각비의 값을 구한다.

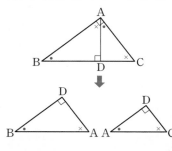

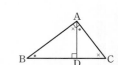

∠BAC=90°인 직각삼각형 ABC에서 $\overline{AD}\perp\overline{BC}$일 때
① $\overline{AB}^2 = \overline{BD}\times\overline{BC}$
② $\overline{AC}^2 = \overline{CD}\times\overline{CB}$
③ $\overline{AD}^2 = \overline{BD}\times\overline{CD}$
④ $\overline{AB}\times\overline{AC} = \overline{AD}\times\overline{BC}$

5 **30°, 45°, 60°의 삼각비의 값**

삼각비＼A	30°	45°	60°
sin A	$\dfrac{1}{2}$	$\dfrac{\sqrt{2}}{2}$	$\dfrac{\sqrt{3}}{2}$
cos A	$\dfrac{\sqrt{3}}{2}$	$\dfrac{\sqrt{2}}{2}$	$\dfrac{1}{2}$
tan A	$\dfrac{\sqrt{3}}{3}$	1	$\sqrt{3}$

 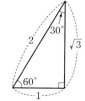

NOTE

- $\sin^2 A = (\sin A)^2 \neq \sin A^2$

- $\sin 30° = \cos 60°$
  $\sin 45° = \cos 45°$
  $\sin 60° = \cos 30°$

6 **예각의 삼각비의 값**

(1) 예각의 삼각비의 값

반지름의 길이가 1인 사분원에서 예각 x에 대하여

① $\sin x = \dfrac{\overline{AB}}{\overline{OA}} = \dfrac{\overline{AB}}{1} = \overline{AB}$

② $\cos x = \dfrac{\overline{OB}}{\overline{OA}} = \dfrac{\overline{OB}}{1} = \overline{OB}$

③ $\tan x = \dfrac{\overline{CD}}{\overline{OD}} = \dfrac{\overline{CD}}{1} = \overline{CD}$

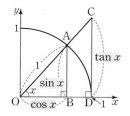

- sin, cos의 값은 빗변의 길이가 1
  인 직각삼각형을 찾아서 구하고,
  tan의 값은 밑변의 길이가 1인
  직각삼각형을 찾아서 구한다.

(2) 0°, 90°의 삼각비의 값

① $\sin 0° = 0$, $\cos 0° = 1$, $\tan 0° = 0$

② $\sin 90° = 1$, $\cos 90° = 0$이고, $\tan 90°$의 값은 정할 수 없다.

[참고] $0° \leq x \leq 90°$인 범위에서 x의 크기가 증가할 때

① $\sin x$의 값은 0에서 1까지 증가한다. ➡ $0 \leq \sin x \leq 1$

② $\cos x$의 값은 1에서 0까지 감소한다. ➡ $0 \leq \cos x \leq 1$

③ $\tan x$의 값은 0에서 한없이 증가한다. (단, $x \neq 90°$) ➡ $\tan x \geq 0$

- **$\sin x$, $\cos x$, $\tan x$의 대소 관계**
  ① $0° \leq x < 45°$이면
  $\sin x < \cos x$
  ② $x = 45°$이면
  $\sin x = \cos x < \tan x$
  ③ $45° < x < 90°$이면
  $\cos x < \sin x < \tan x$

7 **삼각비의 표**

(1) **삼각비의 표**: 0°에서 90°까지의 각에 대한 삼각비의 값을 반올림하여 소수점 아래 넷째 자리까지 나타낸 표

(2) **삼각비의 표 보는 방법**: 삼각비의 표에서 각도의 가로줄과 삼각비(사인, 코사인, 탄젠트)의 세로줄이 만나는 곳의 수를 읽는다.

⑩ 오른쪽 삼각비의 표에서
$\sin 37° = 0.6018$,
$\cos 38° = 0.7880$,
$\tan 39° = 0.8098$

각도	사인(sin)	코사인(cos)	탄젠트(tan)
⋮	⋮	⋮	⋮
37°	0.6018	0.7986	0.7536
38°	0.6157	0.7880	0.7813
39°	0.6293	0.7771	0.8098
⋮	⋮	⋮	⋮

- 삼각비의 표에 있는 값은 대부분
  반올림하여 얻은 값이지만 편의
  상 =를 사용하여 나타낸다.

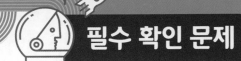

**1** 삼각비의 뜻

01

오른쪽 그림과 같이 ∠B=90°인 직각삼각형 ABC에 대하여 다음 중에서 옳지 않은 것은?

① $\sin A = \dfrac{3}{5}$　　② $\cos A = \dfrac{3}{5}$

③ $\tan A = \dfrac{3}{4}$　　④ $\sin C = \dfrac{4}{5}$

⑤ $\cos C = \dfrac{3}{5}$

02

오른쪽 그림과 같이 ∠B=90°인 직각삼각형 ABC에 대하여 다음 중에서 옳은 것은?

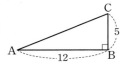

① $\sin A = \dfrac{12}{13}$　　② $\cos A = \dfrac{13}{12}$

③ $\tan A = \dfrac{5}{12}$　　④ $\sin C = \dfrac{5}{13}$

⑤ $\cos C = \dfrac{13}{5}$

03 서술형

오른쪽 그림과 같이 ∠C=90°인 직각삼각형 ABC에서 $\cos B$의 값을 구하시오.

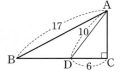

04

오른쪽 그림과 같이 한 모서리의 길이가 2인 정육면체에서 ∠CEG=x일 때, $\cos x$의 값을 구하시오.

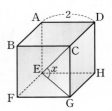

05

오른쪽 그림과 같이 직선 $y = \dfrac{1}{2}x + 5$와 x축이 이루는 예각의 크기를 a라 할 때, $\sin a + \cos a$의 값을 구하시오.

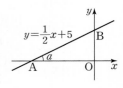

2 삼각비를 이용하여 변의 길이 구하기

06

오른쪽 그림과 같이 ∠B=90°인 직각삼각형 ABC에서 $\overline{AC}=6$ cm이다. $\cos A = \dfrac{2}{3}$일 때, $\overline{BC}$의 길이는?

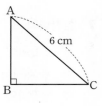

① $\sqrt{5}$ cm　　② $2\sqrt{5}$ cm

③ $2\sqrt{6}$ cm　　④ $3\sqrt{5}$ cm

⑤ $3\sqrt{6}$ cm

07 서술형

오른쪽 그림과 같이 $\angle C=90°$인 직각삼각형 ABC에서 $\overline{AB}=8$이다. $\sin A=\dfrac{1}{2}$일 때, $\triangle ABC$의 넓이를 구하시오.

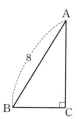

10

$5\cos A-3=0$일 때, $\dfrac{\sin A-\cos A}{\sin A\times\tan A+\cos A}$의 값을 구하시오. (단, $0°<A<90°$)

08

오른쪽 그림과 같이 $\angle B=90°$인 직각삼각형 ABC에서 $\overline{BC}=9$이다. $\sin A=\dfrac{3}{5}$일 때, $\cos C\times\tan C$의 값을 구하시오.

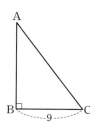

11

$\angle C=90°$인 직각삼각형 ABC에서 $\sin(90°-A)=\dfrac{15}{17}$일 때, $\tan A$의 값은?

① $\dfrac{1}{15}$ ② $\dfrac{2}{15}$ ③ $\dfrac{4}{15}$

④ $\dfrac{2}{5}$ ⑤ $\dfrac{8}{15}$

③ 삼각비를 이용하여 다른 삼각비의 값 구하기

09

$\sin A=\dfrac{4}{5}$일 때, $\cos A\times\tan A$의 값은?

(단, $0°<A<90°$)

① $\dfrac{3}{5}$ ② $\dfrac{4}{5}$ ③ 1

④ $\dfrac{6}{5}$ ⑤ $\dfrac{7}{5}$

④ 직각삼각형의 닮음과 삼각비의 값

12

오른쪽 그림과 같이 $\angle A=90°$인 직각삼각형 ABC에서 $\overline{AB}=6$, $\overline{AC}=8$이다. $\overline{BC}\perp\overline{DE}$이고 $\angle CED=x$일 때, $\cos x$의 값은?

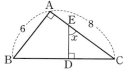

① $\dfrac{3}{5}$ ② $\dfrac{3}{4}$ ③ $\dfrac{4}{5}$

④ $\dfrac{5}{4}$ ⑤ $\dfrac{4}{3}$

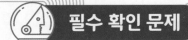
13

오른쪽 그림과 같이 $\overline{AB}=3$, $\overline{AC}=4$, $\angle BAC=90°$인 직각삼 각형 ABC에서 $\overline{AH}\perp\overline{BC}$이다. $\angle BAH=x$, $\angle CAH=y$일 때, $\sin x \times \tan y$의 값을 구하시오.

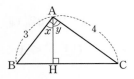

14 서술형

오른쪽 그림과 같이 직사각형 ABCD의 꼭짓점 C에서 대각선 BD에 내린 수선의 발을 H라 하 자. $\overline{AD}=6$ cm, $\overline{CD}=2\sqrt{3}$ cm 이고 $\angle BCH=x$일 때, $\sin x+\cos x$의 값을 구하시오.

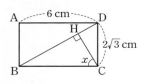

⑤ 30°, 45°, 60°의 삼각비의 값

15

다음 중에서 옳지 <u>않은</u> 것을 모두 고르면? (정답 2개)

① $\sin 45°+\cos 45°=\sqrt{2}$

② $\tan 60°\times\tan 30°=1$

③ $\sin 30°-\cos 30°=0$

④ $\sin 60°-\tan 60°=-\dfrac{\sqrt{3}}{2}$

⑤ $\cos 60°\times\tan 45°=\dfrac{\sqrt{3}}{2}$

16

$\cos(2x-10°)=\dfrac{\sqrt{3}}{2}$을 만족시키는 x의 크기는?

(단, $10°<x<50°$)

① $20°$ 　② $25°$ 　③ $30°$

④ $35°$ 　⑤ $40°$

17

오른쪽 그림과 같이 일차방정식 $\sqrt{3}x-y+2=0$의 그래프가 x축과 이루는 예각의 크기를 a라 할 때, a의 크기를 구하시오.

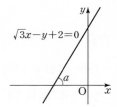

18

오른쪽 그림과 같이 $\overline{AB}=8$, $\angle B=30°$, $\angle C=45°$인 $\triangle ABC$ 에서 $\overline{AH}\perp\overline{BC}$일 때, $\overline{AC}$의 길이 를 구하시오.

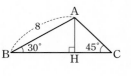

19

오른쪽 그림에서 $\overline{CD}=6$, $\angle ABC=\angle BCD=90°$이다. $\angle A=60°$, $\angle D=45°$일 때, $\overline{AC}$의 길이를 구하시오.

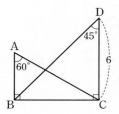

6 예각의 삼각비의 값

20

오른쪽 그림과 같이 좌표평면 위의 원점 O를 중심으로 하고 반지름의 길이가 1인 사분원에서 $\sin 50° + \cos 50°$의 값은?

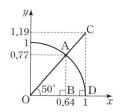

① 0.77
② 1.19
③ 1.41
④ 1.83
⑤ 2.96

21

다음을 계산하시오.

$$\sin 0° \times \cos 40° + \frac{\sin 90°}{\cos 0°} - \tan 0° \times \sin 90°$$

22

다음 중에서 삼각비의 대소 관계로 옳지 <u>않은</u> 것을 모두 고르면? (정답 2개)

① $\sin 20° < \sin 30°$
② $\cos 40° < \cos 30°$
③ $\tan 45° > \tan 20°$
④ $\sin 30° > \tan 55°$
⑤ $\sin 35° > \cos 35°$

7 삼각비의 표

[23~25] 다음 삼각비의 표를 보고 물음에 답하시오.

각도	사인(sin)	코사인(cos)	탄젠트(tan)
26°	0.4384	0.8988	0.4877
27°	0.4540	0.8910	0.5095
28°	0.4695	0.8829	0.5317
29°	0.4848	0.8746	0.5543

23

$\sin 28° + \tan 26°$의 값을 구하시오.

24

$\cos x° = 0.8910$, $\tan y° = 0.5543$을 만족시키는 x, y에 대하여 $x + y$의 값을 구하시오.

25

오른쪽 그림과 같이 $\angle C = 90°$인 직각삼각형 ABC에서 $\angle A = 63°$, $\overline{AB} = 10$일 때, $\overline{AC} + \overline{BC}$의 길이를 구하시오.

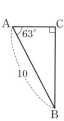

고난도 대표 유형

1 입체도형에서 삼각비의 값

오른쪽 그림과 같이 한 모서리의 길이가 6인 정사면체에서 $\overline{BM}=\overline{CM}$이다. $\angle ADM = x$일 때, $\tan x$의 값은?

① $\dfrac{\sqrt{2}}{6}$ ② $\dfrac{\sqrt{3}}{3}$ ③ $\dfrac{\sqrt{2}}{2}$

④ $\sqrt{2}$ ⑤ $\sqrt{3}$

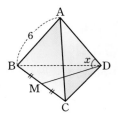

> **포인트**
> 꼭짓점 A에서 밑면에 내린 수선의 발 H는 △BCD의 무게중심이므로 $\overline{DH}:\overline{HM}=2:1$이다.

2 접은 도형에서 삼각비의 값

오른쪽 그림과 같이 직사각형 모양의 종이를 $\overline{PQ}$를 접는 선으로 하여 접었더니 점 A가 점 C에 겹쳐졌다. $\overline{AB}=3$, $\overline{AP}=5$, $\angle QPC = x$일 때, $\tan x$의 값을 구하시오.

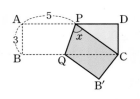

> **포인트**
> 접은 각의 크기와 엇각의 크기가 각각 같음을 이용하여 △PQC의 모양을 알아낸다.

3 삼각비를 이용하여 변의 길이 구하기

오른쪽 그림과 같이 $\angle C = 90°$인 직각삼각형 ABC에서 $\overline{BC}=4$, $\tan B = \sqrt{3}$이다. $\overline{DE} \perp \overline{AC}$, $\overline{DE}=\sqrt{3}$이 되도록 $\overline{AB}$, $\overline{AC}$ 위에 각각 점 D, E를 잡을 때, $\overline{EC}$의 길이를 구하시오.

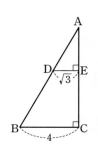

> **포인트**
> $\tan B = \sqrt{3}$을 이용하여 △ABC에서 $\overline{AC}$의 길이를 구하고, △ADE에서 $\overline{AE}$의 길이를 구한다.

4 이차방정식의 근이 삼각비로 주어진 경우

이차방정식 $9x^2-6x+1=0$의 근이 $\cos A$의 값과 같을 때, $\sin A \times \tan A$의 값은?

(단, $0°<A<90°$)

① $\dfrac{8}{3}$　　② 3　　③ $\dfrac{10}{3}$

④ $\dfrac{11}{3}$　　⑤ 4

> **포인트**
> 인수분해를 이용하여 주어진 이차방정식의 해를 구한 후 $\cos A$의 값을 이용하여 직각삼각형을 그린다.

5 직각삼각형의 닮음과 삼각비의 값

오른쪽 그림과 같이 $\angle BAC=90°$인 직각삼각형 ABC에서 $\overline{AE}\perp\overline{BC}$, $\overline{AB}\perp\overline{DE}$이다. $\overline{AD}=6$ cm, $\overline{BD}=3$ cm이고 $\angle CAE=x$, $\angle BAE=y$일 때, $\sin x \times \sin y$의 값을 구하시오.

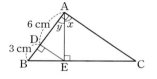

> **포인트**
> △ABE에서 $\overline{BE}^2=\overline{BD}\times\overline{BA}$를 이용하여 $\overline{BE}$의 길이를 구한다.

6 반원에서 특수각의 삼각비의 값

오른쪽 그림과 같이 지름의 길이가 $4\sqrt{2}$ cm인 반원 O에서 $\angle AOC=135°$, $\overline{CD}\perp\overline{AB}$이다. $\angle CAD=x$일 때, $\tan x$의 값을 구하시오.

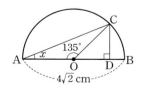

> **포인트**
> $\angle COD$의 크기를 구한 후 직각삼각형 COD에서 $\overline{OD}$, $\overline{CD}$의 길이를 각각 구한다.

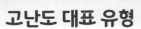

7 직선의 기울기와 삼각비의 값

오른쪽 그림과 같이 x절편이 -2이고 x축과 이루는 예각의 크기가
$60°$인 직선의 방정식은?

① $y=\dfrac{\sqrt{3}}{3}x-2$

② $y=\dfrac{\sqrt{3}}{3}x+2$

③ $y=\sqrt{3}x-2$

④ $y=\sqrt{3}x+\sqrt{3}$

⑤ $y=\sqrt{3}x+2\sqrt{3}$

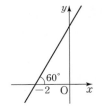

> **포인트**
> 직선 $y=mx+n$이 x축과 이루는 예각의 크기가 a일 때,
> $m=\tan a$이다.

8 특수각의 삼각비를 이용하여 삼각비의 값 구하기

오른쪽 그림과 같이 $\angle C=90°$인 직각삼각형 ABC에서
$\angle B=15°$, $\overline{BD}=4$, $\angle ADC=30°$일 때, $\tan 15°$의 값
을 구하시오.

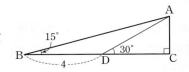

> **포인트**
> 삼각형의 한 외각의 크기는 이와 이웃하지 않는 두 내각의
> 크기의 합과 같다.

9 특수각의 삼각비를 이용하여 변의 길이 구하기

오른쪽 그림에서 사각형 FCDE는 직사각형이고 $\angle BAE=30°$,
$\angle AEB=90°$이다. $\overline{BE}=4$ **cm**, $\overline{AD}=\overline{DE}$일 때, $\overline{AC}$의 길이는?

① $3(\sqrt{6}+\sqrt{2})$ cm

② $3(\sqrt{6}-\sqrt{2})$ cm

③ $(\sqrt{6}+\sqrt{2})$ cm

④ $2(\sqrt{6}-\sqrt{2})$ cm

⑤ $2(\sqrt{6}+\sqrt{2})$ cm

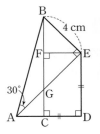

> **포인트**
> △BAE에서 $\overline{AE}$의 길이, △EAD에서 $\overline{AD}$의 길이,
> △BFE에서 $\overline{FE}$의 길이를 구한다.

10 사분원에서 삼각비의 값

오른쪽 그림과 같이 반지름의 길이가 4인 사분원에서 $\overline{OB}\perp\overline{AB}$, $\overline{OD}\perp\overline{CD}$이다. $\angle AOB=45°$일 때, 사각형 ABDC의 넓이는?

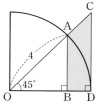

① $\dfrac{8}{3}$
② 3
③ $\dfrac{10}{3}$
④ $\dfrac{11}{3}$
⑤ 4

포인트

△AOB에서 삼각비의 값을 이용하여 $\overline{AB}$, $\overline{OB}$의 길이를 구하고, △COD에서 삼각비의 값을 이용하여 $\overline{CD}$의 길이를 구한다.

11 삼각비의 값의 대소 관계

다음 삼각비의 값을 작은 것부터 차례로 나열하시오.

$$\sin 35°, \quad \cos 0°, \quad \tan 50°, \quad \cos 35°$$

포인트

· $0°\leq x<45°$일 때, $\sin x<\cos x$
· $0°\leq x<90°$일 때, x의 크기가 커지면 $\cos x$의 값은 작아지고 $\sin x$, $\tan x$의 값은 커진다.

12 삼각비의 대소 관계를 이용한 식의 계산

$45°<x<90°$일 때, 다음 식을 간단히 하면?

$$\sqrt{(1-\tan x)^2}+\sqrt{(1+\tan x)^2}$$

① $2\tan x$
② $-2\tan x$
③ 2
④ -2
⑤ 0

포인트

$45°<x<90°$에서 $1-\tan x$, $1+\tan x$의 부호를 알아본다.

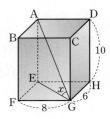

1 삼각비의 뜻

01

오른쪽 그림과 같이 ∠C=90°인 직각삼각형 ABC에서 $\overline{AB}:\overline{AC}=2:1$일 때, sin A의 값은?

① $\dfrac{1}{2}$
② $\dfrac{\sqrt{3}}{3}$
③ $\dfrac{\sqrt{2}}{2}$

④ $\dfrac{\sqrt{3}}{2}$
⑤ $\sqrt{3}$

02

오른쪽 그림과 같이 ∠B=90°인 직각삼각형 ABC에서 $\overline{AB}=8$, $\overline{AC}=16$이다. $\overline{BC}$의 중점을 D라 하고 ∠DAB=x일 때, sin x의 값을 구하시오.

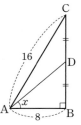

03

오른쪽 그림과 같이 $\overline{AB}=\overline{CD}=10$, $\overline{AD}=5$, $\overline{BC}=17$인 등변사다리꼴 ABCD에서 tan B의 값은?

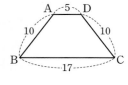

① $\dfrac{2}{3}$
② 1
③ $\dfrac{4}{3}$

④ $\dfrac{5}{3}$
⑤ 2

04 서술형

오른쪽 그림과 같은 직육면체에서 ∠AGE=x일 때, cos x+tan x의 값을 구하시오.

05 대표 유형 ①

오른쪽 그림과 같이 한 모서리의 길이가 6인 정육면체에서 $\overline{AM}=\overline{DM}$이다. ∠AGM=$x$일 때, tan x의 값은?

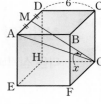

① $\dfrac{1}{5}$
② $\dfrac{\sqrt{2}}{5}$
③ $\dfrac{\sqrt{3}}{5}$
④ $\dfrac{2}{5}$
⑤ $\dfrac{\sqrt{5}}{5}$

06 대표 유형 ②

오른쪽 그림과 같이 직사각형 모양의 종이를 $\overline{EF}$를 접는 선으로 하여 접었더니 점 D가 점 G에 겹쳐졌다. $\overline{AB}=2$, $\overline{ED}=3$, ∠FEG=x일 때, tan x의 값을 구하시오.

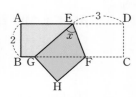

2 삼각비를 이용하여 변의 길이 구하기

07

오른쪽 그림과 같은 △ABC에서
$\overline{AB}=16$, $\overline{AC}=14$이다.
$\sin B=\dfrac{3}{4}$일 때, $\cos B$의 값을 구
하시오.

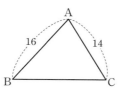

08 대표 유형 ❸

오른쪽 그림과 같이 $\angle C=90°$인 직각삼각형
ABC에서 $\overline{BC}=6$, $\tan B=\sqrt{5}$이다.
$\overline{DE}\perp\overline{AC}$, $\overline{DE}=\sqrt{5}$가 되도록 $\overline{AB}$, $\overline{AC}$ 위
에 각각 점 D, E를 잡을 때, $\overline{BD}$의 길이는?

① $4\sqrt{6}-\sqrt{15}$ ② $5\sqrt{6}-\sqrt{30}$
③ $5\sqrt{6}-\sqrt{15}$ ④ $6\sqrt{6}-\sqrt{15}$
⑤ $6\sqrt{6}-\sqrt{30}$

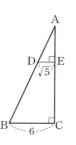

09

오른쪽 그림과 같이 $\angle C=90°$인 직각
삼각형 ABC에서 점 D는 $\overline{BC}$의 중점이
다. $\overline{AC}=12$, $\tan B=\dfrac{3}{2}$이고
$\angle DAC=x$일 때, $\sin x$의 값을 구하
시오.

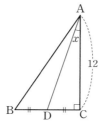

10

오른쪽 그림에서 $\angle C=\angle D=90°$
이고 $\overline{AM}=\overline{CM}=2$이다.
$\angle DBC=x$, $\angle ABD=y$라 하면
$\sin x=\dfrac{1}{2}$일 때, $\tan y$의 값을 구
하시오.

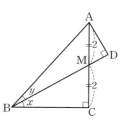

3 삼각비를 이용하여 다른 삼각비의 값 구하기

11

$\sin A=\dfrac{1}{3}$일 때, $\dfrac{\tan C+\cos A}{\tan C-\cos A}$의 값은?

(단, $0°<A<90°$)

① $\dfrac{1}{2}$ ② $\dfrac{\sqrt{2}}{2}$ ③ 1

④ $\dfrac{\sqrt{3}}{2}$ ⑤ 2

12 대표 유형 ❹

이차방정식 $4x^2-4x+1=0$의 근이 $\tan A$의 값과 같을
때, $\sin A\times\cos A$의 값은? (단, $0°<A<90°$)

① $\dfrac{2}{5}$ ② $\dfrac{1}{2}$ ③ $\dfrac{\sqrt{2}}{2}$

④ $\sqrt{2}$ ⑤ $\sqrt{3}$

4 직각삼각형의 닮음과 삼각비의 값

13

오른쪽 그림과 같이 ∠ACB=90˚
인 직각삼각형 ABC에서
$\overline{BC}$=15, $\overline{AB}$⊥$\overline{CD}$이다.
$\overline{AD}$=16, ∠A=x일 때, cos x의
값을 구하시오.

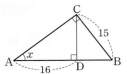

14 대표 유형 ⑤

오른쪽 그림과 같이 ∠BAC=90˚
인 직각삼각형 ABC에서
$\overline{AD}$⊥$\overline{BC}$, $\overline{AC}$⊥$\overline{DE}$이다.
$\overline{AE}$=6 cm, $\overline{EC}$=9 cm이고
∠BAD=x, ∠DAC=y일 때, sin x×sin y의 값을 구
하시오.

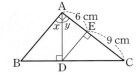

5 30˚, 45˚, 60˚의 삼각비의 값

15

다음 식을 만족시키는 x의 크기를 구하시오.

(단, 0˚<x<90˚)

$$\sin^2 60˚ + \cos^2 60˚ + 2\tan^2 45˚ \times \cos x = 2$$

16

오른쪽 그림과 같이 ∠C=90˚인 직
각삼각형 ABC에서 ∠B=30˚,
$\overline{AB}$=8 cm이다. ∠A의 이등분선
이 $\overline{BC}$와 만나는 점을 D라 할 때,
$\overline{DC}$의 길이는?

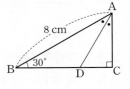

① $\sqrt{3}$ cm
② $\dfrac{4\sqrt{3}}{3}$ cm
③ 3 cm

④ $2\sqrt{3}$ cm
⑤ 4 cm

17 서술형

오른쪽 그림과 같이 ∠C=90˚인 직
각삼각형 ABC에서 $\overline{AB}$=4$\sqrt{3}$,
∠B=30˚이다. ∠ADC=45˚일
때, $\overline{BD}$의 길이를 구하시오.

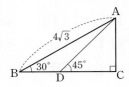

18

오른쪽 그림과 같이
$\overline{AB}$=$\overline{CD}$=4 cm, $\overline{BC}$=6 cm이
고 ∠B=60˚인 등변사다리꼴
ABCD의 넓이는?

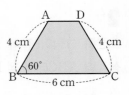

① $5\sqrt{3}$ cm²
② $6\sqrt{3}$ cm²
③ $7\sqrt{3}$ cm²

④ $8\sqrt{3}$ cm²
⑤ $9\sqrt{3}$ cm²

19 대표 유형 **6**

오른쪽 그림과 같이 반지름의 길이
가 4인 반원 O에서 $\overline{AD} \perp \overline{BC}$이다.
∠ACD=30°일 때, △ADC의 넓
이를 구하시오.

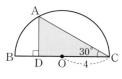

20 대표 유형 **7**

직선 $2x \sin 30° - 2y \cos 60° = 1$이 x축과 이루는 예각의
크기가 a일 때, $\sin^2 (a+15°) + \cos^2 (a-15°)$의 값은?

① $\dfrac{1}{2}$　　　② 1　　　③ $\dfrac{3}{2}$

④ 2　　　⑤ $\dfrac{5}{2}$

21 서술형

이차방정식 $4x^2 - 2(1+\sqrt{3})x + \sqrt{3} = 0$의 두 근이 $\cos A$,
$\cos B$일 때, $\tan (A-B)$의 값을 구하시오.
(단, $0° < B < A < 90°$)

22 대표 유형 **8**

오른쪽 그림과 같이 반지름의 길이
가 3 cm인 반원 O에서 $\overline{AB} \perp \overline{CD}$
이다. ∠COD=30°일 때, $\tan 75°$
의 값을 구하시오.

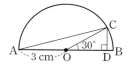

23

오른쪽 그림과 같이 한 변의 길이가
4인 정사각형 ABCD를 점 B를 중
심으로 30°만큼 회전시켜 정사각형
A′BC′D′을 만들었다. $\overline{AD}$와 $\overline{C'D'}$
의 교점을 E라 할 때, $\overline{AE}$의 길이
는?

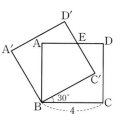

① $\sqrt{3}$　　　② $\dfrac{4\sqrt{3}}{3}$　　　③ $\dfrac{5\sqrt{3}}{3}$

④ $2\sqrt{3}$　　　⑤ $\dfrac{7\sqrt{3}}{3}$

24 대표 유형 **9**

오른쪽 그림에서 사각형 FCDE는 직사
각형이고 ∠BAE=30°, ∠AEB=90°
이다. $\overline{BE}=8$, $\overline{AD}=\overline{DE}$일 때, $\overline{BC}$의 길이
는?

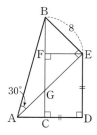

① $4(\sqrt{6}+\sqrt{2})$　　　② $4(\sqrt{6}-\sqrt{2})$

③ $5(\sqrt{6}+\sqrt{2})$　　　④ $5(\sqrt{6}-\sqrt{2})$

⑤ $6(\sqrt{6}+\sqrt{2})$

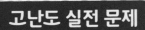

고난도 실전 문제

6 예각의 삼각비의 값

25

오른쪽 그림과 같이 반지름의 길이가 10인 사분원에서 $\overline{AB}\perp\overline{CB}$, $\overline{AD}\perp\overline{ED}$, $\overline{CF}\perp\overline{ED}$이다. $\angle CAB=60°$일 때, $\triangle ECF$의 넓이는?

① $\dfrac{21\sqrt{3}}{2}$ ② $11\sqrt{3}$

③ $\dfrac{23\sqrt{3}}{2}$ ④ $12\sqrt{3}$

⑤ $\dfrac{25\sqrt{3}}{2}$

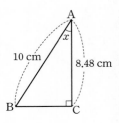

26

다음 삼각비의 값을 작은 것부터 차례로 나열하시오.

$$\tan 70°, \quad \sin 65°, \quad \cos 65°, \quad \tan 0°, \quad \cos 70°$$

27 대표 유형 ⑫

$45°<x<90°$일 때, 다음 식을 간단히 하시오.

$$\sqrt{(\cos x-\sin x)^2}+\sqrt{(\sin x+\cos x)^2}$$

28 서술형

$\sqrt{(\sin A+\cos A)^2}-\sqrt{(\sin A-\cos A)^2}=\dfrac{8}{5}$일 때, $\cos A\times\tan A$의 값을 구하시오. (단, $0°<A<45°$)

7 삼각비의 표

[29~30] 다음 삼각비의 표를 보고 물음에 답하시오.

각도	사인(sin)	코사인(cos)	탄젠트(tan)
32°	0.5299	0.8480	0.6249
33°	0.5446	0.8387	0.6494
34°	0.5592	0.8290	0.6745

29

오른쪽 그림과 같이 $\angle C=90°$인 직각삼각형 ABC에서 $\overline{AB}=10$ cm, $\overline{AC}=8.48$ cm이다. $\angle BAC=x$일 때, x의 크기를 구하시오.

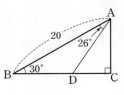

30

오른쪽 그림과 같이 $\angle C=90°$인 직각삼각형 ABC에서 $\angle B=30°$, $\overline{AB}=20$이다. $\angle BAD=26°$일 때, $\overline{DC}$의 길이는?

① 5.299 ② 6.249 ③ 6.745

④ 8.387 ⑤ 8.48

02

삼각비의 활용

02 삼각비의 활용

∑ NOTE

1 직각삼각형의 변의 길이

∠B＝90°인 직각삼각형 ABC에서

(1) ∠A의 크기와 빗변의 길이 b를 알 때

$a=b \sin A,\ c=b \cos A$

(2) ∠A의 크기와 밑변의 길이 c를 알 때

$a=c \tan A,\ b=\dfrac{c}{\cos A}$

(3) ∠A의 크기와 높이 a를 알 때

$b=\dfrac{a}{\sin A},\ c=\dfrac{a}{\tan A}$

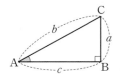

(예) 오른쪽 그림과 같은 직각삼각형 ABC에서

$a=4 \sin 30°=4 \times \dfrac{1}{2}=2$

$c=4 \cos 30°=4 \times \dfrac{\sqrt{3}}{2}=2\sqrt{3}$

> 직각삼각형에서 한 변의 길이와 한 예각의 크기를 알면 삼각비를 이용하여 나머지 두 변의 길이를 구할 수 있다.

2 일반 삼각형의 변의 길이

(1) 삼각형 ABC에서 두 변의 길이 a, c와 그 끼인각 ∠B의 크기를 알 때, 꼭짓점 A에서 $\overline{BC}$에 내린 수선의 발을 H라 하면

$\overline{AC}=\sqrt{\overline{AH}^2+\overline{CH}^2}$
$=\sqrt{(c \sin B)^2+(a-c \cos B)^2}$

(2) 삼각형 ABC에서 한 변의 길이 a와 그 양 끝 각 ∠B, ∠C의 크기를 알 때, 꼭짓점 B, C에서 대변에 내린 수선의 발을 각각 H, H′이라 하면

① $\overline{AB}=\dfrac{\overline{BH}}{\sin A}=\dfrac{a \sin C}{\sin A}$

② $\overline{AC}=\dfrac{\overline{CH'}}{\sin A}=\dfrac{a \sin B}{\sin A}$

> 일반 삼각형의 변의 길이를 구할 때는 특수각의 삼각비의 값을 이용할 수 있도록 한 꼭짓점에서 그 대변에 수선을 그어 직각삼각형을 만든다.

> 삼각비를 활용하면 실생활에서 직접 측정하기 어려운 거리나 길이, 높이 등을 구할 수 있다.

3 삼각형의 높이

삼각형 ABC에서 한 변의 길이 a와 그 양 끝 각 ∠B, ∠C의 크기를 알 때, 높이 h는

(1) 주어진 각이 모두 예각인 경우

$\overline{BC}=\overline{BH}+\overline{CH}$이므로 $a=h \tan x+h \tan y$

➡ $h=\dfrac{a}{\tan x+\tan y}$

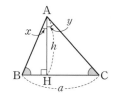

(2) 주어진 각 중 한 각이 둔각인 경우

$\overline{BC}=\overline{BH}-\overline{CH}$이므로 $a=h \tan x-h \tan y$

➡ $h=\dfrac{a}{\tan x-\tan y}$

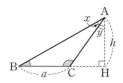

> 일반 삼각형의 높이를 구할 때는 한 꼭짓점에서 그 대변 또는 대변의 연장선에 수선을 그어 두 개의 직각삼각형을 만든 후 주어진 변의 길이를 tan로 나타낸다.

4 **삼각형의 넓이**

삼각형 ABC에서 두 변의 길이 a, c와 그 끼인각 ∠B의 크기를 알 때, 넓이 S는

(1) ∠B가 예각인 경우

$h=c \sin B$이므로

$$S=\frac{1}{2}ah=\frac{1}{2}ac \sin B$$

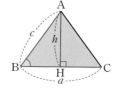

(2) ∠B가 둔각인 경우

$h=c \sin (180°-B)$이므로

$$S=\frac{1}{2}ah=\frac{1}{2}ac \sin (180°-B)$$

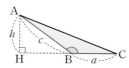

Σ NOTE

● 한 변의 길이가 a인 정삼각형의 넓이 S는

$$S=\frac{1}{2}\times a \times a \times \sin 60°$$

$$=\frac{1}{2}\times a \times a \times \frac{\sqrt{3}}{2}=\frac{\sqrt{3}}{4}a^2$$

● ∠B=90°인 경우 $\sin B=1$ 이므로 삼각형의 넓이 S는

$$S=\frac{1}{2}ac \sin B=\frac{1}{2}ac$$

5 **다각형의 넓이**

다각형에 보조선을 그어 여러 개의 삼각형으로 나눈 후 삼각형의 넓이의 합을 구한다.
오른쪽 그림과 같은 사각형 ABCD에서 ∠B, ∠D가 예각일 때,
대각선 AC를 그으면

□ABCD＝△ABC＋△ACD

$$=\frac{1}{2}ab \sin B+\frac{1}{2}cd \sin D$$

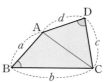

● 정 n각형의 넓이는 n개의 합동인 이등변삼각형으로 나누어 구한다.

6 **사각형의 넓이**

(1) **평행사변형의 넓이**: 평행사변형 ABCD에서 이웃하는 두 변의 길이가 a, b이고 그 끼인각 x가 예각일 때, 넓이 S는

$$S=ab \sin x$$

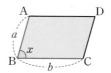

(2) **사각형의 넓이**: 사각형 ABCD에서 대각선의 길이가 a, b이고 두 대각선이 이루는 각 x가 예각일 때, 넓이 S는

$$S=\frac{1}{2}ab \sin x$$

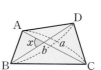

참고 x가 둔각일 때, 사각형 ABCD의 넓이 S는

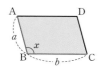

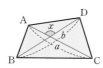

$$S=ab \sin (180°-x) \qquad S=\frac{1}{2}ab \sin (180°-x)$$

1 직각삼각형의 변의 길이

01

오른쪽 그림과 같이 $\angle C=90°$인 직각삼각형 ABC에서 $\overline{AB}=4$, $\angle B=40°$일 때, 다음 중에서 $\overline{AC}$의 길이를 나타내는 것을 모두 고르면? (정답 2개)

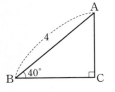

① $4\sin 40°$ ② $4\sin 50°$ ③ $4\cos 40°$

④ $4\cos 50°$ ⑤ $4\tan 40°$

02

오른쪽 그림과 같이 $\angle A=90°$인 직각삼각형 ABC에서 $\overline{BC}=8$, $\angle C=35°$일 때, $x+y$의 값을 구하시오. (단, $\sin 35°=0.6$, $\cos 35°=0.8$, $\tan 35°=0.7$로 계산한다.)

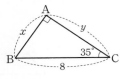

03

오른쪽 그림과 같은 직육면체에서 $\overline{AD}=3\sqrt{3}$ cm, $\overline{AF}=8$ cm이다. $\angle AFB=60°$일 때, 이 직육면체의 부피는?

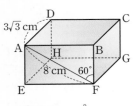

① 132 cm^3 ② 136 cm^3 ③ 140 cm^3

④ 144 cm^3 ⑤ 148 cm^3

04

오른쪽 그림과 같이 모선 AB의 길이가 12 cm인 원뿔이 있다. 모선과 밑면이 이루는 각의 크기가 45°일 때, 이 원뿔의 부피를 구하시오.

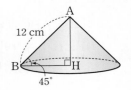

05

오른쪽 그림과 같이 나무로부터 10 m 떨어진 A 지점에서 민호가 나무의 꼭대기 C를 올려다본 각의 크기는 25°이다. 민호의 눈높이가 1.6 m일 때, 나무의 높이는? (단, $\sin 25°=0.42$, $\cos 25°=0.91$, $\tan 25°=0.47$로 계산한다.)

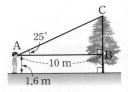

① 5.7 m ② 6 m ③ 6.3 m

④ 6.6 m ⑤ 6.9 m

06

오른쪽 그림과 같이 건물의 D 지점으로부터 30 m 떨어진 A 지점에서 국기 게양대의 양 끝 B, C 지점을 올려다본 각의 크기가 각각 60°, 30°일 때, 국기 게양대의 높이 $\overline{BC}$의 길이를 구하시오.

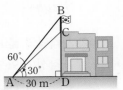

07 서술형

오른쪽 그림과 같이 50 m만큼 떨어진 두 건물 A, B가 있다. A 건물 옥상에서 B 건물을 올려다본 각의 크기는 60°이고 내려다본 각의 크기는 45°일 때, B 건물의 높이를 구하시오.

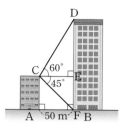

08

지면에 수직으로 서 있던 나무가 오른쪽 그림과 같이 부러졌다. 이때 부러지기 전의 나무의 높이는?

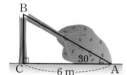

① $2\sqrt{3}$ m   ② $3\sqrt{3}$ m

③ $4\sqrt{3}$ m   ④ $5\sqrt{3}$ m

⑤ $6\sqrt{3}$ m

❷ 일반 삼각형의 변의 길이

09

오른쪽 그림과 같은 △ABC에서 $\overline{AB}=12$ cm, $\overline{BC}=10\sqrt{2}$ cm, ∠B=45°일 때, $\overline{AC}$의 길이를 구하시오.

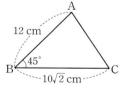

10

오른쪽 그림과 같은 △ABC에서 $\overline{BC}=10$ cm, $\overline{AC}=8$ cm, ∠C=120°일 때, $\overline{AB}$의 길이를 구하시오.

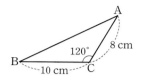

11

오른쪽 그림과 같은 평행사변형 ABCD에서 $\overline{AB}=6$ cm, $\overline{BC}=8$ cm, ∠B=60°일 때, 대각선 BD의 길이를 구하시오.

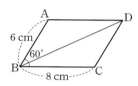

12

오른쪽 그림과 같은 △ABC에서 $\overline{AB}=10$ cm, ∠B=60°, ∠C=45°일 때, $\overline{BC}$의 길이를 구하시오.

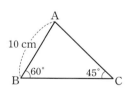

13

오른쪽 그림과 같은 △ABC에서 $\overline{BC}=14$, ∠B=105°, ∠C=30°일 때, $\overline{AB}$의 길이를 구하시오.

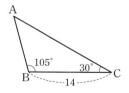

③ 삼각형의 높이

14

오른쪽 그림과 같은 △ABC에서 $\overline{BC}=10$, ∠B=60°, ∠C=45°이다. $\overline{AH}\perp\overline{BC}$일 때, $\overline{AH}$의 길이는?

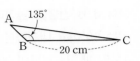

① $3(3-\sqrt{3})$　　② $3(3-\sqrt{2})$

③ $4(3-\sqrt{3})$　　④ $4(3-\sqrt{2})$

⑤ $5(3-\sqrt{3})$

15

오른쪽 그림과 같은 △ABC에서 ∠B=30°, ∠BCA=120°이다. $\overline{BC}=12$일 때, $\overline{AH}$의 길이는?

① $4\sqrt{3}$　　② $5\sqrt{3}$

③ $6\sqrt{3}$　　④ $7\sqrt{3}$

⑤ $8\sqrt{3}$

16 서술형 💬

오른쪽 그림과 같은 △ABC에서 $\overline{BC}=12$ cm, ∠B=30°, ∠C=45°일 때, △ABC의 넓이를 구하시오.

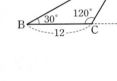

---

④ 삼각형의 넓이

17

오른쪽 그림과 같이 $\overline{BC}=20$ cm, ∠B=135°인 △ABC의 넓이가 $25\sqrt{2}$ cm²일 때, $\overline{AB}$의 길이를 구하시오.

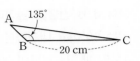

18

오른쪽 그림과 같이 $\overline{AB}=6$ cm, $\overline{BC}=12$ cm인 △ABC의 넓이가 $18\sqrt{3}$ cm²일 때, ∠B의 크기를 구하시오. (단, 0°<∠B<90°)

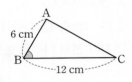

19

오른쪽 그림과 같은 △ABC에서 $\overline{AB}=6$ cm, $\overline{BC}=8$ cm이다. $\tan B=\dfrac{\sqrt{3}}{3}$일 때, △ABC의 넓이는? (단, 0°<∠B<90°)

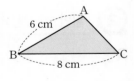

① 8 cm²　　② 10 cm²　　③ 12 cm²

④ 14 cm²　　⑤ 16 cm²

5 다각형의 넓이

20

오른쪽 그림과 같은 사각형 ABCD의 넓이는?

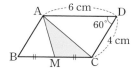

① $14\sqrt{2}\ \mathrm{cm}^2$ ② $14\sqrt{3}\ \mathrm{cm}^2$

③ $15\sqrt{2}\ \mathrm{cm}^2$ ④ $15\sqrt{3}\ \mathrm{cm}^2$

⑤ $16\sqrt{2}\ \mathrm{cm}^2$

21

오른쪽 그림과 같은 사각형 ABCD에서 $\overline{BC}=8\ \mathrm{cm}$, $\overline{CD}=4\ \mathrm{cm}$이다. $\angle B=90°$, $\angle DCA=60°$, $\angle CAB=45°$일 때, 사각형 ABCD의 넓이를 구하시오.

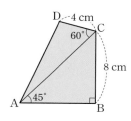

22

오른쪽 그림과 같이 한 변의 길이가 6 cm인 정육각형의 넓이는?

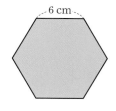

① $18\sqrt{3}\ \mathrm{cm}^2$ ② $27\sqrt{2}\ \mathrm{cm}^2$

③ $27\sqrt{3}\ \mathrm{cm}^2$ ④ $54\sqrt{2}\ \mathrm{cm}^2$

⑤ $54\sqrt{3}\ \mathrm{cm}^2$

6 사각형의 넓이

23

오른쪽 그림과 같은 평행사변형 ABCD에서 $\overline{AD}=6\ \mathrm{cm}$, $\overline{CD}=4\ \mathrm{cm}$, $\angle D=60°$이다. 점 M이 $\overline{BC}$의 중점일 때, $\triangle AMC$의 넓이를 구하시오.

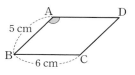

24

오른쪽 그림과 같이 $\overline{AB}=5\ \mathrm{cm}$, $\overline{BC}=6\ \mathrm{cm}$인 평행사변형 ABCD의 넓이가 $15\sqrt{2}\ \mathrm{cm}^2$일 때, $\angle A$의 크기는? (단, $90°<\angle A<180°$)

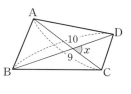

① $105°$ ② $120°$ ③ $135°$

④ $150°$ ⑤ $165°$

25

오른쪽 그림과 같은 사각형 ABCD의 넓이가 $\dfrac{45\sqrt{2}}{2}$일 때, 두 대각선이 이루는 예각 x의 크기를 구하시오.

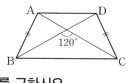

26

오른쪽 그림과 같이 $\overline{AD}/\!/\overline{BC}$이고 두 대각선이 이루는 각의 크기가 $120°$인 등변사다리꼴 ABCD의 넓이가 $25\sqrt{3}\ \mathrm{cm}^2$일 때, $\overline{AC}$의 길이를 구하시오.

고난도 대표 유형

1 입체도형에서 선분의 길이

오른쪽 그림과 같이 밑면은 한 변의 길이가 6 cm인 정사각형이고, 옆면은 모두 합동인 이등변삼각형으로 이루어진 정사각뿔의 꼭짓점 A에서 밑면에 내린 수선의 발을 H라 하자.
∠ABH=60°일 때, 이 정사각뿔의 부피를 구하시오.

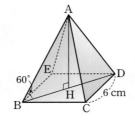

📐 포인트
• 점 H는 $\overline{BD}$의 중점이므로 $\overline{BH}=\overline{HD}$이다.
• △ABH에서 $\tan 60°=\dfrac{\overline{AH}}{\overline{BH}}$임을 이용한다.

2 실생활에서 직각삼각형의 변의 길이의 활용

오른쪽 그림과 같이 호수 위의 A 지점에 떠 있는 열기구 안에서 호수의 가장자리의 두 지점 B, C를 내려다본 각의 크기가 각각 60°, 45°이었다. 수면 위에서 열기구까지의 높이가 300 m일 때, 두 지점 B, C 사이의 거리는?

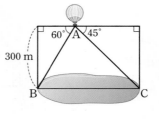

① $50(\sqrt{3}+3)$ m 　　② $100(\sqrt{3}+3)$ m

③ $50(\sqrt{3}+1)$ m 　　④ $100(\sqrt{3}+1)$ m

⑤ $100(\sqrt{3}+2)$ m

📐 포인트
점 A에서 $\overline{BC}$에 수선의 발 H를 내려 $\overline{BH}$, $\overline{CH}$의 길이를 각각 구한다.

3 삼각비를 활용한 추의 위치

오른쪽 그림과 같이 길이가 20 cm인 추가 좌우 30°의 각도를 유지하면서 움직이고 있다. 추가 가장 높이 올라갔을 때, 추는 A 지점을 기준으로 하여 몇 cm 위에 있는가?
(단, 추의 크기는 무시한다.)

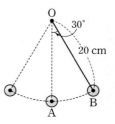

① $10(2-\sqrt{3})$ cm 　　② $10(2-\sqrt{2})$ cm

③ $5(2-\sqrt{3})$ cm 　　④ $5(2+\sqrt{3})$ cm

⑤ $5(2+\sqrt{5})$ cm

📐 포인트
점 B에서 $\overline{OA}$에 수선의 발 H를 내려 $\overline{OH}$의 길이를 구한다.

4 실생활에서 삼각비를 활용하여 속력 구하기

오른쪽 그림과 같이 해발 20 m 높이의 등대에서 처음 배를 내려다본 각의 크기가 30°이고, 5분 후에 같은 배를 다시 내려다본 각의 크기가 45°이었다. 배가 등대를 향하여 일정한 속력으로 일직선으로 움직일 때, 이 배의 속력은?

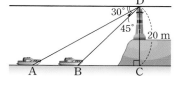

① 분속 $4(\sqrt{3}+1)$ m   ② 분속 $4\sqrt{3}$ m   ③ 분속 $4(\sqrt{3}-1)$ m

④ 분속 $3(\sqrt{3}-1)$ m   ⑤ 분속 $2(\sqrt{3}-1)$ m

포인트
△BCD에서 $\overline{BC}$의 길이를 구하고, △ACD에서 $\overline{AC}$의 길이를 구한다.

 5 실생활에서 일반 삼각형의 변의 길이의 활용

오른쪽 그림과 같이 호수의 가장자리의 두 지점 A, B 사이의 거리를 구하기 위하여 필요한 부분을 측량하였더니 $\overline{BC}=30$ m, ∠B=75°, ∠C=45°이었다. 두 지점 A, B 사이의 거리를 구하시오.

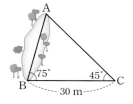

포인트
점 B에서 $\overline{AC}$에 수선의 발 H를 내려 $\overline{BH}$의 길이를 구한다.

 6 삼각형의 높이

오른쪽 그림과 같은 두 직각삼각형 ABC, DBE에서 ∠ABC=45°, ∠DBE=30°이다. $\overline{CE}=12$ cm, $\overline{AC}=\overline{DE}$일 때, $\overline{DE}$의 길이를 구하시오.

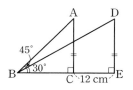

포인트
△ABC에서 $\overline{BC}=\overline{AC}\tan A$이고, △DBE에서 $\overline{BE}=\overline{DE}\tan D$이다.

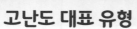

 각의 이등분선과 삼각형의 넓이

오른쪽 그림과 같이 $\overline{AB}=6$, $\overline{AC}=8$, $\angle BAC=90°$인 직각삼
각형 ABC에서 $\overline{AD}$가 $\angle A$의 이등분선일 때, $\overline{AD}$의 길이는?

① $\dfrac{20\sqrt{2}}{7}$ ② $3\sqrt{2}$ ③ $\dfrac{22\sqrt{2}}{7}$

④ $\dfrac{23\sqrt{2}}{7}$ ⑤ $\dfrac{24\sqrt{2}}{7}$

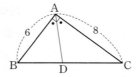

포인트
$\triangle ABC=\triangle ABD+\triangle ADC$

 활꼴의 넓이

오른쪽 그림과 같이 반지름의 길이가 6 cm인 반원 O에서
$\angle ABC=30°$일 때, 색칠한 부분의 넓이를 구하시오.

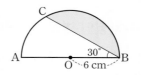

포인트
보조선 OC를 그은 후 부채꼴 COB의 넓이에서 삼각형
COB의 넓이를 뺀다.

 겹쳐진 삼각형의 넓이

오른쪽 그림과 같이 합동인 두 직각삼각형 ABC, DCB에서
$\overline{AB}=6$ cm, $\overline{BC}=10$ cm, $\overline{DC}=6$ cm일 때, 겹쳐진 부분의
넓이는?

① $\dfrac{73}{4}$ cm^2 ② $\dfrac{75}{4}$ cm^2 ③ $\dfrac{77}{4}$ cm^2

④ $\dfrac{79}{4}$ cm^2 ⑤ $\dfrac{81}{4}$ cm^2

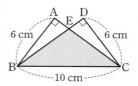

포인트
직각삼각형 BCD에서 $\overline{BD}$의 길이를 구한 후 도형의 닮음
을 이용한다.

10 접은 도형에서 삼각형의 넓이

오른쪽 그림과 같이 폭이 5 cm인 직사각형 모양의 종이를 $\overline{BC}$ 를 접는 선으로 하여 접었다. $\overline{BC}=10$ cm일 때, 삼각형 ABC 의 넓이를 구하시오.

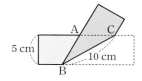

> **포인트**
>
> 점 B에서 $\overline{AC}$의 연장선에 수선의 발 H를 내려 △BCH에 서 ∠C의 크기를 구한다.

11 다각형의 넓이

오른쪽 그림과 같이 한 변의 길이가 6 cm 정사각형 ABCD에서 점 M, N이 각각 $\overline{BC}$, $\overline{CD}$의 중점이다. ∠MAN=x일 때, $\sin x$의 값은?

① $\dfrac{1}{3}$ ② $\dfrac{2}{5}$ ③ $\dfrac{7}{15}$

④ $\dfrac{8}{15}$ ⑤ $\dfrac{3}{5}$

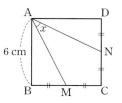

> **포인트**
>
> □ABCD=△ABM+△AMN+△NMC+△AND

12 겹쳐진 평행사변형의 넓이

오른쪽 그림과 같이 폭이 각각 4 cm, 5 cm인 두 종이 테이프를 ∠ABC=45°가 되도록 겹쳐 놓았을 때, 겹쳐진 부분의 넓이를 구하시오.

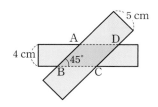

> **포인트**
>
> 점 B에서 $\overline{AD}$, $\overline{CD}$의 연장선에 각각 수선의 발을 내려 $\overline{AB}$, $\overline{BC}$의 길이를 각각 구한다.

① 직각삼각형의 변의 길이

01

오른쪽 그림과 같이 ∠B=60°, ∠C=90°인 직각삼각형 ABC에서 $\overline{BD}=4$, $\overline{DE}=8\sqrt{2}$이다. ∠EDC=45°일 때, $\overline{AE}$의 길이를 구하시오.

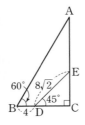

02 대표 유형 ❶

오른쪽 그림과 같이 밑면은 한 변의 길이가 10 cm인 정사각형이고, 옆면은 모두 합동인 이등변삼각형으로 이루어진 정사각뿔의 꼭짓점 A에서 밑면에 내린 수선의 발을 H라 하자. ∠ABH=60°일 때, △ABH의 둘레의 길이를 구하시오.

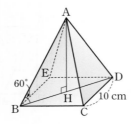

03 대표 유형 ❷

오른쪽 그림과 같이 A 지점으로부터 150 m 떨어진 B 지점에서 나무의 꼭대기 P 지점을 올려다본 각의 크기가 60°이었다. ∠BAC=30°, ∠ABC=90°일 때, 나무의 높이는?

(단, 지점 A, B, C는 한 평면 위에 있다.)

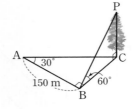

① 100 m   ② 150 m   ③ $150\sqrt{3}$ m

④ 300 m   ⑤ $300\sqrt{3}$ m

04 대표 유형 ❸

오른쪽 그림과 같이 길이가 40 cm인 추가 좌우 45°의 각도를 유지하면서 움직이고 있다. 추가 가장 높이 올라갔을 때, 추는 A 지점을 기준으로 하여 몇 cm 위에 있는지 구하시오. (단, 추의 크기는 무시한다.)

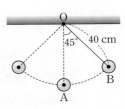

05 대표 유형 ❹

오른쪽 그림과 같이 강 위의 B 지점에 있는 배가 출발하여 D 지점을 향해 가고 있다. 수면 위로부터 300 m 높이의 A 지점에 있는 헬기에서 C 지점에 있는 배를 내려다본 각의 크기가 60°이었고, 10분 후 D 지점에 있는 배를 내려다본 각의 크기가 30°이었다. 배가 일정한 속력으로 일직선으로 움직일 때, 이 배의 속력은 분속 몇 m인지 구하시오.

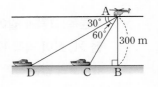

06 서술형

오른쪽 그림과 같은 직육면체에서 $\overline{GH}=4$, ∠BGF=45°, ∠DGH=60°, ∠BGD=x일 때, $\cos x$의 값을 구하시오.

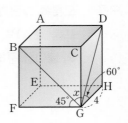

2 일반 삼각형의 변의 길이

07

오른쪽 그림과 같이 $\overline{AB}=9$ cm, $\overline{BC}=12$ cm인 △ABC에서 $\cos B=\dfrac{1}{3}$일 때, $\overline{AC}$의 길이를 구하시오.

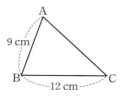

08 대표 유형 ⑤

오른쪽 그림과 같이 강을 사이에 두고 양쪽에 위치한 두 지점 A, C 사이의 거리를 구하기 위하여 필요한 부분을 측량하였더니 $\overline{AB}=30$ m, $\angle A=105°$, $\angle B=45°$이었다. 두 지점 A, C 사이의 거리를 구하시오.

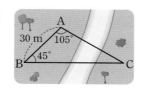

09

오른쪽 그림과 같이 강을 사이에 두고 양쪽에 위치한 두 지점 A, B 사이의 거리를 구하기 위하여 필요한 부분을 측량하였더니 $\overline{BC}=30$ m, $\angle B=75°$, $\angle C=45°$이었다. 두 지점 A, C 사이의 거리는?

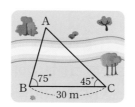

① $4(\sqrt6+\sqrt2)$ m
② $4(\sqrt6+2\sqrt2)$ m
③ $5(\sqrt6+\sqrt2)$ m
④ $5(\sqrt6+2\sqrt2)$ m
⑤ $5(\sqrt6+3\sqrt2)$ m

3 삼각형의 높이

10 대표 유형 ⑥

오른쪽 그림과 같이 두 지점 A, B에서 건물의 꼭대기 C를 올려다본 각의 크기가 각각 30°, 45°이다. 두 지점 A, B 사이의 거리가 150 m일 때, 건물의 높이를 구하시오.

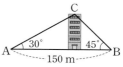

11

오른쪽 그림과 같이 100 m만큼 떨어진 두 지점 B, C에서 산꼭대기 A를 올려다본 각의 크기가 각각 30°, 60°일 때, 산의 높이는?

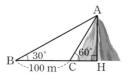

① 50 m
② $50\sqrt2$ m
③ $50\sqrt3$ m
④ 100 m
⑤ $100\sqrt3$ m

12

오른쪽 그림과 같이 우진이가 12 m만큼 떨어진 두 지점 B, C에서 탑의 꼭대기 A를 올려다본 각의 크기가 각각 30°, 45°이다. 우진이의 눈높이가 1.6 m일 때, 탑의 높이를 구하시오.

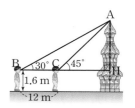

④ 삼각형의 넓이

13

오른쪽 그림과 같은 △ABC에서
$\overline{AB}=6$ cm, $\overline{AC}=8$ cm, $\angle A=45°$
이다. 점 G가 △ABC의 무게중심일
때, △GBC의 넓이는?

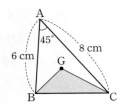

① $4\sqrt{2}$ cm²   ② $4\sqrt{3}$ cm²

③ $5\sqrt{2}$ cm²   ④ $5\sqrt{3}$ cm²

⑤ $6\sqrt{2}$ cm²

14

오른쪽 그림과 같이 $\angle A=60°$인
△ABC의 내심을 I라 하자.
$\overline{IB}=6$ cm, $\overline{IC}=4$ cm일 때,
△IBC의 넓이를 구하시오.

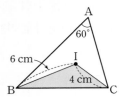

15 서술형

오른쪽 그림과 같이 한 변의 길이가 12인
정사각형 ABCD의 변 AD를 빗변으로
하는 직각삼각형 ADE에서 $\angle EAD=60°$
일 때, △CDE의 넓이를 구하시오.

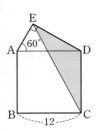

16

오른쪽 그림과 같이 반지름의 길이가
4인 원 O에서
$$\overset{\frown}{AB} : \overset{\frown}{BC} : \overset{\frown}{CA}=5 : 3 : 4$$
일 때, △ABC의 넓이를 구하시오.

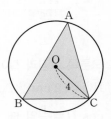

17 대표 유형 **7**

오른쪽 그림과 같이 $\overline{AB}=12$,
$\overline{AC}=6$, $\angle BAC=120°$인
△ABC에서 $\overline{AD}$가 $\angle A$의 이등분
선일 때, $\overline{AD}$의 길이는?

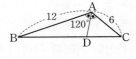

① 3   ② 4   ③ 5

④ 6   ⑤ 7

18 대표 유형 **8**

오른쪽 그림과 같이 원 O에 내접하는
△ABC에서 $\overline{BC}=8\sqrt{3}$, $\angle A=60°$일
때, 색칠한 부분의 넓이를 구하시오.

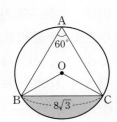

19 대표 유형 9

오른쪽 그림과 같이 한 변의 길이가 6 cm인 정사각형 ABCD를 점 A를 중심으로 시계 반대 방향으로 30°만큼 회전시켜 정사각형 AEFG를 만들었다. △AEH의 넓이를 구하시오.

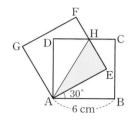

20 대표 유형 10

오른쪽 그림과 같이 폭이 4 cm인 직사각형 모양의 종이를 $\overline{AB}$를 접는 선으로 하여 접었다.
$\overline{AB}$＝8 cm일 때, △ACB의 넓이를 구하시오.

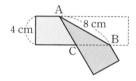

21

오른쪽 그림과 같은 삼각형 ABC에서 $\overline{AB}$의 길이는 10 % 늘이고, $\overline{AC}$의 길이는 15 % 줄여서 새로운 삼각형 ADE를 만들었다. △ADE의 넓이는 △ABC의 넓이의 몇 %가 되는가?

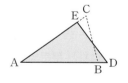

① 91.5 %   ② 92.5 %   ③ 93.5 %

④ 94.5 %   ⑤ 95.5 %

---

⑤ 다각형의 넓이

22

오른쪽 그림과 같은 사각형 ABCD에서 $\overline{AC} \parallel \overline{DE}$이고 $\overline{AB}$＝8 cm, $\overline{BC}$＝6 cm, $\overline{CE}$＝4 cm이다. ∠B＝60°일 때, 사각형 ABCD의 넓이는?

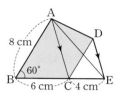

① $20\sqrt{2}$ cm²   ② $20\sqrt{3}$ cm²   ③ $25\sqrt{2}$ cm²

④ $25\sqrt{3}$ cm²   ⑤ 50 cm²

23

오른쪽 그림과 같이 반지름의 길이가 5 cm인 원 O에 내접하는 정팔각형의 넓이는?

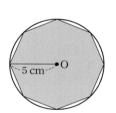

① 25 cm²   ② $25\sqrt{2}$ cm²

③ $25\sqrt{3}$ cm²   ④ 50 cm²

⑤ $50\sqrt{2}$ cm²

24 서술형

오른쪽 그림과 같은 사각형 ABCD에서 $\overline{AB}$＝6, $\overline{BC}$＝9, $\overline{CD}$＝4이다. ∠ABD＝30°, ∠BCD＝60°일 때, 사각형 ABCD의 넓이를 구하시오.

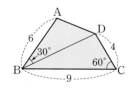

25 대표 유형 ⑪

오른쪽 그림과 같이 한 변의 길이가 3 cm인 정사각형 ABCD에서 $\overline{BP}:\overline{PC}=1:2$, $\overline{DQ}:\overline{QC}=1:2$ 이다. ∠PAQ=x일 때, $\sin x$의 값을 구하시오.

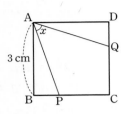

6 사각형의 넓이

26

오른쪽 그림과 같은 마름모 ABCD의 넓이가 $18\sqrt{3}$ cm²일 때, 마름모 ABCD의 한 변의 길이는?

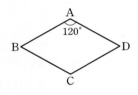

① 5 cm ② 6 cm
③ 7 cm ④ 8 cm
⑤ 9 cm

27

오른쪽 그림과 같은 사각형 ABCD의 넓이는?

① $3\sqrt{3}$ ② $5\sqrt{3}$
③ $7\sqrt{3}$ ④ $9\sqrt{3}$
⑤ $11\sqrt{3}$

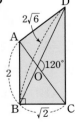

28 서술형

오른쪽 그림과 같이 평행사변형 ABCD의 두 대각선의 교점을 O라 하자. ∠BAD:∠ADC=3:1이고 $\overline{BC}=8$ cm, $\overline{CD}=6$ cm일 때, △OCD의 넓이를 구하시오.

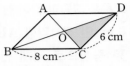

29

오른쪽 그림과 같은 사각형 ABCD에서 두 대각선의 길이가 각각 5, 8일 때, 사각형 ABCD의 넓이의 최댓값을 구하시오.

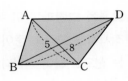

30 대표 유형 ⑫

오른쪽 그림과 같이 폭이 6 cm로 같은 두 종이 테이프가 겹쳐져 있을 때, 겹쳐진 부분의 넓이는?

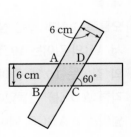

① $21\sqrt{3}$ cm² ② $22\sqrt{3}$ cm²
③ $23\sqrt{3}$ cm² ④ $24\sqrt{3}$ cm²
⑤ $25\sqrt{3}$ cm²

03

원과 직선

03 원과 직선

1 원의 중심과 현의 수직이등분선

(1) 원의 중심에서 현에 내린 수선은 그 현을 이등분한다.

➡ $\overline{AB} \perp \overline{OM}$이면 $\overline{AM} = \overline{BM}$

[참고] △OAM과 △OBM에서

$\angle OMA = \angle OMB = 90°$, $\overline{OA} = \overline{OB}$(반지름), $\overline{OM}$은 공통이므로

△OAM ≡ △OBM (RHS 합동)

따라서 $\overline{AM} = \overline{BM}$

(2) 원에서 현의 수직이등분선은 그 원의 중심을 지난다.

[참고] 원의 일부가 주어졌을 때, 원의 반지름의 길이는 다음과 같은 순서로 구한다.

① 현의 수직이등분선이 원의 중심을 지남을 이용하여 원의 중심을 찾는다.

② 원의 반지름의 길이를 r로 놓고 피타고라스 정리를 이용하여 식을 세운다.

➡ $r^2 = (r-a)^2 + b^2$

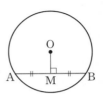

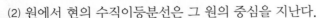

원 O에서 현 AB의 수직이등분선을 l이라 하면 두 점 A, B로부터 같은 거리에 있는 점들은 모두 직선 l 위에 있다. 따라서 원의 중심도 직선 l 위에 있으므로 현 AB의 수직이등분선은 원 O의 중심을 지난다.

2 원의 중심과 현의 길이

(1) 한 원에서 중심으로부터 같은 거리에 있는 두 현의 길이는 서로 같다.

➡ $\overline{OM} = \overline{ON}$이면 $\overline{AB} = \overline{CD}$

(2) 한 원에서 길이가 같은 두 현은 원의 중심으로부터 같은 거리에 있다.

➡ $\overline{AB} = \overline{CD}$이면 $\overline{OM} = \overline{ON}$

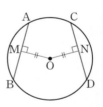

원에 내접하는 △ABC에서 $\overline{OM} = \overline{ON}$이면 $\overline{AB} = \overline{AC}$이므로 △ABC는 이등변삼각형이다.

3 원의 접선의 성질

(1) 원의 접선의 길이: 원 O 밖의 한 점 P에서 이 원에 그을 수 있는 접선은 2개이고, 점 P에서 원 O의 접점까지의 거리를 각각 점 P에서 원 O에 그은 접선의 길이라 한다.

(2) 원의 접선의 성질: 원 밖의 한 점에서 그 원에 그은 두 접선의 길이는 서로 같다.

➡ $\overline{PA} = \overline{PB}$

[참고] △PAO와 △PBO에서

$\angle PAO = \angle PBO = 90°$, $\overline{PO}$는 공통, $\overline{OA} = \overline{OB}$ (반지름)

이므로 △PAO ≡ △PBO (RHS 합동)

따라서 $\overline{PA} = \overline{PB}$

[접선의 길이]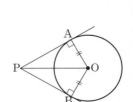

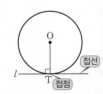

원의 접선은 그 접점을 지나는 원의 반지름과 수직이다.

➡ $l \perp \overline{OT}$

① $\overline{PA}^2 = \overline{PO}^2 - \overline{OA}^2$, $\overline{PB}^2 = \overline{PO}^2 - \overline{OB}^2$

② △PAO ≡ △PBO (RHS 합동)

③ $\angle APB + \angle AOB = 180°$

4 원의 접선의 성질의 활용

$\overline{AD}$, $\overline{AE}$, $\overline{BC}$가 원 O의 접선이고 세 점 D, E, F가 접점일 때

(1) $\overline{AD}=\overline{AE}$, $\overline{BD}=\overline{BF}$, $\overline{CE}=\overline{CF}$

(2) (삼각형 ABC의 둘레의 길이)

$\quad = \overline{AB}+\overline{BC}+\overline{CA} = \overline{AB}+(\overline{BF}+\overline{FC})+\overline{CA}$

$\quad = (\overline{AB}+\overline{BD})+(\overline{CE}+\overline{CA}) = \overline{AD}+\overline{AE} = 2\overline{AD}$

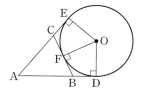

참고 $\overline{AD}$, $\overline{BC}$, $\overline{DC}$가 반원 O의 접선이고 점 D에서 $\overline{BC}$에 내린 수선의 발을
H라 할 때

① $\overline{AD}=\overline{DE}$, $\overline{BC}=\overline{CE}$

② $\overline{AD}+\overline{BC}=\overline{DE}+\overline{CE}=\overline{DC}$

③ $\overline{AB}=\overline{DH}=\sqrt{\overline{DC}^2-\overline{CH}^2}$ (반원 O의 지름의 길이)

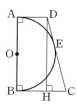

5 삼각형의 내접원

원 O가 삼각형 ABC의 내접원이고 세 점 D, E, F가 접점일 때

(1) $\overline{AD}=\overline{AF}$, $\overline{BD}=\overline{BE}$, $\overline{CE}=\overline{CF}$

(2) (삼각형 ABC의 둘레의 길이)$=a+b+c=2(x+y+z)$

(3) $\triangle ABC = \triangle OAB + \triangle OBC + \triangle OCA$

$\quad = \dfrac{1}{2}cr + \dfrac{1}{2}ar + \dfrac{1}{2}br$

$\quad = \dfrac{1}{2}r(a+b+c)$

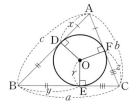

내접원과 내심

원이 삼각형의 모든 변에 접할 때, 원은 그 삼각형에 내접한다고 한다. 또 이 원을 삼각형의 내접원, 내접원의 중심을 삼각형의 내심이라 한다.

참고 원 O가 $\angle C=90°$인 직각삼각형 ABC의 내접원이고 세 점 D, E, F가 접점이다. 원 O의 반지름의 길이를 r라 할 때

① 사각형 OECF는 한 변의 길이가 r인 정사각형이다.

② $\triangle ABC = \dfrac{1}{2}r(a+b+c) = \dfrac{1}{2}ab$

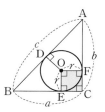

6 원에 외접하는 사각형의 성질

(1) 원에 외접하는 사각형의 두 쌍의 대변의 길이의 합은 서로 같다.

$\quad \Rightarrow \overline{AB}+\overline{CD}=\overline{AD}+\overline{BC}$

(2) 두 쌍의 대변의 길이의 합이 같은 사각형은 원에 외접한다.

다각형에서 한 변이나 한 각과 마주 보는 변을 대변이라 한다.

참고 원 O가 직사각형 ABCD의 세 변 AB, BC, AD 및 $\overline{CP}$와 접하고 네 점 E, F, H, G가 접점일 때

① $\overline{CP}=\overline{CG}+\overline{GP}=\overline{CF}+\overline{HP}$

② $\overline{AB}+\overline{CP}=\overline{AP}+\overline{BC}$

③ $\overline{CP}^2=\overline{CD}^2+\overline{DP}^2$

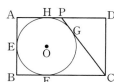

$\overline{AB}+\overline{CP}$

$= (\overline{AE}+\overline{BE})+(\overline{CG}+\overline{GP})$

$= (\overline{AH}+\overline{BF})+(\overline{CF}+\overline{HP})$

$= (\overline{AH}+\overline{HP})+(\overline{BF}+\overline{CF})$

$= \overline{AP}+\overline{BC}$

① 원의 중심과 현의 수직이등분선

01

오른쪽 그림과 같이 반지름의 길이가
5 cm인 원 O에서 $\overline{AB} \perp \overline{OH}$이고
$\overline{OH}=3$ cm일 때, 현 AB의 길이는?

① 6 cm   ② 7 cm

③ 8 cm   ④ 9 cm

⑤ 10 cm

02

오른쪽 그림의 원 O에서 $\overline{AB} \perp \overline{OC}$이고
$\overline{AB}=10$ cm, $\overline{HC}=2$ cm일 때, 원 O
의 반지름의 길이는?

① 7 cm   ② $\dfrac{29}{4}$ cm

③ $\dfrac{15}{2}$ cm   ④ $\dfrac{31}{4}$ cm

⑤ 8 cm

03 서술형

오른쪽 그림에서 $\overarc{AB}$는 원의 일부분
이고 $\overline{AB} \perp \overline{CD}$이다. $\overline{CD}=5$ cm,
$\overline{AD}=\overline{BD}=10$ cm일 때, 원의 반지
름의 길이를 구하시오.

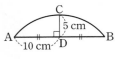

04

오른쪽 그림과 같이 원 O를 $\overline{AB}$를 접
는 선으로 하여 접었더니 원 O의 원주
위의 한 점이 원의 중심 O에 겹쳐졌다.
원 O의 반지름의 길이가 10 cm일 때,
$\overline{AB}$의 길이는?

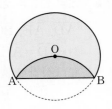

① 12 cm   ② $10\sqrt{2}$ cm   ③ 16 cm

④ $10\sqrt{3}$ cm   ⑤ 18 cm

② 원의 중심과 현의 길이

05

오른쪽 그림의 원 O에서 $\overline{AB} \perp \overline{OM}$,
$\overline{CD} \perp \overline{ON}$이다. $\overline{OA}=4\sqrt{3}$ cm,
$\overline{OM}=\overline{ON}=4$ cm일 때, $\overline{CD}$의 길이는?

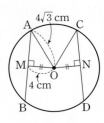

① $7\sqrt{2}$ cm   ② $8\sqrt{2}$ cm

③ $7\sqrt{3}$ cm   ④ $9\sqrt{2}$ cm

⑤ $8\sqrt{3}$ cm

06

오른쪽 그림의 원 O에서 $\overline{AB} \perp \overline{OM}$,
$\overline{AB}=\overline{CD}$이다. $\overline{OC}=7$ cm,
$\overline{OM}=5$ cm일 때, 삼각형 OCD의 넓
이를 구하시오.

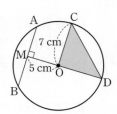

07

오른쪽 그림과 같이 원 O에 삼각형 ABC가 내접하고 있다. $\overline{AB}\perp\overline{OM}$, $\overline{AC}\perp\overline{ON}$이고 $\overline{OM}=\overline{ON}$, $\angle BAC=70°$일 때, $\angle ABC$의 크기는?

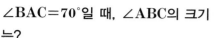

① $40°$ ② $45°$ ③ $50°$
④ $55°$ ⑤ $60°$

08 서술형

오른쪽 그림의 원 O에서 $\overline{AB}\perp\overline{OM}$, $\overline{AC}\perp\overline{ON}$이고 $\overline{OM}=\overline{ON}$이다. $\overline{AM}=13$ cm, $\overline{MN}=10$ cm일 때, 삼각형 ABC의 둘레의 길이를 구하시오.

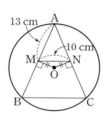

③ 원의 접선의 성질

09

오른쪽 그림에서 직선 PT는 원 O의 접선이고 점 T는 접점이다. $\overline{PA}=4$ cm, $\overline{PT}=8$ cm일 때, 원 O의 반지름의 길이를 구하시오.

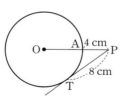

10

오른쪽 그림과 같이 원 O 밖의 점 P에서 원 O에 그은 두 접선의 접점을 각각 A, B라 하자. $\overline{PA}=10$ cm일 때, 다음 중에서 옳지 않은 것은?

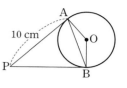

① $\overline{PB}=10$ cm ② $\overline{AB}=8$ cm
③ $\angle OAP=\angle OBP$ ④ $\triangle OAP\equiv\triangle OBP$
⑤ $\angle APB+\angle AOB=180°$

11

오른쪽 그림에서 두 점 A, B는 원 O 밖의 점 P에서 원 O에 그은 두 접선의 접점이다. $\angle OAB=20°$일 때, $\angle APB$의 크기는?

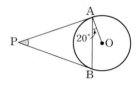

① $36°$ ② $37°$ ③ $38°$
④ $39°$ ⑤ $40°$

12

오른쪽 그림에서 두 직선 PA, PB는 원 O의 접선이고 두 점 A, B는 접점이다. $\angle APB=60°$, $\overline{PA}=10\sqrt{3}$ cm일 때, 삼각형 OAB의 넓이를 구하시오.

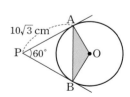

④ 원의 접선의 성질의 활용

13

오른쪽 그림에서 $\overline{AD}$, $\overline{BC}$, $\overline{AF}$는 원 O의 접선이고 세 점 D, E, F는 접점이다. $\overline{AB}=12$ cm, $\overline{BC}=10$ cm, $\overline{AC}=8$ cm일 때, $\overline{CF}$의 길이는?

① 5 cm   ② 6 cm   ③ 7 cm

④ 8 cm   ⑤ 9 cm

14

오른쪽 그림에서 $\overline{AD}$, $\overline{BC}$, $\overline{AF}$는 원 O의 접선이고 세 점 D, E, F는 접점이다. $\overline{AB}=9$ cm, $\overline{AD}=13$ cm, $\overline{AC}=10$ cm일 때, $\overline{BC}$의 길이를 구하시오.

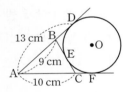

15

오른쪽 그림에서 $\overline{AB}$는 반원 O의 지름이고 $\overline{AD}$, $\overline{BC}$, $\overline{CD}$는 반원 O의 접선이다. $\overline{AD}=5$ cm, $\overline{BC}=10$ cm일 때, 반원 O의 지름 AB의 길이는?

① $9\sqrt{2}$ cm   ② 13 cm   ③ 14 cm

④ $10\sqrt{2}$ cm   ⑤ 15 cm

16 서술형 💬

오른쪽 그림에서 $\overline{AB}$는 반원 O의 지름이고 $\overline{AD}$, $\overline{BC}$, $\overline{CD}$는 반원 O의 접선이다. $\overline{AD}=6$ cm, $\overline{BC}=15$ cm일 때, 사각형 ABCD의 넓이를 구하시오.

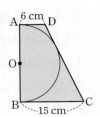

⑤ 삼각형의 내접원

17

오른쪽 그림에서 원 O는 삼각형 ABC의 내접원이고 세 점 D, E, F는 접점이다. $\overline{AB}=8$ cm, $\overline{BC}=7$ cm, $\overline{CA}=5$ cm일 때, $\overline{BE}$의 길이는?

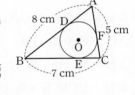

① 4 cm   ② $\dfrac{9}{2}$ cm   ③ 5 cm

④ $\dfrac{11}{2}$ cm   ⑤ 6 cm

18

오른쪽 그림에서 원 O는 삼각형 ABC의 내접원이면서 삼각형 DEF의 외접원이다. $\angle A=60°$, $\angle C=50°$일 때, $\angle DEB$의 크기를 구하시오.

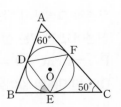

19

오른쪽 그림에서 원 O는 삼각형 ABC의 내접원이고 세 점 D, E, F는 접점이다. $\overline{BD}=6$ cm, $\overline{CE}=5$ cm이고 삼각형 ABC의 둘레의 길이가 28 cm일 때, $\overline{AF}$의 길이는?

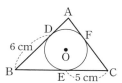

① 1 cm
② $\frac{3}{2}$ cm
③ 2 cm

④ $\frac{5}{2}$ cm
⑤ 3 cm

20

오른쪽 그림에서 원 O는 $\angle A=90°$인 직각삼각형 ABC의 내접원이다. $\overline{BE}=9$ cm, $\overline{CE}=6$ cm일 때, 원 O의 넓이를 구하시오.

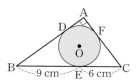

6 원에 외접하는 사각형의 성질

21

오른쪽 그림에서 원 O는 사각형 ABCD의 내접원이고 점 E, F, G, H는 접점이다. $\overline{AB}=9$ cm, $\overline{BC}=15$ cm, $\overline{AD}=7$ cm, $\overline{DG}=3$ cm일 때, $\overline{CG}$의 길이를 구하시오.

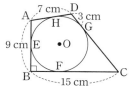

22

오른쪽 그림과 같이 사각형 ABCD는 원 O에 외접하고 $\overline{AB}=14$ cm, $\overline{CD}=10$ cm, $\overline{AD}:\overline{BC}=1:2$일 때, $\overline{BC}$의 길이는?

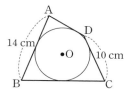

① 14 cm
② 15 cm
③ 16 cm

④ 17 cm
⑤ 18 cm

23 서술형

오른쪽 그림과 같이 $\angle C=\angle D=90°$인 사다리꼴 ABCD가 반지름의 길이가 6 cm인 원 O에 외접하고 있다. $\overline{AB}=15$ cm일 때, 사각형 ABCD의 넓이를 구하시오.

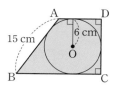

24

오른쪽 그림과 같이 원 O는 직사각형 ABCD의 세 변 AB, BC, AD와 선분 DH에 접하고 점 E, F, G, I는 접점이다. $\overline{AB}=14$ cm, $\overline{AD}=18$ cm일 때, $\overline{DH}$의 길이는?

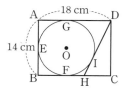

① 15 cm
② $\frac{167}{11}$ cm
③ $\frac{170}{11}$ cm

④ $\frac{173}{11}$ cm
⑤ 16 cm

고난도 대표 유형

1 현의 수직이등분선과 삼각형의 넓이의 최댓값

오른쪽 그림과 같이 반지름의 길이가 **9 cm**인 원 O에서 현 AB의 길이가 **10 cm**이다. 원 O 위의 점 P에 대하여 삼각형 PAB의 최대 넓이는?

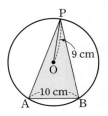

① $(43+12\sqrt{3})$ cm²   ② $(44+18\sqrt{2})$ cm²

③ $(43+11\sqrt{10})$ cm²   ④ $(45+10\sqrt{14})$ cm²

⑤ $(46+10\sqrt{15})$ cm²

2 한 원에서 수직으로 만나는 두 현

오른쪽 그림과 같이 원 O에서 두 현 AB, CD가 점 H에서 수직으로 만나고 있다. $\overline{AH}=4$ cm, $\overline{BH}=12$ cm, $\overline{CH}=6$ cm, $\overline{DH}=8$ cm일 때, 원 O의 넓이를 구하시오.

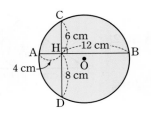

3 접힌 원에서 현의 수직이등분선

오른쪽 그림과 같이 반지름의 길이가 **8 cm**인 원 O 위의 점 P가 원의 중심 O에 오도록 $\overline{AB}$를 접는 선으로 하여 원을 접을 때, $\overline{AB}$와 $\overline{OP}$의 교점을 M이라 하자. $\overline{PQ}=\overline{MQ}$일 때, 삼각형 APQ의 넓이는?

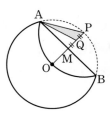

① $4\sqrt{2}$ cm²   ② $2\sqrt{10}$ cm²

③ $4\sqrt{3}$ cm²   ④ $3\sqrt{6}$ cm²

⑤ $2\sqrt{15}$ cm²

중심이 같은 두 원의 넓이의 차

오른쪽 그림과 같이 중심이 O로 같은 두 원이 있다. 작은 원의 내부에 연못을 만들고 작은 원과 큰 원 사이에는 자갈을 깔아 지압로를 만들었다. $\overline{AB}=48$ m, $\overline{CD}=30$ m일 때, 지압로의 넓이를 구하시오.

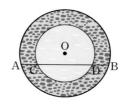

 길이가 같고 평행한 두 현 사이의 거리

오른쪽 그림과 같이 지름의 길이가 26 cm인 원 O에서 $\overline{AB}=\overline{CD}=24$ cm, $\overline{AB}/\!/\overline{CD}$일 때, 두 현 AB, CD 사이의 거리는?

① 8 cm   ② 9 cm

③ 10 cm   ④ 11 cm

⑤ 12 cm

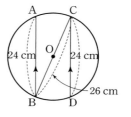

 길이가 같은 두 현을 두 변으로 하는 삼각형

오른쪽 그림과 같이 원 O의 중심에서 두 현 AB, AC에 내린 수선의 발을 각각 D, E라 하자. $\angle BAC=120°$, $\overline{AB}=10$ cm, $\overline{OD}=\overline{OE}$일 때, 삼각형 ABC의 둘레의 길이를 구하시오.

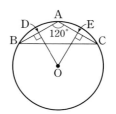

7 두 접선과 원으로 이루어진 부분의 넓이

오른쪽 그림과 같이 원 O 밖의 점 P에서 원 O에 그은 두 접선의 접점을 각각 A, B라 하자. $\angle APB = 60°$, $\overline{PA} = 4\sqrt{3}$ cm일 때, 색칠한 부분의 넓이를 구하시오.

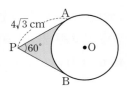

포인트

원의 접선은 접점을 지나는 반지름에 수직이다.

8 원의 접선의 성질을 이용하여 현의 길이 구하기

오른쪽 그림과 같이 반지름의 길이가 3 cm인 세 원 O_1, O_2, O_3이 서로 외접하고 있다. 직선 AB는 원 O_1 위의 점 A에서 원 O_3에 그은 접선이고 점 B는 접점이다. 이 접선이 원 O_2와 만나는 두 점을 각각 P, Q라 할 때, $\overline{PQ}$의 길이는? (단, 네 점 A, O_1, O_2, O_3은 한 직선 위에 있다.)

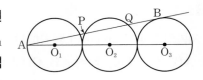

① 4 cm
② $\dfrac{21}{5}$ cm
③ $\dfrac{22}{5}$ cm

④ $\dfrac{23}{5}$ cm
⑤ $\dfrac{24}{5}$ cm

포인트

두 원 O_2, O_3의 중심에서 직선 AB에 수선을 그은 후 삼각형의 닮음을 이용한다.

9 원의 접선의 성질을 활용하여 변의 길이 구하기

오른쪽 그림에서 $\overline{PA}$, $\overline{PB}$, $\overline{CD}$는 원 O의 접선이고 점 A, B, E는 접점이다. $\overline{PQ}$가 $\angle CPD$의 이등분선이고 $\overline{PC} = 6$ cm, $\overline{PD} = 9$ cm, $\overline{CQ} = \dfrac{7}{2}$ cm일 때, $\overline{EQ}$의 길이를 구하시오.

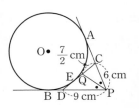

포인트

삼각형의 내각의 이등분선의 성질을 이용하여 $\overline{DQ}$의 길이를 구한다.

10 삼각형의 내접원과 원의 접선의 성질

오른쪽 그림에서 원 O는 삼각형 ABC의 내접원이고 점 P, Q, R는 접점이다. $\overline{AD}$, $\overline{AE}$, $\overline{BC}$는 원 O′의 접선이고 점 D, E, F는 접점이다. $\overline{AB}=12$ cm, $\overline{BC}=8$ cm, $\overline{AC}=10$ cm이고 $\overline{CR}=x$ cm, $\overline{FQ}=y$ cm라 할 때, $x+y$의 값은?

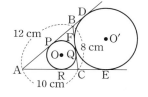

① 2　　　② 3　　　③ 4

④ 5　　　⑤ 6

> **포인트**
> 삼각형의 내접원의 성질을 이용하여 x의 값을 구하고, 원의 접선의 성질을 이용하여 y의 값을 구한다.

11 직각삼각형의 내접원

오른쪽 그림과 같이 원 O는 ∠C=90°인 직각삼각형 ABC에 내접하고 점 D, E, F는 접점이다. $\overline{AD}=4$ cm, $\overline{BD}=6$ cm일 때, 색칠한 부분의 넓이를 구하시오.

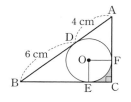

> **포인트**
> 직각삼각형의 내접원의 성질을 이용하여 원 O의 반지름의 길이를 구한다.

12 원에 외접하는 사각형의 성질

오른쪽 그림과 같이 $\overline{AB}=6$ cm, $\overline{BC}=8$ cm인 직사각형 ABCD에서 점 B를 중심으로 하고 점 A를 지나는 원을 그린 후 점 C에서 이 원에 접선을 그어 접점을 E, 변 AD와의 교점을 F라 하자. $\overline{AF}=(a+b\sqrt{7})$ cm일 때, 유리수 a, b에 대하여 $a+b$의 값을 구하시오.

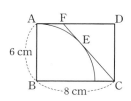

> **포인트**
> 먼저 $\overline{CE}$의 길이를 구한 후 $\overline{AF}=x$ cm로 놓고 $\overline{DF}$, $\overline{CF}$의 길이를 x로 나타낸다.

1 원의 중심과 현의 수직이등분선

01

오른쪽 그림의 원 O에서
∠AOB=120°, $\overline{AB}$=12 cm일 때,
원 O의 넓이는?

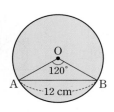

① 40π cm²   ② 42π cm²

③ 44π cm²   ④ 46π cm²

⑤ 48π cm²

02 대표 유형 ①

오른쪽 그림과 같이 반지름의 길이가
6 cm인 원 O에서 현 AB의 길이가
8 cm이다. 원 O 위의 점 P에 대하여 삼
각형 PAB의 최대 넓이는
$(a+b\sqrt{5})$ cm²이다. 유리수 a, b에 대
하여 $a-b$의 값은?

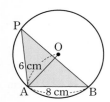

① 10   ② 13   ③ 16

④ 19   ⑤ 22

03 서술형 대표 유형 ②

오른쪽 그림과 같이 원 O에서 두 현
AB, CD가 점 P에서 수직으로 만나고
있다. 원 O의 반지름의 길이가 6 cm이
고 $\overline{AB}$=10 cm일 때, $\overline{DP}-\overline{CP}$의 길
이를 구하시오.

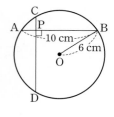

04

오른쪽 그림과 같이 원 모양
의 접시 위에 폭이 $2\sqrt{3}$ cm
인 직사각형 모양의 띠를 올
려 놓았다. $\overline{AE}$=7 cm,
$\overline{BF}$=5 cm, $\overline{EH}$=22 cm
일 때, 접시의 둘레의 길이는?

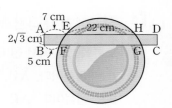

(단, 접시와 막대의 두께는 생각하지 않는다.)

① 24π cm   ② 25π cm   ③ 26π cm

④ 27π cm   ⑤ 28π cm

05 대표 유형 ③

오른쪽 그림과 같이 반지름의 길이가
12 cm인 원 모양의 종이를 원주 위의
한 점이 원의 중심 O에 겹쳐지도록
$\overline{AB}$를 접는 선으로 하여 접었을 때, 색
칠한 부분의 넓이를 구하시오.

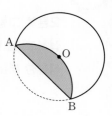

06 대표 유형 ④

오른쪽 그림과 같이 중심이 O인 두 원
이 있다. 큰 원의 현 AB가 작은 원과
만나는 두 점을 각각 C, D라 하고, 중
심 O에서 현 AB에 내린 수선의 발을
H라 하자. $\overline{AB}$=$12\sqrt{3}$ cm,
$\overline{CD}$=$8\sqrt{3}$ cm, $\overline{OH}$=4 cm일 때, 색칠한 부분의 넓이를
구하시오.

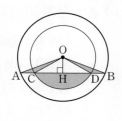

07

오른쪽 그림과 같이 반지름의 길이
가 각각 5 cm, 12 cm인 두 원 O,
O′이 두 점 A, B에서 만난다.
$\overline{OA} \perp \overline{O'A}$일 때, $\overline{AB}$의 길이는?

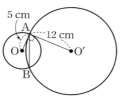

① 8 cm
② $\dfrac{110}{13}$ cm
③ $\dfrac{120}{13}$ cm

④ 10 cm
⑤ $\dfrac{135}{13}$ cm

② 원의 중심과 현의 길이

08 대표 유형 ⑤

오른쪽 그림과 같이 원 모양의 호수에
길이가 48 m인 직선 모양의 지지대를
평행하게 놓고 그 사이를 밧줄로 엮어
다리를 만들었다. 호수의 반지름의 길이
가 25 m일 때, 다리의 폭은?

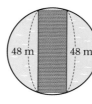

① 13 m
② 14 m
③ 15 m

④ 16 m
⑤ 17 m

09 서술형

오른쪽 그림과 같이 반지름의 길이가
8인 원 O에서 $\overline{AB} \perp \overline{OE}$, $\overline{CB} \perp \overline{OF}$이
다. $\overline{OE} = \overline{OF} = 4$, $\angle EOF = 120°$일
때, 색칠한 부분의 넓이를 구하시오.

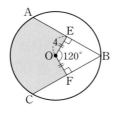

10

오른쪽 그림과 같이 삼각형 ABC가 원
O에 내접하고 원의 중심에서 세 변에
내린 수선의 발을 D, E, F라 하자.
$\overline{OD} = \overline{OE} = \overline{OF}$이고 $\overline{AB} = 16$ cm일
때, 원 O의 넓이를 구하시오.

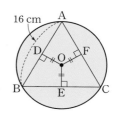

11

오른쪽 그림과 같이
$\overline{AB} = \overline{AC} = 6$ cm, $\overline{BC} = 8$ cm인 이
등변삼각형 ABC가 원 O에 내접하
고 있다. $\overline{AB} \perp \overline{OD}$, $\overline{AC} \perp \overline{OE}$일 때,
$\overline{OD} + \overline{OE}$의 길이를 구하시오.

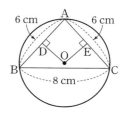

12 대표 유형 ⑥

오른쪽 그림의 원 O에서 $\overline{BC} \perp \overline{OD}$,
$\overline{AC} \perp \overline{OE}$이고 $\overline{OD} = \overline{OE}$이다.
$\angle ABC : \angle ACB = 7 : 4$일 때,
$\angle ABC$의 크기는?

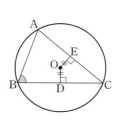

① 65°
② 68°
③ 70°
④ 74°
⑤ 78°

③ 원의 접선의 성질

13

오른쪽 그림과 같이 점 P에서 원 O에 그은 접선의 접점을 T, 직선 PO와 원 O가 만나는 두 점을 각각 A, B라 하자. 원 O의 지름의 길이가 12 cm 이고 ∠ABT=30°일 때, $\overline{PA}+\overline{PT}$의 길이를 구하시오.

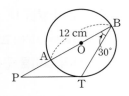

14

오른쪽 그림과 같이 원 O 밖의 점 P 에서 원에 그은 접선의 접점을 T, $\overline{PO}$와 원 O의 교점을 A라 하자. ∠OPT=30°, $\overline{PA}$=6 cm일 때, 삼각형 OAT의 넓이는?

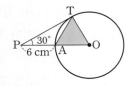

① 15 cm²   ② $9\sqrt{3}$ cm²   ③ 16 cm²

④ 17 cm²   ⑤ $10\sqrt{3}$ cm²

15

오른쪽 그림과 같이 원 O 밖의 점 P에서 원에 그은 두 접선의 접점을 각각 A, B라 하면 원 O 위의 한 점 C에 대하여 $\overarc{AC}:\overarc{CB}=9:4$이다. $\overline{OC}$의 연장선과 $\overline{PB}$의 교점을 D라 하고 ∠APB=50°일 때, ∠ODB의 크기를 구하시오.

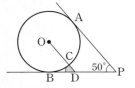

16 대표 유형 ❼

오른쪽 그림과 같이 반지름의 길이가 9 cm인 원 O 밖의 점 P에서 원에 그은 두 접선의 접점을 각각 A, B라 하자. ∠APB:∠AOB=1:2일 때, 다음 중에서 옳지 <u>않은</u> 것은?

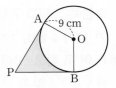

① △OAP≡△OBP

② ∠AOB=150°

③ $\overline{PA}=9\sqrt{3}$ cm, $\overline{PO}=18$ cm

④ 부채꼴 OAB의 넓이는 27π cm²이다.

⑤ 색칠한 부분의 넓이는 $(81\sqrt{3}-27\pi)$ cm²이다.

17

오른쪽 그림에서 $\overline{PT}$는 원 O의 접선 이고 점 T는 접점이다. 원 O의 반지름의 길이가 3 cm이고 ∠TBA=15° 일 때, $\overline{PT}+\overline{PA}=(a+b\sqrt{3})$ cm이 다. 유리수 a, b에 대하여 $a+b$의 값을 구하시오.

(단, 점 P는 원의 지름 AB의 연장선 위에 있다.)

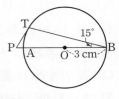

18 서술형 💬 대표 유형 ❽

오른쪽 그림과 같이 반지름의 길이가 9 cm인 두 원 O, O'이 점 B에서 외접하고 있다. 직선 AD는 원 O 위의 점 A에서 원 O'에 그은 접선이고 점 E는 접점이다. 점 A, O, B, O', C가 한 직선 위에 있을 때, 색칠한 부분의 넓이를 구하시오.

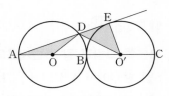

19

오른쪽 그림과 같이 서로 외접하는 두 원 O, O′의 밖의 점 P에서 두 원에 공통접선을 긋고 그 접점을 각각 A, B, C, D라 하자. 원 O의 반지름의 길이가 2 cm이고 ∠P=60°일 때, 색칠한 부분의 넓이는?

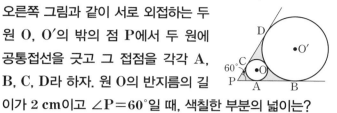

① $(36\sqrt{3}-20\pi)$ cm²   ② $(32\sqrt{3}-14\pi)$ cm²

③ $(36\sqrt{3}-18\pi)$ cm²   ④ $(32\sqrt{3}-16\pi)$ cm²

⑤ $(36\sqrt{3}-16\pi)$ cm²

---

④ 원의 접선의 성질의 활용

20

오른쪽 그림과 같이 삼각형 ABC의 두 변 AB, AC의 연장선과 변 BC가 원 O의 접선이고 점 D, E, F는 접점이다. ∠DAF=60°, $\overline{AO}$=10 cm일 때, 삼각형 ABC의 둘레의 길이를 구하시오.

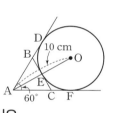

21 대표 유형 ⑨

오른쪽 그림과 같이 ∠BAC의 이등분선과 $\overline{BC}$의 교점을 D라 하자. $\overline{AE}$, $\overline{AG}$, $\overline{BC}$는 원 O의 접선이고 점 E, F, G는 접점이다. $\overline{AB}$=10 cm, $\overline{AC}$=6 cm, $\overline{CD}$=3 cm일 때, $\overline{DF}$의 길이를 구하시오.

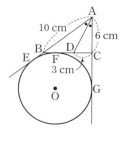

22

오른쪽 그림에서 $\overline{AD}$, $\overline{AF}$, $\overline{BC}$, $\overline{GH}$는 원 O의 접선이고 점 D, E, F, I는 접점이다. $\overline{AB}$=9 cm, $\overline{BC}$=13 cm, $\overline{AC}$=16 cm일 때, 삼각형 BGH의 둘레의 길이는?

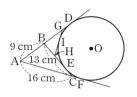

① 16 cm   ② 18 cm   ③ 20 cm

④ 22 cm   ⑤ 24 cm

23 서술형

오른쪽 그림과 같이 원 O의 지름의 양 끝 점 A, B에서 그은 두 접선과 원 O 위의 한 점 P에서 그은 접선의 교점을 각각 C, D라 하고 $\overline{AD}$와 $\overline{BC}$의 교점을 Q라 하자. $\overline{AC}$=4 cm, $\overline{BD}$=9 cm일 때, $\overline{PQ}$의 길이를 구하시오.

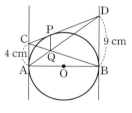

---

⑤ 삼각형의 내접원

24

오른쪽 그림에서 원 O는 삼각형 ABC의 내접원이고 점 D, E, F는 접점이다. 원 O의 반지름의 길이가 $\frac{10}{3}$ cm이고 삼각형 ABC의 넓이가 60 cm²일 때, $\overline{AD}+\overline{BE}+\overline{CF}$의 길이를 구하시오.

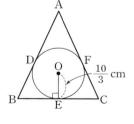

고난도 실전 문제

25

오른쪽 그림에서 원 O는 ∠A=75°, ∠B=60°인 삼각형 ABC의 내접원이고 점 D, E, F는 접점이다. $\overline{AB}=10$ cm일 때, $\overline{BE}$ 의 길이는 $\dfrac{a+b\sqrt{3}+c\sqrt{6}}{2}$ cm이다. 유리수 a, b, c에 대하여 $a+b-c$의 값을 구하시오.

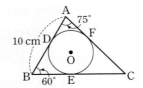

26 대표 유형 **10**

오른쪽 그림에서 원 O는 삼각형 ABC의 내접원이고 점 D, E, F 는 접점이다. $\overline{AG}$, $\overline{AH}$, $\overline{BC}$는 원 O′의 접선이고 점 G, H, I는 접점이다. $\overline{AB}=13$ cm, $\overline{BC}=12$ cm, $\overline{AC}=15$ cm일 때, $\overline{EI}$의 길이를 구하시오.

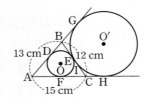

27 대표 유형 **11**

오른쪽 그림과 같이 원 O는 ∠C=90°인 직각삼각형 ABC의 내접원이고 점 P, Q, R 는 접점이다. $\overline{AP}=12$, $\overline{BP}=5$일 때, 색칠한 부분의 둘레의 길이는?

① $4+\dfrac{3}{2}\pi$ ② $6+\dfrac{3}{2}\pi$

③ $4+2\pi$ ④ $6+2\pi$

⑤ $4+\dfrac{5}{2}\pi$

6 원에 외접하는 사각형의 성질

28

오른쪽 그림과 같이 원 O에 외접하고 $\overline{AD}\,/\!/\,\overline{BC}$인 등변사다리꼴 ABCD가 있다. $\overline{AD}=9$ cm, $\overline{BC}=25$ cm일 때, 원 O의 반지름의 길이를 구하시오.

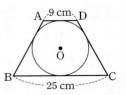

29 대표 유형 **12**

오른쪽 그림과 같이 $\overline{AB}=4$ cm, $\overline{BC}=6$ cm인 직사각형 ABCD에서 점 D를 중심으로 하고 점 C를 지나는 원을 그린 후 접선 AE를 긋고 그 접점을 F라 하자. 원 O는 삼각형 ABE의 내접원일 때, 원 O의 반지름의 길이를 구하시오.

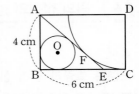

30 서술형

오른쪽 그림의 직사각형 ABCD에서 원 O는 세 변 AB, BC, AD에 접하고 원 O′은 두 변 AD, CD에 접한다. $\overline{CE}$는 두 원 O, O′의 공통인 접선이고 $\overline{AE}=5$ cm, $\overline{BC}=10$ cm이다. 두 원 O, O′의 반지름의 길이를 각각 r cm, r' cm라 할 때, $r+r'$의 값을 구하시오.

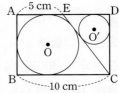

04

원주각

① 원주각과 중심각의 크기

(1) **원주각**: 원 O에서 호 AB 위에 있지 않은 원 위의 점 P에 대하여 ∠APB를 호 AB에 대한 원주각이라 하고, 호 AB를 원주각 ∠APB에 대한 호라 한다.

(2) **원주각과 중심각의 크기**: 원에서 한 호에 대한 원주각의 크기는 그 호에 대한 중심각의 크기의 $\frac{1}{2}$이다.

➡ $\angle APB = \frac{1}{2} \angle AOB$

원 O에서 호 AB에 대한 중심각 ∠AOB는 하나로 정해지지만, 호 AB에 대한 원주각 ∠APB는 점 P의 위치에 따라 무수히 많다.

② 원주각의 성질

(1) 원에서 한 호에 대한 원주각의 크기는 모두 같다.

➡ $\angle APB = \angle AQB = \angle ARB$

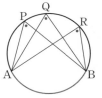

(2) 반원에 대한 원주각의 크기는 90°이다.

➡ $\overline{AB}$가 지름이면 ∠APB = 90°

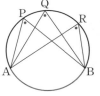

한 원에서 모든 호에 대한 원주각의 크기의 합은 180°이다.

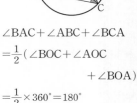

∠BAC + ∠ABC + ∠BCA
$= \frac{1}{2}$ (∠BOC + ∠AOC
　　　　 + ∠BOA)
$= \frac{1}{2} \times 360° = 180°$

참고 **원주각과 삼각비의 값**

① $\sin A = \sin A' = \dfrac{\overline{BC}}{\overline{A'B}}$

② $\cos A = \cos A' = \dfrac{\overline{A'C}}{\overline{A'B}}$

③ $\tan A = \tan A' = \dfrac{\overline{BC}}{\overline{A'C}}$

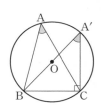

③ 원주각의 크기와 호의 길이

한 원에서

(1) 길이가 같은 호에 대한 원주각의 크기는 서로 같다.

➡ $\overparen{AB} = \overparen{CD}$이면 ∠APB = ∠CQD

(2) 크기가 같은 원주각에 대한 호의 길이는 서로 같다.

➡ ∠APB = ∠CQD이면 $\overparen{AB} = \overparen{CD}$

(3) 호의 길이는 그 호에 대한 원주각의 크기에 정비례한다.

참고 ① 중심각의 크기와 호의 길이는 정비례하므로 원주각의 크기도 호의 길이에 정비례한다.
② 중심각의 크기와 현의 길이는 정비례하지 않으므로 원주각의 크기도 현의 길이에 정비례하지 않는다.

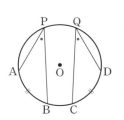

원주각의 크기와 호의 길이에 대한 성질은 합동인 두 원에서도 성립한다.

4 **네 점이 한 원 위에 있을 조건**

두 점 C, D가 직선 AB에 대하여 같은 쪽에 있을 때
∠ACB=∠ADB이면 네 점 A, B, C, D는 한 원 위에 있다.

참고 네 점 A, B, C, D가 한 원 위에 있으면
　　①∠ACB=∠ADB
　　② 사각형 ABCD는 원에 내접한다.

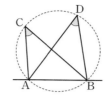

NOTE

두 점 C, D가 직선 AB에 대하여 다른 쪽에 있으면 네 점 A, B, C, D는 한 원 위에 있다고 할 수 없다.

5 **원에 내접하는 사각형의 성질**

(1) 원에 내접하는 사각형의 성질

① 원에 내접하는 사각형에서 한 쌍의 대각의 크기의 합은 180°이다.

➡ ∠A+∠C=180°, ∠B+∠D=180°

삼각형은 항상 원에 내접하지만 사각형은 원에 내접하지 않을 수도 있다.

② 원에 내접하는 사각형에서 한 외각의 크기는 그와 이웃하는 내각의 대각의 크기와 같다.

➡ ∠DCE=∠A

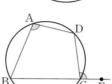

참고 두 원에서 원에 내접하는 사각형의 성질의 활용

두 원이 두 점 P, Q에서 만나고 두 사각형 ABQP와 PQCD가 각각 원에 내접할 때

① ∠A=∠PQC=∠PDE, ∠B=∠QPD=∠QCF

② ∠A=∠PDE(엇각), ∠B=∠QCF(엇각)이므로
$\overline{AB} \parallel \overline{CD}$

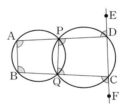

(2) 사각형이 원에 내접하기 위한 조건

① 한 쌍의 대각의 크기의 합이 180°인 사각형은 원에 내접한다.

② 한 외각의 크기가 그와 이웃하는 내각의 대각의 크기와 같은 사각형은 원에 내접한다.

③ 사각형 ABCD에서 두 대각선 AC, BD를 그었을 때
∠BAC=∠BDC이면 사각형 ABCD는 원에 내접한다.

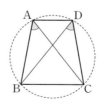

직사각형, 정사각형, 등변사다리꼴은 한 쌍의 대각의 크기의 합이 180°이므로 항상 원에 내접한다.

6 **접선과 현이 이루는 각**

(1) 원의 접선과 그 접점을 지나는 현이 이루는 각의 크기는 그 각의 내부에 있는 호에 대한 원주각의 크기와 같다.

➡ ∠BAT=∠BCA

(2) 원 O에서 ∠BAT=∠BCA이면 직선 AT는 원 O의 접선이다.

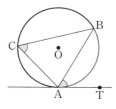

1 원주각과 중심각의 크기

01

오른쪽 그림과 같은 원 O에서
∠APB=39°일 때, ∠OBA의 크기
는?

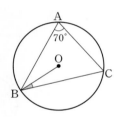

① 45°　　　　② 48°

③ 51°　　　　④ 54°

⑤ 57°

02

오른쪽 그림과 같은 원 O에서
∠BAC=70°일 때,
∠OBC의 크기를 구하시오.

03

오른쪽 그림과 같이 반지름의 길이가
5 cm인 원 O에서 ∠BAC=72°일 때,
색칠한 부분의 넓이는?

① 6π cm²　　　② 8π cm²

③ 10π cm²　　④ 12π cm²

⑤ 14π cm²

04

오른쪽 그림과 같은 원 O에서
∠AOC=118°, ∠ADB=23°일 때,
∠BEC의 크기는?

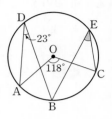

① 35°　　　　② 36°

③ 37°　　　　④ 38°

⑤ 39°

05

오른쪽 그림과 같은 원 O에서
∠BCD=110°일 때, ∠x+∠y의
크기는?

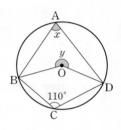

① 256°　　　② 262°

③ 275°　　　④ 284°

⑤ 290°

06 서술형

오른쪽 그림과 같은 원 O에서
∠AOC=116°, ∠OCB=55°일 때,
∠OAB의 크기를 구하시오.

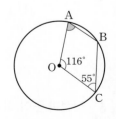

07

오른쪽 그림과 같이 $\overline{AB}=\overline{AC}$인 이
등변삼각형 ABC가 원 O에 내접하
고 있다. ∠ABC=40°일 때,
∠BOC의 크기는?

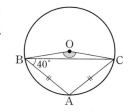

① 135°   ② 148°

③ 156°   ④ 160°

⑤ 173°

08

오른쪽 그림에서 두 반직선 PA,
PB는 원 O의 접선이고 두 점 A,
B는 접점이다. ∠APB=48°일
때, ∠ACB의 크기를 구하시오.

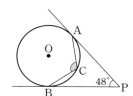

원주각의 성질

09

오른쪽 그림과 같은 원 O에서
∠BDC=48°일 때, ∠x+∠y의 크기
는?

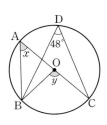

① 140°   ② 142°

③ 144°   ④ 146°

⑤ 148°

10

오른쪽 그림과 같은 원 O에서
∠AQC=81°, ∠BOC=104°일 때,
∠APB의 크기는?

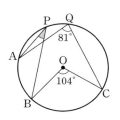

① 23°   ② 25°

③ 27°   ④ 29°

⑤ 31°

11

오른쪽 그림과 같은 원 O에서 $\overline{AB}$는
원 O의 지름이고 ∠APQ=52°일
때, ∠QRB의 크기는?

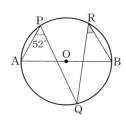

① 36°   ② 37°

③ 38°   ④ 39°

⑤ 40°

12

오른쪽 그림에서 $\overline{AB}$는 반원 O의 지
름이고 점 P는 두 현 AC, BD의 연
장선의 교점이다. ∠COD=36°일
때, ∠APB의 크기는?

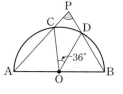

① 65°   ② 68°

③ 72°   ④ 77°

⑤ 80°

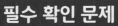
13 서술형

오른쪽 그림에서 $\overline{AD}$는 원 O의 지름이
고 $\angle OAC=33°$, $\angle ODB=24°$일 때,
$\overset{\frown}{BC}$에 대한 중심각의 크기를 구하시오.

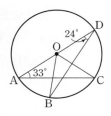

14

오른쪽 그림과 같이 반지름의 길이가
13인 원 O에 삼각형 ABC가 내접하고
있다. $\overline{BC}=10$일 때, $\cos A$의 값은?

① $\dfrac{4}{13}$ ② $\dfrac{6}{13}$

③ $\dfrac{8}{13}$ ④ $\dfrac{10}{13}$

⑤ $\dfrac{12}{13}$

15

오른쪽 그림과 같이 반지름의 길이가
8인 반원 O 위의 점 A에서 지름 BC
에 내린 수선의 발을 H라 하자.
$\angle ABC=30°$일 때, $\overline{AH}$의 길이를
구하시오.

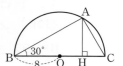

---

3 원주각의 크기와 호의 길이

16

오른쪽 그림에서 점 P는 두 현 AC,
BD의 교점이다. $\overset{\frown}{AB}=\overset{\frown}{CD}$,
$\angle DBC=42°$일 때, $\angle APB$의 크기
는?

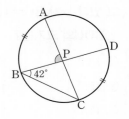

① $80°$ ② $81°$

③ $82°$ ④ $83°$

⑤ $84°$

17

오른쪽 그림과 같은 원 O에서
$\overset{\frown}{BC}=\overset{\frown}{CD}$이다. $\angle CED=30°$일 때,
$\angle x+\angle y$의 크기는?

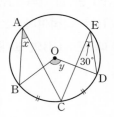

① $135°$ ② $140°$

③ $145°$ ④ $150°$

⑤ $155°$

18 서술형

오른쪽 그림과 같이 $\overline{AB}$를 지름으로
하는 반원 O에서 $\overset{\frown}{AD}=\overset{\frown}{CD}$이다. 점
P는 $\overline{AC}$, $\overline{BD}$의 교점이고
$\angle ABD=26°$일 때, $\angle CPB$의 크
기를 구하시오.

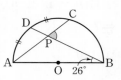

19

오른쪽 그림에서 점 P는 두 현 AC, BD의 교점이다. $\overarc{BC}=5$ cm, $\angle ABD=50°$, $\angle BPC=75°$일 때, $\overarc{AD}$의 길이는?

① 8 cm   ② 9 cm   ③ 10 cm

④ 11 cm   ⑤ 12 cm

20 서술형

오른쪽 그림에서 점 P는 두 현 AD, BC의 연장선의 교점이다. $\overarc{AB}=4$ cm, $\overarc{CD}=10$ cm, $\angle ACB=20°$일 때, $\angle x$의 크기를 구하시오.

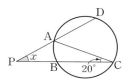

21

오른쪽 그림에서 점 P는 두 현 AC, BD의 교점이다. $\overarc{AB}$, $\overarc{CD}$의 길이가 각각 원주의 $\frac{1}{5}$, $\frac{1}{3}$일 때, $\angle APB$의 크기는?

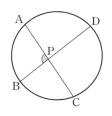

① 88°   ② 93°   ③ 96°

④ 100°   ⑤ 104°

22

오른쪽 그림에서 $\overarc{AB} : \overarc{BC} : \overarc{CA}=3 : 3 : 4$일 때, 삼각형 ABC의 세 내각 $\angle A$, $\angle B$, $\angle C$의 크기를 각각 구하시오.

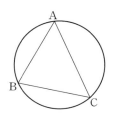

---

4 네 점이 한 원 위에 있을 조건

23

네 점 A, B, C, D가 한 원 위에 있는 것을 보기에서 모두 고른 것은?

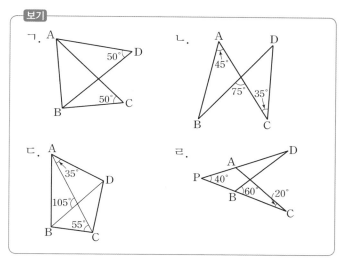

① ㄱ   ② ㄷ   ③ ㄱ, ㄹ

④ ㄴ, ㄷ   ⑤ ㄷ, ㄹ

24

오른쪽 그림에서 점 P는 $\overline{AC}$, $\overline{BD}$의 교점이고 $\overline{AC} \perp \overline{BD}$이다. $\angle BAC=75°$, $\angle ACB=55°$이고 네 점 A, B, C, D가 한 원 위에 있을 때, $\angle x-\angle y$의 크기를 구하시오.

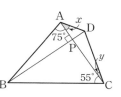

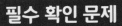
25

오른쪽 그림에서 점 P는 $\overline{AD}$, $\overline{BC}$ 의 연장선의 교점이고 점 Q는 $\overline{AC}$, $\overline{BD}$의 교점이다. ∠APB=52°, ∠ACP=30°이고 네 점 A, B, C, D가 한 원 위에 있을 때, ∠DQC의 크기를 구하시오.

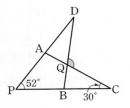

28

오른쪽 그림과 같이 사각형 ABCD가 원에 내접하고 ∠ADB=32°, ∠BCD=82°, ∠BAC=48°일 때, ∠x+∠y의 크기를 구하시오.

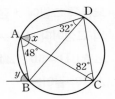

---

⑤ **원에 내접하는 사각형의 성질**

26

오른쪽 그림과 같이 원에 내접하는 사 각형 ABCD에서 $\overline{AC}=\overline{AD}$이다. ∠CAD=62°일 때, ∠ABC의 크기 는?

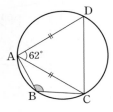

① 116° ② 119°

③ 121° ④ 124°

⑤ 127°

29

오른쪽 그림과 같이 원에 내접하는 사각 형 ABCD에서 $\overline{AD}$, $\overline{BC}$의 연장선의 교점을 P라 하고 $\overline{AB}$, $\overline{CD}$의 연장선의 교점을 Q라 하자. ∠CPD=39°, ∠BQC=29°일 때, ∠BAD의 크기 는?

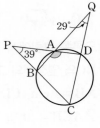

① 123° ② 124° ③ 125°

④ 126° ⑤ 127°

27

오른쪽 그림과 같이 점 A, B, C, D, E는 한 원 위에 있고 점 P는 $\overline{AD}$, $\overline{CE}$의 교점이다. ∠EAD=35°, ∠ADC=72°일 때, ∠x−∠y의 크기를 구하시오.

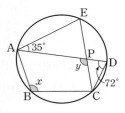

30

오른쪽 그림과 같이 원 O에 내접하는 오각형 ABCDE에서 ∠ABC=130°, ∠AED=75°일 때, ∠COD의 크기를 구하시오.

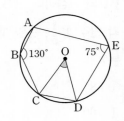

31

오른쪽 그림의 사각형 ABCD에서
$\overline{AB}=\overline{AD}$이다. ∠ADB=33°,
∠ACB=33°, ∠DBC=22°일 때,
∠BDC의 크기는?

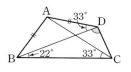

① 78°　　　② 84°　　　③ 89°
④ 92°　　　⑤ 95°

34

오른쪽 그림과 같이 원에 내접하는 사
각형 ABCD에서 $\overarc{AD}=\overarc{CD}$이고 직
선 CT는 원의 접선이다.
∠ACB=34°, ∠ACD=48°일 때,
∠BCT의 크기는?

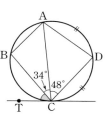

① 49°　　　② 50°
③ 51°　　　④ 52°
⑤ 53°

6 접선과 현이 이루는 각

32

오른쪽 그림에서 삼각형 ABC는 원
에 내접하고 직선 CT는 원의 접선이
다. $\overarc{AB}:\overarc{BC}:\overarc{CA}=4:3:5$일
때, ∠ACT의 크기를 구하시오.

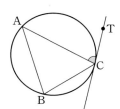

35

오른쪽 그림의 원 O에서 $\overline{AC}$는 지름
이고 직선 BT는 접선, 점 B는 접점이
다. ∠ABT=48°일 때, 원 O 위의 점
D에 대하여 ∠BDC의 크기는?

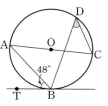

① 38°　　　② 40°
③ 42°　　　④ 44°
⑤ 46°

33

오른쪽 그림에서 삼각형 ABC는 원 O
에 내접하고 직선 BT는 원 O의 접선이
다. ∠CBT=46°일 때, ∠OCB의 크
기는?

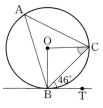

① 42°　　　② 43°
③ 44°　　　④ 45°
⑤ 46°

36 서술형

오른쪽 그림과 같이 원 O는 삼각형
ABC의 내접원이면서 삼각형 DEF
의 외접원이다. ∠BAC=62°,
∠DEF=65°일 때, ∠ACB의 크기
를 구하시오.

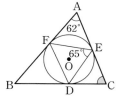

1 원주각과 중심각의 크기 사이의 관계

오른쪽 그림에서 점 P는 원 O의 두 현 AB, CD의 연장선
의 교점이다. ∠AOC=44°, ∠BOD=86°일 때, ∠BPD
의 크기는?

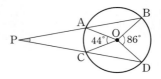

① 18°   ② 19°   ③ 20°

④ 21°   ⑤ 22°

 포인트

· 한 호에 대한 원주각의 크기는 그 호에 대한 중심각의 크
기의 $\frac{1}{2}$이다.

· 삼각형의 한 외각의 크기는 그와 이웃하지 않은 두 내각
의 크기의 합과 같다.

2 현의 수직이등분선을 이용하여 중심각의 크기 구하기

오른쪽 그림과 같이 원 모양의 종이를 원 위의 한 점이 원의 중심
O에 겹쳐지도록 $\overline{AB}$를 접는 선으로 하여 접었다. $\widehat{AB}$ 위에 있지
않은 원 위의 한 점 P에 대하여 $\overline{PA}=5$ cm, $\overline{PB}=7$ cm일 때, 삼
각형 PAB의 넓이를 구하시오.

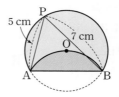

포인트

원의 중심 O에서 $\overline{AB}$에 수선의 발 H를 내린 후 삼각형의
합동을 이용하여 $\widehat{AB}$에 대한 중심각의 크기를 구한다.

3 원 위의 세 점으로 직각삼각형 만들기

오른쪽 그림과 같이 원 위에 일정한 간격으로 6개의 점이 놓여 있
다. 이 중 세 점을 택하여 만들 수 있는 직각삼각형의 개수는?

① 10   ② 11   ③ 12

④ 13   ⑤ 14

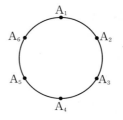

포인트

원 위의 세 점으로 만든 직각삼각형의 빗변은 원의 지름이
다.

4 한 호에 대한 원주각의 성질

오른쪽 그림에서 점 P는 원의 두 현 AB, CD의 연장선의 교점이고 두 현 AD, BC는 점 Q에서 수직으로 만난다. ∠BPD=20°일 때, ∠x의 크기는?

① 51°　　② 52°　　③ 53°

④ 54°　　⑤ 55°

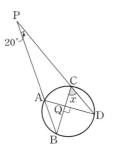

5 반원에 대한 원주각의 성질

오른쪽 그림과 같이 $\overline{AB}$를 지름으로 하는 반원 O에서 점 P는 점 A에서의 접선과 현 BC의 연장선의 교점이다. ∠APB의 이등분선과 $\overline{AB}$, $\overline{AC}$의 교점을 각각 D, E라 하고 ∠CED=105°일 때, ∠ABC의 크기를 구하시오.

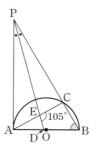

6 반원에 대한 원주각과 삼각비의 활용

오른쪽 그림과 같이 원 모양의 야외 공연장에 가로의 길이가 14 m인 무대가 있다. 무대를 제외한 부분은 잔디를 깔아 관객이 편안하게 자리잡고 공연을 볼 수 있도록 하였다. 공연장의 둘레 위의 한 지점 P에서 무대의 양 끝 지점 A, B를 바라본 각의 크기가 30°일 때, 잔디가 깔려 있는 부분의 넓이를 구하시오.

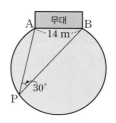

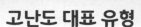

7 길이가 같은 호에 대한 원주각의 크기

오른쪽 그림과 같이 원 O 위의 점 A, B, C, D, E에 대하여 $\overset{\frown}{AB} = \overset{\frown}{CD}$이다. 두 현 AD, BE의 교점을 P라 하고 ∠EPD=50°일 때, ∠EOC의 크기는?

① 98°　　　　② 99°　　　　③ 100°

④ 101°　　　　⑤ 102°

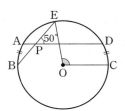

8 원주각의 크기와 호의 길이 사이의 관계

오른쪽 그림과 같은 원 O에서 두 현 AC, BD의 교점을 P라 하면 ∠APD=75°이다. $\overset{\frown}{AD}=4\pi$, $\overset{\frown}{BC}=6\pi$일 때, 원 O의 넓이는?

① 100π　　　　② 121π　　　　③ 144π

④ 169π　　　　⑤ 196π

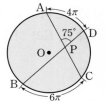

9 한 원에서 모든 원주각의 크기의 합

오른쪽 그림과 같은 원에서 $\overset{\frown}{AB} = \overset{\frown}{BC} = \overset{\frown}{CD}$이다. 점 P는 두 현 AB, CD의 연장선의 교점이고 ∠BPC=20°일 때, ∠ACD의 크기를 구하시오.

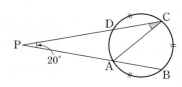

한 원 위에 있는 네 점

오른쪽 그림의 삼각형 ABC에서 $\overline{BC}$의 중점을 M이라 하고 두 점 B, C에서 $\overline{AC}$, $\overline{AB}$에 내린 수선의 발을 각각 D, E라 하자. $\angle BAC = 60°$일 때, $\angle DME$의 크기는?

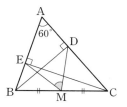

① 56° ② 57° ③ 58°

④ 59° ⑤ 60°

 원에 내접하는 다각형

오른쪽 그림과 같이 원 O에 내접하는 육각형 ABCDEF에서 $\overline{AB} = \overline{CD} = \overline{DE} = \overline{FA}$이다. $\angle BAF = 138°$, $\angle BCD = 130°$일 때, $\angle DOE$의 크기는?

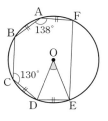

① 40° ② 41° ③ 42°

④ 43° ⑤ 44°

 원에 내접하는 사각형의 성질의 활용

오른쪽 그림과 같이 원 O에 내접하는 사각형 CDEF에 대하여 $\overline{CD}$, $\overline{EF}$의 연장선의 교점을 B, $\overline{CF}$의 연장선 위의 점을 A라 하자. $\overline{BC} = \overline{CD} = \overline{DE}$이고 $\angle ABC = \angle BDE = 90°$, $\overline{AB} = 18$ cm일 때, 원 O의 넓이를 구하시오.

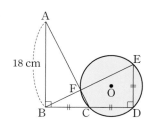

13 두 원에서 원에 내접하는 사각형의 성질

오른쪽 그림과 같이 두 점 C, D에서 만나는 두 원 O, O′에 대하여 원 O의 현 AB와 원 O′의 현 EF의 연장선의 교점을 P라 하자. ∠APF=80°일 때, ∠BDF의 크기를 구하시오.

(단, 점 C는 $\overline{AE}$ 위의 점이다.)

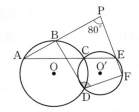

> **∑ 포인트**
> $\overline{CD}$를 긋고 두 원 O, O′에서 원주각의 성질과 원에 내접하는 사각형의 성질을 이용한다.

14 원에 내접하는 사각형 찾기

오른쪽 그림과 같이 삼각형 ABC의 세 꼭짓점에서 각 대변에 그은 세 수선의 교점을 H라 할 때, 다음 보기에서 원에 내접하는 사각형을 모두 고른 것은?

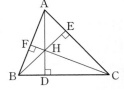

> **보기**
> ㄱ. □AFHE   ㄴ. □ABDE
> ㄷ. □FBCE   ㄹ. □FBDE

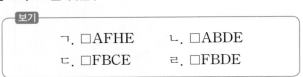

① ㄱ, ㄹ   ② ㄴ, ㄹ   ③ ㄷ, ㄹ
④ ㄱ, ㄴ, ㄷ   ⑤ ㄴ, ㄷ, ㄹ

> **∑ 포인트**
> 사각형이 원에 내접하기 위한 조건을 이용한다.

15 접선과 현이 이루는 각의 성질

오른쪽 그림과 같이 접점이 T인 원의 접선과 현 AB의 연장선의 교점을 P라 하자. ∠ACT=68°, ∠ATC=∠CTB일 때, ∠PTC의 크기를 구하시오.

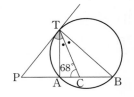

> **∑ 포인트**
> 접선과 현이 이루는 각의 성질을 이용하여 크기가 같은 각을 찾는다.

16 한 원이 다른 원의 내부에 있을 때 접선과 현이 이루는 각

오른쪽 그림과 같이 $\overline{AC}$를 지름으로 하는 원 O와 $\overline{BC}$를 지름으로 하는 원 O′에 대하여 점 A에서 원 O′에 접선을 긋고 원 O와의 교점을 D, 접점을 E라 하자. $\angle DAC = 30°$일 때, $\angle EBC$의 크기는?

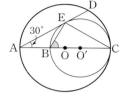

① 55° ② 58° ③ 60°

④ 63° ⑤ 65°

Σ 포인트
반원에 대한 원주각의 크기는 90°이다.

17 원 밖의 점에서 두 접선을 그었을 때 접선과 현이 이루는 각

오른쪽 그림과 같이 한 원 위의 점 A, B, C, D, E에 대하여 두 직선 PC, PD는 원의 접선이다. $\angle BED = 90°$, $\angle ABE = 16°$, $\angle ADC = 76°$, $\angle CPD = 66°$일 때, $\angle x + \angle y - \angle z$의 크기를 구하시오.

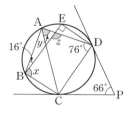

Σ 포인트
한 호에 대한 원주각의 크기는 모두 같다.

18 외접하는 두 원에서 접선과 현이 이루는 각

오른쪽 그림과 같이 두 원이 점 P에서 접하고 있다. 점 P를 지나는 두 직선이 두 원과 만나는 점을 각각 A, B, C, D라 하면 $\overline{BC}$는 작은 원의 접선이다. $\angle BDC = 43°$, $\angle DBC = 21°$일 때, $\angle BAC$의 크기는?

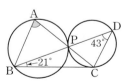

① 71° ② 72° ③ 73°

④ 74° ⑤ 75°

Σ 포인트
점 P를 지나고 두 원에 공통으로 접하는 직선을 긋는다.

1 원주각과 중심각의 크기

01 서술형

오른쪽 그림과 같이 반지름의 길이가 9 cm인 원 O에 삼각형 ABC가 내접하고 있다. ∠BAC=60°일 때, 색칠한 부분의 넓이를 구하시오.

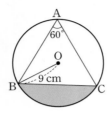

02 대표 유형 ❶

오른쪽 그림에서 점 P는 원 O의 두 현 AB, CD의 연장선의 교점이다. ∠AOD=26°, ∠BOC=70°일 때, ∠BPC의 크기는?

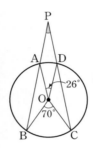

① 18° ② 19°
③ 20° ④ 21°
⑤ 22°

03

오른쪽 그림과 같은 원 O에서 ∠OCA=35°, ∠OBA=52°일 때, ∠BOC의 크기는?

① 31° ② 32°
③ 33° ④ 34°
⑤ 35°

04

오른쪽 그림에서 점 P는 원 O의 두 현 AC, BD의 교점이다. ∠APB=40°, $\widehat{AB}+\widehat{CD}=8\pi$일 때, 원 O의 넓이는?

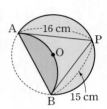

① 318π ② 320π
③ 322π ④ 324π
⑤ 326π

05 대표 유형 ❷

오른쪽 그림과 같이 원 모양의 종이를 원 위의 한 점이 원의 중심 O에 겹쳐지도록 $\overline{AB}$를 접는 선으로 하여 접었다. $\widehat{AB}$ 위에 있지 않은 원 위의 한 점 P에 대하여 $\overline{PA}=16$ cm, $\overline{PB}=15$ cm일 때, 삼각형 PAB의 넓이는?

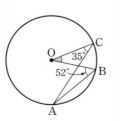

① $56\sqrt{3}$ cm² ② $58\sqrt{3}$ cm² ③ $60\sqrt{3}$ cm²
④ $62\sqrt{3}$ cm² ⑤ $64\sqrt{3}$ cm²

06

오른쪽 그림과 같이 원 O 위에 네 점 A, B, C, D가 있다. $\overline{OA}\perp\overline{BD}$이고 ∠OAB=48°일 때, ∠BCD의 크기를 구하시오.

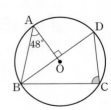

07 서술형

오른쪽 그림과 같이 반지름의 길이가 같은 두 원 O, O′이 두 점 A, B에서 만나고 서로 다른 원의 중심을 지날 때, ∠ACB+∠ADB의 크기를 구하시오.

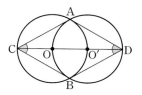

08

오른쪽 그림과 같이 두 원 O, O′의 중심이 한 직선 위에 있고 $\overline{AB}$는 원 O의 지름이다. $\overline{OA}=9$ cm, ∠OAC=15°일 때, 원 O′의 둘레의 길이는? (단, 점 C는 두 원 O, O′의 교점이다.)

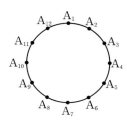

① $3\sqrt{3}\pi$ cm ② $4\sqrt{3}\pi$ cm ③ $5\sqrt{3}\pi$ cm
④ $6\sqrt{3}\pi$ cm ⑤ $7\sqrt{3}\pi$ cm

② 원주각의 성질

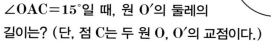

09

오른쪽 그림과 같이 원의 두 현 AB, CD의 교점을 E, 점 E에서 $\overline{AD}$에 내린 수선의 발을 F, $\overline{EF}$의 연장선과 $\overline{BC}$의 교점을 G라 하자. ∠ABC=52°, ∠BED=82°일 때, ∠CGE의 크기를 구하시오.

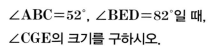

10

오른쪽 그림과 같이 삼각형 ABC가 원에 내접하고 있고 점 I는 삼각형 ABC의 내심이다. $\overline{CI}$의 연장선과 원과의 교점 D에 대하여 $\overline{CI}=4$ cm, $\overline{DI}=6$ cm일 때, $\overline{AD}$의 길이는?

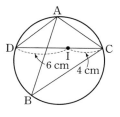

① 5 cm ② $2\sqrt{7}$ cm ③ $4\sqrt{2}$ cm
④ 6 cm ⑤ $2\sqrt{10}$ cm

11 대표 유형 ③

오른쪽 그림과 같이 원 위에 12개의 점이 같은 간격으로 놓여 있다. 이 중 세 점을 택하여 만들 수 있는 직각삼각형의 개수를 구하시오.

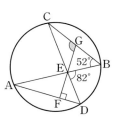

12 대표 유형 ④

오른쪽 그림의 원에서 점 P는 두 현 AB, CD의 연장선의 교점이고 점 Q는 두 현 AC, BD의 교점이다. ∠BPC=40°, ∠BQC=80°일 때, ∠x의 크기는?

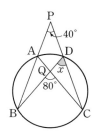

① 59° ② 60°
③ 61° ④ 62°
⑤ 63°

13 서술형

오른쪽 그림과 같이 한 원 위의 점 A, B, C, D, E, F에 대하여 $\overline{AB} /\!/ \overline{ED}$ 이다. ∠BAC=23°, ∠CED=24° 일 때, ∠x＋∠y의 크기를 구하시오.

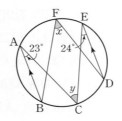

14

오른쪽 그림에서 $\overline{AB}$는 원 O의 지름 이고 $\overline{AC}$는 점 B를 중심으로 하는 원의 지름이다. 큰 원의 현 CE는 원 O의 접선이고 점 D는 접점이다. $\overline{AC}$=12 cm일 때, $\overline{CE}$의 길이는?

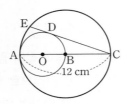

① 11 cm   ② $8\sqrt{2}$ cm   ③ 12 cm

④ 13 cm   ⑤ $5\sqrt{6}$ cm

15 대표 유형 ⑤

오른쪽 그림과 같이 $\overline{AB}$를 지름으로 하는 반원 O에서 점 P는 현 AC의 연 장선과 점 B에서의 접선의 교점이다. ∠APB의 이등분선과 $\overline{AB}$, $\overline{BC}$의 교 점을 각각 D, E라 하고 ∠CED=112°일 때, ∠PAB의 크기를 구하시오.

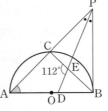

16

오른쪽 그림과 같이 $\overline{AB}$를 지름으로 하는 반원 O 위의 점 C에서 $\overline{AB}$에 내린 수선의 발을 H라 하자. $\overline{AB}$=6, $\overline{AC}$=5일 때, $\sin x \times \tan x + \cos x$의 값을 구하시오.

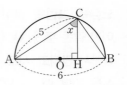

17 대표 유형 ⑥

오른쪽 그림은 원 모양의 어느 야외 수영 장의 단면도이다. 수영장의 한쪽에 직사 각형 모양의 단을 설치하고 수영장의 레 인의 양쪽 경계를 단의 양 끝과 일치하도 록 수영장을 만들었다. 수영장의 둘레 위 의 한 지점 P에서 단의 양 끝 지점 A, B를 바라본 각의 크 기가 30°이고 두 지점 A, B 사이의 거리가 18 m일 때, 수 영장의 레인의 넓이를 구하시오.

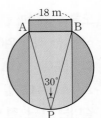

3 원주각의 크기와 호의 길이

18

오른쪽 그림과 같이 한 원 위의 점 A, B, C, D, E에 대하여 $\overparen{AB} = \overparen{BC} = \overparen{CD}$이다. $\overline{AD}$, $\overline{BE}$의 교점을 F라 하고 ∠ACE=53°, ∠AFB=67°일 때, ∠AEC의 크기 를 구하시오.

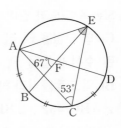

19 대표 유형 ⑦

오른쪽 그림과 같이 원 O 위의 점 A, B, C, D, E에 대하여 $\overarc{AB}=\overarc{DE}$이다. 두 현 BD, CE의 교점 P에 대하여 ∠DPE=43°일 때, ∠AOC의 크기는?

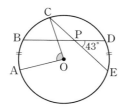

① 83°   ② 84°   ③ 85°

④ 86°   ⑤ 87°

20

오른쪽 그림과 같이 $\overline{AB}$를 지름으로 하는 반원 O에서 두 현 AC, BD의 연장선의 교점을 P라 하자. ∠APB=60°, ∠BOD=50°일 때, $\overarc{AC}:\overarc{CD}:\overarc{BD}$의 길이의 비는?

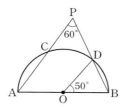

① 2:3:5   ② 4:3:3   ③ 5:3:4

④ 6:4:3   ⑤ 7:6:5

21

오른쪽 그림과 같은 원 O에서 $\overline{AB}$는 지름이고 $\overline{AB} /\!/ \overline{CD}$이다. ∠BAD=20°이고 $\overarc{BD}=6$ cm일 때, $\overarc{CD}$의 길이를 구하시오.

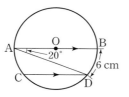

22 서술형

오른쪽 그림과 같이 반지름의 길이가 4인 원 O에서 두 현 AC, BD가 수직으로 만날 때, $\overline{AB}^2+\overline{CD}^2$의 값을 구하시오.

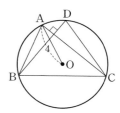

23 대표 유형 ⑧

오른쪽 그림과 같은 원 O에서 두 현 AC, BD의 교점 P에 대하여 ∠APD=80°이다. $\overarc{AB}=14\pi$, $\overarc{CD}=6\pi$일 때, 원 O의 반지름의 길이는?

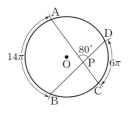

① 15   ② 16   ③ 17

④ 18   ⑤ 19

24 대표 유형 ⑨

오른쪽 그림과 같은 원에서 $\overarc{AB}=\overarc{BC}$, $\overarc{CD}=\overarc{DE}$, $\overarc{EF}=\overarc{FA}$이다. ∠CAE=48°일 때, ∠BDF의 크기는?

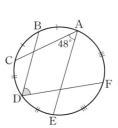

① 65°   ② 66°

③ 67°   ④ 68°

⑤ 69°

4 네 점이 한 원 위에 있을 조건

25 대표 유형 ⑩

오른쪽 그림의 삼각형 ABC에서 $\overline{AB}$의 중점을 M이라 하고 두 점 A, B에서 그 대변에 내린 수선의 발을 각각 D, E라 하자. ∠DME＝34°일 때, ∠ACB의 크기는?

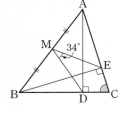

① 69°　　　② 70°　　　③ 71°

④ 72°　　　⑤ 73°

26 서술형

오른쪽 그림의 삼각형 ABC에서 점 E는 ∠A의 이등분선과 $\overline{BC}$의 교점이고 네 점 A, B, C, D는 원 O 위에 있다. ∠BDC＝40°, ∠AEC＝100°일 때, ∠ACO의 크기를 구하시오.

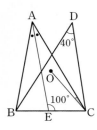

27

오른쪽 그림과 같이 $\overline{AB}$를 지름으로 하는 원 O에서 ∠AOC＝75°, ∠OCE＝∠ODE＝20°일 때, ∠DOE의 크기는?

① 34°　　　② 35°

③ 36°　　　④ 37°

⑤ 38°

28

오른쪽 그림과 같이 삼각형 ABC의 꼭짓점 C에서 변 BA의 연장선에 내린 수선의 발을 D, 점 D에서 두 변 BC, AC에 내린 수선의 발을 각각 E, F라 하자. ∠B＝38°일 때, ∠AFE의 크기는?

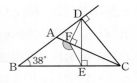

① 140°　　　② 141°　　　③ 142°

④ 143°　　　⑤ 144°

5 원에 내접하는 사각형의 성질

29

오른쪽 그림과 같이 사각형 ABCD가 원에 내접하고 점 F는 $\overline{AD}$와 $\overline{BE}$의 교점이다. $\overparen{AE}＝\overparen{DE}$, ∠BCE＝70°일 때, ∠AFE의 크기는?

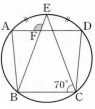

① 105°　　　② 108°

③ 110°　　　④ 114°

⑤ 117°

30

오른쪽 그림과 같은 두 삼각형 ABC, ADE는 서로 합동이다. 네 점 A, B, D, E가 한 원 위에 있고, ∠BAD＝70°일 때, ∠ACB의 크기를 구하시오.

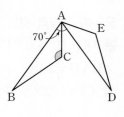

31 대표 유형 ⑪

오른쪽 그림과 같이 원 O에 내접하는
칠각형 ABCDEFG에서
$\overline{AB}=\overline{BC}=\overline{CD}=\overline{DE}$이다.
∠DEF=134°, ∠FGA=100°일
때, ∠x의 크기는?

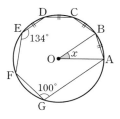

① 32°　　② 34°　　③ 36°

④ 38°　　⑤ 40°

32

오른쪽 그림과 같이 $\overline{AB}$를 지름으
로 하는 원 O에 오각형 ACDBE
가 내접하고 있다. $\overline{AE}$, $\overline{DB}$의 연
장선의 교점 P에 대하여
∠DAB=∠BAE, ∠ACD=114°일 때, ∠APD의 크기
를 구하시오.

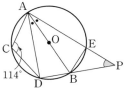

33 대표 유형 ⑫

오른쪽 그림과 같이 원 O 위의 네
점 A, B, E, F에 대하여 $\overline{AF}$,
$\overline{BE}$의 연장선의 교점을 C, $\overline{EF}$의
연장선 위의 점을 D라 하자.
$\overline{AB}=\overline{EC}$, $\overline{BE}=2\overline{AB}$이고
∠ABC=∠DCE=90°,
$\overline{CD}=4$ cm일 때, 원 O의 반지름의 길이를 구하시오.

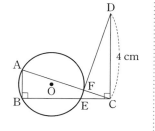

34 대표 유형 ⑬

오른쪽 그림과 같이 두 점 C, D
에서 만나는 두 원에 대하여 한
원의 두 현 AD, BC의 연장선
의 교점을 P, 다른 원과의 교점
을 각각 E, F라 하자. ∠BAD=83°, ∠CFE=110°일 때,
∠APB의 크기는?

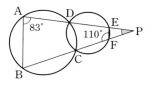

① 27°　　② 26°　　③ 25°

④ 24°　　⑤ 23°

35 서술형

오른쪽 그림과 같이 두 원 O_1, O_2
는 두 점 C, D에서 만나고 두 원
O_2, O_3은 두 점 C, E에서 만난다.
∠BAD : ∠DFE=7 : 5이고
∠ABC=∠BAD−13°일 때, ∠x의 크기를 구하시오.

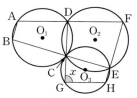

36 대표 유형 ⑭

오른쪽 그림과 같이 직선 BE 위
에 크기가 다른 두 정삼각형
ABC, DCE가 있다. $\overline{AC}$와
$\overline{BD}$, $\overline{AE}$와 $\overline{CD}$, $\overline{AE}$와 $\overline{BD}$의
교점을 각각 F, G, H라 할 때, 원에 내접하는 사각형의 개
수를 구하시오.

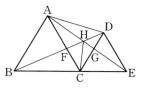

고난도 실전 문제

6 접선과 현이 이루는 각

37 대표 유형 15

오른쪽 그림과 같이 삼각형 ABC 가 원에 내접하고 있다. 변 BC의 연장선과 점 A에서의 접선의 교점 을 P라 하고 ∠APB의 이등분선과 $\overline{AC}$의 교점을 Q라 하 자. ∠BAC=52°일 때, ∠AQP의 크기는?

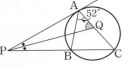

① 60°   ② 61°   ③ 62°

④ 63°   ⑤ 64°

38

오른쪽 그림과 같이 원에 내접하는 사 각형 ABCD에서 직선 TA는 원의 접 선이고 $\overparen{AB}$: $\overparen{AD}$=5 : 14이다. ∠BCD=114°일 때, ∠BAT의 크기 를 구하시오.

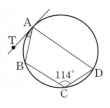

39

오른쪽 그림과 같이 원에 내접하는 사각형 ABCD에서 변 AB의 연장 선과 점 C에서의 접선의 교점을 P 라 하자. $\overline{AB}=\overline{AC}$, ∠APC=42° 일 때, ∠ADC의 크기를 구하시오.

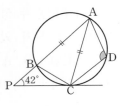

40 서술형 대표 유형 16

오른쪽 그림과 같이 $\overline{AB}$를 지름으로 하는 원 O와 $\overline{AO}$를 지름으로 하는 원 O′에 대하여 점 B에서 원 O′에 접선을 긋고 원 O와의 교점을 C, 접 점을 D라 하자. 원 O의 반지름의 길 이가 8 cm일 때, tan x의 값을 구하시오.

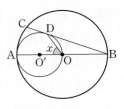

41 대표 유형 17

오른쪽 그림과 같이 점 P에서 원 에 그은 두 접선의 접점을 A, B라 하자. ∠APB=58°, ∠AEC=107°, ∠DAB=72°, ∠DCE=16°일 때, ∠a+∠b+∠c의 크기는?

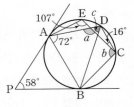
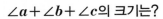

① 256°   ② 264°   ③ 276°

④ 281°   ⑤ 290°

42 대표 유형 18

오른쪽 그림과 같이 두 원이 점 P에 서 접하고 있다. 점 P를 지나는 두 직선이 원과 만나는 점을 각각 A, B, C, D라 하면 $\overline{BC}$는 작은 원의 접 선이다. ∠BAP=44°, ∠BCP=26°일 때, ∠PDC의 크 기를 구하시오.

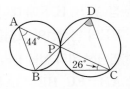

05

대폿값과 산포도

1 대푯값

(1) **대푯값**: 자료 전체의 중심적인 경향이나 특징을 대표적으로 나타낸 값

(2) **대푯값의 종류**

    ① **평균**: 전체 변량의 총합을 변량의 개수로 나눈 값

$$➡ (평균) = \frac{(변량의\ 총합)}{(변량의\ 개수)}$$

        [예] 자료 4, 5, 6, 9의 평균은 $\dfrac{4+5+6+9}{4}=\dfrac{24}{4}=6$

    ② **중앙값**: 자료의 변량을 작은 값부터 크기순으로 나열할 때, 중앙에 위치한 값

        ➡ 변량의 개수가 홀수이면 중앙에 위치한 값

           변량의 개수가 짝수이면 중앙에 위치한 두 값의 평균

        [예] 자료 1, 2, 4, 6, 7의 중앙값은 4

           자료 2, 3, 6, 8의 중앙값은 $\dfrac{3+6}{2}=\dfrac{9}{2}=4.5$

    ③ **최빈값**: 자료의 변량 중에서 가장 많이 나타난 값

        [예] 자료 1, 3, 2, 3, 5의 최빈값은 3이다.

           └ 3이 2번으로 가장 많이 나타난다.

        자료 2, 4, 3, 1, 4, 2, 5의 최빈값은 2와 4이다.

           └ 2와 4가 각각 2번씩으로 가장 많이 나타난다.

  [참고] ① 자료의 값 중 매우 크거나 작은 값, 즉 극단적인 값이 있는 경우에는 평균이 그 극단적인 값에 영향을 많이 받으므로 평균보다는 중앙값을 대푯값으로 사용하는 것이 합리적이다.

      ② 최빈값은 변량이 중복되어 나타난 자료나 수로 나타낼 수 없는 자료의 대푯값으로 사용하기에 유용하다.

        [예] 선거에서 가장 많은 표를 받은 후보가 대표가 되는 경우

2 대푯값이 주어졌을 때 변량 구하기

(1) **평균이 주어졌을 때**

$$➡ (평균) = \frac{(변량의\ 총합)}{(변량의\ 개수)}$$ 임을 이용하여 식을 세운다.

(2) **중앙값이 주어졌을 때**

    ➡ 자료를 작은 값부터 크기순으로 나열한 후 변량의 개수가 짝수인지 홀수인지를 확인하여 그에 맞게 식을 세운다.

(3) **최빈값이 주어졌을 때**

    ➡ 주어진 자료에서 가장 많이 나타나는 변량을 확인한 후 미지수인 변량이 최빈값이 되는 경우를 모두 확인한다.

Σ NOTE

● 대푯값은 여러 가지가 있으나 주로 평균이 사용된다.

● 변량은 자료를 수량으로 나타낸 것이다.

● 중앙값을 구할 때, 자료의 변량을 큰 값부터 크기순으로 나열하여 구해도 그 값은 같다.

● 자료에 따라 최빈값은 두 개 이상일 수도 있다.

● 일반적으로 옷의 치수와 같이 규격화된 자료, 에너지 효율 등급과 같이 등급화된 자료의 대푯값으로 최빈값이 적절하다.

3 산포도

(1) **산포도**: 자료의 분포 상태를 알아보기 위하여 변량들이 대푯값을 중심으로 흩어져 있는 정도를 하나의 수로 나타낸 값

  참고 산포도에는 여러 가지가 있으나 보통 평균을 대푯값으로 할 때의 산포도, 즉 분산과 표준편차를 사용한다. 일반적으로 평균을 대푯값으로 할 때, 자료의 변량이 평균에 모여 있을수록 산포도는 작아지고, 흩어져 있을수록 산포도는 커진다.

(2) **분산과 표준편차**

① **편차**: 어떤 자료에 대하여 각 변량에서 평균을 뺀 값

  ➡ (편차)=(변량)−(평균)

  참고 ① 편차의 총합은 항상 0이다.

  ② 평균보다 큰 변량의 편차는 양수이고, 평균보다 작은 변량의 편차는 음수이다.

  ③ 편차의 절댓값이 클수록 그 변량은 평균에서 멀리 떨어져 있고, 편차의 절댓값이 작을수록 그 변량은 평균에 가까이 있다.

② **분산**: 각 편차를 제곱한 값의 평균

  ➡ $(분산)=\dfrac{\{(편차)^2의\ 총합\}}{(변량의\ 개수)}$

  참고 분산을 구하는 순서

  ① 평균을 구한다.

  ② 편차를 구한다.

  ③ $(편차)^2$의 총합을 구한다.

  ④ $(편차)^2$의 총합을 변량의 개수로 나눈다.

③ **표준편차**: 분산의 음이 아닌 제곱근

  ➡ $(표준편차)=\sqrt{(분산)}$

  예 자료 4, 5, 6, 9의 평균은 6이므로 각 변량의 편차는 −2, −1, 0, 3이다.

  따라서 $(분산)=\dfrac{(-2)^2+(-1)^2+0^2+3^2}{4}=\dfrac{7}{2}=3.5$, $(표준편차)=\sqrt{3.5}$이다.

  참고 변화된 변량의 평균, 분산, 표준편차

  n개의 변량 x_1, x_2, x_3, $\cdots$, x_n의 평균이 m, 표준편차가 s일 때,

  n개의 변량 ax_1+b, ax_2+b, ax_3+b, $\cdots$, ax_n+b (a, b는 상수)에 대하여

  ① $(평균)=am+b$ ② $(분산)=a^2s^2$ ③ $(표준편차)=|a|s$

4 분산과 표준편차를 이용한 자료의 분석

(1) 분산 또는 표준편차가 작다.

  ① 변량들이 평균을 중심으로 가까이 모여 있다.

  ② 자료의 분포 상태가 고르다.

(2) 분산 또는 표준편차가 크다.

  ① 변량들이 평균을 중심으로 넓게 흩어져 있다.

  ② 자료의 분포 상태가 고르지 않다.

두 자료의 평균이 같을 때, 자료의 흩어져 있는 정도를 나타내는 산포도를 알면 두 자료의 분포 상태를 비교할 수 있다.

분산과 표준편차는 평균을 중심으로 변량이 흩어져 있는 정도를 나타내는 산포도이다.

분산의 단위는 없고, 표준편차의 단위는 주어진 변량과 같다.

① 대푯값

01

4개의 변량 a, b, c, d의 평균이 8일 때, 6개의 변량 9, a, b, c, d, 13의 평균은?

① 7   ② 8   ③ 9

④ 10   ⑤ 11

02 서술형

다음은 학생 15명의 신발 사이즈를 조사하여 나타낸 표이다. 신발 사이즈의 평균을 구하시오.

신발 사이즈 (mm)	235	240	245	250	합계
학생 수(명)	2	x	4	5	15

03

다음은 A, B 두 모둠의 학생들을 대상으로 줄넘기 2단 뛰기를 한 횟수를 조사하여 나타낸 자료이다. A 모둠의 중앙값을 a회, B 모둠의 중앙값을 b회라 할 때, $2a+b$의 값은?

(단위: 회)

[A 모둠] 5, 8, 10, 6, 8, 5, 6, 7, 8, 9
[B 모둠] 11, 6, 4, 6, 8, 6, 7, 10, 4

① 20   ② 21   ③ 22

④ 23   ⑤ 24

04

7명의 학생의 키를 조사하여 작은 값부터 크기순으로 나열할 때, 중앙값은 164 cm이고 다섯 번째 학생의 키는 168 cm이다. 여기에 키가 170 cm인 학생이 추가되었을 때, 8명의 학생의 키의 중앙값은?

① 164 cm   ② 165 cm   ③ 166 cm

④ 167 cm   ⑤ 168 cm

05

다음은 수진이와 진영이가 5일 동안 TV를 시청한 시간을 조사하여 나타낸 표이다. 두 사람 모두 각각 10시간 동안 TV를 시청했다고 한다. 수진이와 진영이의 TV 시청 시간의 최빈값을 각각 x시간, y시간이라 할 때, $x-y$의 값을 구하시오.

(단위: 시간)

수진	1	3	a	2	2
진영	3	1	1	b	1

06

다음은 학생 10명을 대상으로 필통 안의 필기구의 개수를 조사하여 만든 자료이다. 이 자료의 중앙값을 a개, 최빈값을 b개라 할 때, $a+b$의 값은?

(단위: 개)

5,   11,   12,   7,   11
13,   8,   9,   11,   9

① 17   ② 18   ③ 19

④ 20   ⑤ 21

07

다음 세 자료에 대한 설명 중에서 옳지 <u>않은</u> 것은?

> [자료 1] 2, 3, 5, 7, 7, 8
> [자료 2] 1, 2, 4, 3, 4, 3, 6
> [자료 3] 3, 5, 3, 5, 4, 4, 7

① 평균은 [자료 1]이 가장 크다.
② [자료 1]에서 (평균) < (중앙값) < (최빈값)이다.
③ [자료 2]의 최빈값은 2개이다.
④ [자료 2]에서 (평균) > (중앙값)
⑤ 중앙값은 [자료 3]이 가장 크다.

08

다음은 정미네 반 학생 15명의 오래 매달리기 기록을 조사하여 나타낸 줄기와 잎 그림이다. 이 기록의 중앙값이 최빈값보다 4초만큼 클 때, $a+b$의 값은?

(단, $4 \leq a < b \leq 9$이고 최빈값은 한 개뿐이다.)

(0|1은 1초)

줄기	잎
0	1 2 3 3
1	4 4 a b 9
2	1 4 5
3	0 0 3

① 9   ② 10   ③ 11
④ 12   ⑤ 13

09

대푯값에 대한 설명 중 옳은 것을 다음 보기 에서 모두 고른 것은?

보기
> ㄱ. 자료에 극단적인 값이 있는 경우 평균보다 중앙값이 대푯값으로 적당하다.
> ㄴ. 중앙값은 항상 자료에 있는 값 중 하나이다.
> ㄷ. 최빈값은 선호도 조사를 할 때 주로 사용한다.

① ㄱ   ② ㄴ   ③ ㄷ
④ ㄱ, ㄴ   ⑤ ㄱ, ㄷ

② 대푯값이 주어졌을 때 변량 구하기

10

4회에 걸쳐 받은 영어 성적이 88점, 77점, 95점, 93점일 때, 5회에 걸쳐 받은 영어 성적의 평균이 90점이 되려면 5회째 시험에서 몇 점을 받아야 하는가?

① 91점   ② 93점   ③ 95점
④ 97점   ⑤ 99점

11

다음 자료는 학생 5명의 몸무게를 조사하여 나타낸 것이다. 이 학생들의 몸무게의 평균과 최빈값이 서로 같을 때, x의 값을 구하시오.

(단위: kg)

> 52,   42,   46,   44, x

12 서술형

다음 자료는 민지네 반 학생 10명의 국어 성적을 조사하여 나타낸 것이다. 이 학생들의 국어 성적의 평균이 76점일 때, 중앙값은 a점, 최빈값은 b점이다. $a-b$의 값을 구하시오.

(단위: 점)

71,	89,	65,	93,	x
64,	78,	91,	75,	69

13

다음 [자료 1]의 중앙값이 8이고, [자료 2]의 중앙값이 11일 때, $x+y$의 값은? (단, $x<y$)

[자료 1] 3, 10, x, 5, y
[자료 2] x, 13, y, 14

① 15　　　　② 16　　　　③ 17
④ 18　　　　⑤ 19

14

다음 자료의 중앙값이 9일 때, x의 값이 될 수 있는 가장 큰 값과 가장 작은 값의 차를 구하시오.

(단, x는 음이 아닌 정수이다.)

9, 7, 10, 9, x, 8, 14, 11

3 산포도

15

다음은 어떤 양궁 선수가 5회에 걸쳐 받은 양궁 점수의 편차를 조사하여 나타낸 표이다. 양궁 점수의 평균이 8점일 때, 3회에 받은 양궁 점수는?

회	1	2	3	4	5
편차(점)	-3	2	x	-1	1

① 6점　　　　② 7점　　　　③ 8점
④ 9점　　　　⑤ 10점

16

다음은 미희네 반 학생 6명의 몸무게를 조사하여 만든 자료이다. 이 자료의 편차가 될 수 없는 것은?

(단위: kg)

55,	45,	48,	52,	50,	44

① -5 kg　　　② -3 kg　　　③ -1 kg
④ 1 kg　　　　⑤ 3 kg

17

민수네 반 학생 10명의 영어 성적의 평균을 구하는데 두 학생의 점수를 잘못 보아 평균이 90점, 편차의 총합이 -5점이 되었다. 이때 바른 영어 성적의 평균을 구하시오.

18

다음 표는 6명의 학생 A, B, C, D, E, F의 일주일 동안의 라디오 청취 시간에 대한 편차를 조사하여 나타낸 것이다. 보기에서 옳은 것을 모두 고른 것은?

학생	A	B	C	D	E	F
편차(시간)	-4	-1	3	x	-2	5

보기

ㄱ. 라디오 청취 시간이 가장 긴 학생은 A이다.

ㄴ. 라디오 청취 시간이 평균 시간에 가장 가까운 학생은 D뿐이다.

ㄷ. 학생 C는 학생 A보다 라디오를 7시간 더 청취했다.

① ㄱ   ② ㄴ   ③ ㄷ

④ ㄱ, ㄴ   ⑤ ㄴ, ㄷ

19

다음은 어느 등산 동우회 회원 5명의 나이의 편차를 조사하여 나타낸 표일 때, 5명의 나이의 표준편차는?

회원	A	B	C	D	E
편차(세)	-6	5	-2	x	3

① $\sqrt{14}$세   ② $\sqrt{14.4}$세   ③ $\sqrt{14.8}$세

④ $\sqrt{15}$세   ⑤ $\sqrt{15.3}$세

20 서술형

다음은 민정이가 6회에 걸쳐 받은 수학 과목의 수행 평가 점수이다. 수학 과목의 수행 평가 점수의 평균이 7점일 때, 분산을 구하시오.

회	1	2	3	4	5	6
점수(점)	6	8	10	7	x	9

21

5개의 변량 $2x$, 8, 5, $3x-5$, 7의 분산이 3.6일 때, 정수 x의 값은?

① 1   ② 2   ③ 3

④ 4   ⑤ 5

22 서술형

5개의 변량 9, a, 13, b, 15의 평균이 11이고 표준편차가 $\sqrt{6.8}$일 때, $a-b$의 값을 구하시오. (단, $a>b$)

23

다음은 정민이네 반 남학생과 여학생의 과학 성적에 대한 평균과 표준편차를 나타낸 표이다. 정민이네 반 전체 학생에 대한 과학 성적의 표준편차는?

	남학생	여학생
평균(점)	76	76
표준편차(점)	5	3
학생 수(명)	14	14

① $\sqrt{15}$점   ② 4점   ③ $\sqrt{17}$점

④ $3\sqrt{2}$점   ⑤ $\sqrt{19}$점

④ 분산과 표준편차를 이용한 자료의 분석

24

아래 표는 A, B, C 세 학급의 음악 성적의 평균과 표준편차를 나타낸 것이다. 다음 설명 중에서 옳지 <u>않은</u> 것은?

학급	A	B	C
평균(점)	75	74	74
표준편차(점)	20	25	18

① A학급의 성적이 가장 우수하다.

② 편차의 총합은 세 학급이 모두 같다.

③ 성적이 가장 고르게 분포된 학급은 C이다.

④ 성적이 가장 높은 학생이 속한 학급은 A이다.

⑤ A학급의 성적이 B학급의 성적보다 고르다.

25

다음 그림은 A, B, C 세 사격 선수의 5회에 걸친 사격 결과를 나타낸 것이다. 사격 점수가 가장 고른 선수를 구하시오.

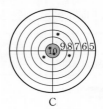

A   B   C

26

오른쪽 꺾은선그래프는 어느 전자제품 대리점에서 A, B 두 종류의 세탁기에 대하여 1월부터 6월까지 월별 판매 대수를 조사하여 나타낸 것이다. 다음 보기 에서 옳은 것을 모두 고른 것은?

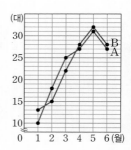

보기

ㄱ. 평균 월별 판매 대수는 A세탁기가 더 많다.

ㄴ. 4, 5, 6월에는 B세탁기가 A세탁기보다 더 많이 판매되었다.

ㄷ. 월별 판매 대수가 더 고른 제품은 A세탁기이다.

① ㄱ   ② ㄴ   ③ ㄷ

④ ㄱ, ㄴ   ⑤ ㄴ, ㄷ

고난도 대표 유형

1 조건이 주어진 세 변량의 평균

미진, 영수, 수민 세 사람이 영어 시험을 본 결과 미진이와 영수의 평균 점수는 80점, 영수와 수민이의 평균 점수는 84점, 미진이와 수민이의 평균 점수는 79점이었다. 이때 세 사람의 영어 성적의 평균은?

① 79점   ② 80점   ③ 81점

④ 82점   ⑤ 83점

> **∑ 포인트**
>
> 세 사람의 영어 점수를 각각 x, y, z로 놓고 주어진 조건을 이용하여 평균에 대한 식을 세운다.

2 남녀 학생 수의 비

현지네 반 남학생과 여학생 전체의 과학 성적의 평균은 71.5점이다. 남학생의 과학 성적의 평균은 68점이고 여학생의 과학 성적의 평균은 74점일 때, 현지네 반 남학생 수와 여학생 수의 비는?

① 2 : 3   ② 3 : 2   ③ 4 : 5

④ 5 : 7   ⑤ 6 : 5

> **∑ 포인트**
>
> 남학생 수와 여학생 수를 각각 x, y로 놓고 남학생의 과학 성적의 총점과 여학생의 과학 성적의 총점을 각각 구한다.

3 주사위에서 나오는 변량의 대푯값

하나의 주사위를 차례로 두 번 던져서 나오는 모든 경우에 대하여 각 경우의 두 눈의 수의 합을 변량으로 하는 자료가 있다. 이 자료의 평균, 중앙값, 최빈값을 각각 a, b, c라 할 때, $a+b-c$의 값을 구하시오.

> **∑ 포인트**
>
> 하나의 주사위를 두 번 던져서 나오는 36가지 경우에 대하여 변량의 값을 모두 구한다.

4 평균이 주어졌을 때 변량 구하기

영민이가 5회에 걸쳐 1분 동안 한 턱걸이 개수의 평균은 40개이었다. 6회까지의 평균이
42개 이상이 되게 하려면 6회째에서 영민이는 1분 동안 턱걸이를 최소 몇 개 해야 하는가?

① 49개 ② 50개 ③ 51개

④ 52개 ⑤ 53개

∑ 포인트

5회까지의 턱걸이의 총 개수를 구한 후 6회째의 턱걸이 개
수를 x로 놓고 평균이 42개 이상이 되도록 식을 세운다.

5 평균과 최빈값이 주어졌을 때 중앙값 구하기

자연수 a, b, c에 대하여 다음 자료의 평균이 11, 최빈값이 16일 때, 중앙값을 구하시오.

8, 13, a, 7, 13, b, 15, 3, 16, c

∑ 포인트

최빈값이 16이므로 주어진 변량 중 적어도 3개는 16이어
야 한다.

6 변수의 값에 따른 중앙값

자연수 n에 대하여 오른쪽 [자료 1], [자료 2],
[자료 3]의 중앙값을 각각 a, b, c라 할 때, n의
최솟값을 구하시오. (단, $c \leq b \leq a$)

[자료 1] 2, 9, 8, n, 4
[자료 2] 5, n, 9, 2, 7
[자료 3] 6, 3, n, 8, 5

∑ 포인트

n의 값에 따른 세 자료의 중앙값을 각각 구한다.

평균과 편차가 주어졌을 때 변량 비교하기

아래는 민수가 5회에 걸쳐 측정한 100 m 달리기 기록에 대한 편차를 조사하여 나타낸 표이다. 100 m 달리기 기록의 평균이 17.2초일 때, 다음 중에서 옳은 것은?

회	1	2	3	4	5
편차(초)	-0.2	0.7	-0.6	x	0.3

① x의 값은 0.2이다.

② 기록이 가장 좋은 것은 2회이다.

③ 5회의 기록은 16.9초이다.

④ 최빈값은 2회의 기록과 같다.

⑤ 중앙값과 최빈값은 같다.

 포인트
- 편차의 합이 0임을 이용하여 미지수 x의 값을 구한다.
- (편차)=(변량)−(평균)임을 이용하여 변량의 값을 구한다.

 평균과 편차가 주어졌을 때 변량 구하기

다음 표는 5개의 변량 A, B, C, D, E에 대한 편차를 조사하여 나타낸 것이다. 평균이 70일 때, 변량 E의 값을 구하시오. (단, x는 자연수)

변량	A	B	C	D	E
편차	$3x^2+2x-1$	$-x^2+2$	$-2x+1$	-4	$-9x+6$

 포인트
- 편차의 합이 0임을 이용하여 미지수 x의 값을 구한다.
- (편차)=(변량)−(평균)임을 이용하여 변량의 값을 구한다.

 변화된 변량의 평균

세 변량 a, b, c의 평균이 5이고 표준편차가 $\sqrt{3}$일 때, ab, bc, ca의 평균을 구하시오.

포인트
세 변량 a, b, c의 평균과 표준편차에 대한 식을 세운 후 ab, bc, ca의 평균을 구하기 위해 필요한 식을 찾는다.

고난도 대표 유형

 변량이 제외되고 추가되었을 때 표준편차 구하기

어느 독서 동우회 회원 15명이 한 달 동안 읽은 책의 권수의 평균은 10권이고 표준편차는 5권이었다. 그런데 이 동우회에서 한 달 동안 읽은 책의 권수가 각각 8권, 12권인 두 회원 A, B가 탈퇴하고 14권, 6권인 두 회원 C, D가 신규 가입하였다. 신규 회원 C, D가 들어온 후 15명이 한 달 동안 읽은 책의 권수의 표준편차를 구하시오.

∑ 포인트

평균에 변화가 있는지 확인한 후 A, B, C, D를 제외한 나머지 13명의 편차의 제곱의 합을 구한다.

 변화된 변량의 평균과 분산

세 개의 변량 a, b, c에 대한 다음 설명 중에서 옳은 것을 모두 고르면? (정답 2개)

① $a-1$, $b-1$, $c-1$의 평균은 a, b, c의 평균보다 1만큼 크다.

② $a+2$, $b+2$, $c+2$의 평균은 a, b, c의 평균보다 작다.

③ $a+1$, $b+1$, $c+1$의 분산은 a, b, c의 분산과 같다.

④ $3a$, $3b$, $3c$의 분산은 a, b, c의 분산의 3배이다.

⑤ $2a+1$, $2b+1$, $2c+1$의 분산은 a, b, c의 분산의 4배이다.

∑ 포인트

a, b, c의 평균과 분산을 각각 m, s^2으로 놓고 변화된 변량들의 평균과 분산을 각각 구한다.

 그래프로 주어진 세 자료 비교하기

오른쪽 꺾은선그래프는 A, B, C 세 모둠의 일주일 동안의 TV 시청 시간을 조사하여 나타낸 것이다. 다음 보기 에서 이 그래프에 대한 설명으로 옳은 것을 모두 고르시오.

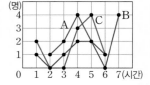

보기

ㄱ. 학생 수가 가장 많은 모둠은 B이다.

ㄴ. TV 시청 시간이 가장 긴 모둠은 B이다.

ㄷ. TV 시청 시간이 가장 고른 모둠은 A이다.

∑ 포인트

그래프에서 세 모둠의 학생 수, 평균, 분산을 구하여 자료를 비교한다.

고난도 실전 문제

① 대푯값

01

지희는 6차에 걸쳐 받은 미술 실기 테스트 점수의 평균을 구하는데 85점인 어떤 차의 점수를 잘못 보아 실제보다 평균이 2점 낮게 나왔다. 몇 점으로 잘못 보았는지 구하시오.

02

다음은 A, B, C의 세 학급의 과학 과목의 수행평가 점수를 조사하여 나타낸 표이다. 세 학급의 과학 과목의 수행평가 평균 점수의 평균과 세 학급 전체 학생의 과학 과목 수행평가 점수의 평균의 차가 k일 때, $50k$의 값은?

학급	A	B	C
총점(점)	2310	2240	2244
학생 수(명)	35	32	33
평균(점)	66	70	68

① 1 ② 2 ③ 3
④ 4 ⑤ 5

03 서술형 대표 유형①

어느 음악 감상 동우회 회원 8명의 나이를 조사하였더니 나이가 가장 많은 회원을 제외한 7명의 평균 나이는 30세, 나이가 가장 적은 회원을 제외한 7명의 평균 나이는 35세이었다. 나이가 가장 많은 회원과 가장 적은 회원의 나이의 합이 73세일 때, 음악 감상 동우회 회원 8명의 평균 나이를 구하시오.

04 대표 유형②

미애와 승현이네 반 수학 성적의 평균은 각각 70점, 68점이다. 두 반 전체의 수학 성적이 평균이 69.1점일 때, 미애네 반과 승현이네 반의 학생 수의 비는?

① 5 : 7 ② 7 : 9 ③ 9 : 7
④ 11 : 9 ⑤ 13 : 11

05

민정이네 반에서는 학교 중창대회에 나가기 위해 12명의 대표를 뽑고, 대회 때 티셔츠를 맞춰 입고 나가기로 하였다. 12명의 티셔츠 사이즈를 조사하였더니 85호, 90호, 95호, 100호, 105호의 다섯 종류가 나왔고, 90호를 입는 학생이 6명이었다. 다음 보기에서 옳은 것을 모두 고른 것은?

보기
ㄱ. 평균이 가장 큰 경우 사이즈의 평균은 90호이다.
ㄴ. 평균은 항상 90호 이상이다.
ㄷ. 최빈값은 항상 90호이다.
ㄹ. 중앙값은 항상 90호이다.

① ㄱ, ㄷ ② ㄱ, ㄹ ③ ㄴ, ㄷ
④ ㄱ, ㄴ, ㄷ ⑤ ㄴ, ㄷ, ㄹ

06 대표 유형 ③

A 주머니에는 1, 2, 3, 4, 5의 숫자가 하나씩 적힌 5개의 공이 들어 있고, B 주머니에는 2, 4, 6, 8, 10의 숫자가 하나씩 적힌 5개의 공이 들어 있다. 각 주머니에서 공을 하나씩 꺼내는 모든 경우에 대하여 두 공에 적힌 수의 차를 변량으로 하는 자료가 있다. 이 자료의 평균, 중앙값, 최빈값을 각각 x, y, z라 할 때, $25x-10(y+z)$의 값을 구하시오.

07

아래는 12명의 학생에 대하여 1분 동안의 윗몸 일으키기 횟수를 조사하여 나타낸 자료이다. 이 자료에 한 명의 기록을 더 추가할 때, 다음 보기 에서 옳은 것을 모두 고른 것은?

(단위: 회)

> 10, 34, 25, 35, 34, 52, 21, 44, 34, 37, 42, 16

보기
> ㄱ. 어떤 기록을 추가해도 평균은 항상 변한다.
> ㄴ. 추가되는 기록이 55회이면 중앙값은 변한다.
> ㄷ. 어떤 기록을 추가해도 최빈값은 변하지 않는다.

① ㄱ   ② ㄴ   ③ ㄷ
④ ㄱ, ㄴ   ⑤ ㄴ, ㄷ

2 대푯값이 주어졌을 때 변량 구하기

08 대표 유형 ④

수진이는 4회까지의 영어 시험에서 평균 78점을 받았다. 5회까지의 영어 시험에서 평균 점수를 80점 이상으로 올리려면 5회째 시험에서 최소 몇 점 이상을 받아야 하는지 구하시오.

09

다음 자료의 중앙값은 $a-2$이고 최빈값은 a뿐일 때, a의 값을 구하시오.

> 22, 26, 20, a, 30, 18, 22, 36, 30, 34

10

어느 산악회 회원 A, B, C, D, E의 평균 나이는 30세이고 중앙값은 28세이다. C 대신 나이가 35세인 회원 F를 포함한 회원 A, B, D, E, F의 평균 나이가 31세일 때, A, B, D, E, F의 나이의 중앙값은?

① 27세   ② 28세   ③ 29세
④ 30세   ⑤ 31세

11

다음 두 조건을 모두 만족시키는 a, b에 대하여 $b-a$의 값은?

> (가) 5, 15, 18, 9, a의 중앙값은 9이다.
>
> (나) 3, 16, 15, a, b의 평균은 11이고 중앙값은 13이다.

① 1   ② 2   ③ 3
④ 4   ⑤ 5

12

다음은 A, B 두 학급의 남학생, 여학생의 국어 성적의 평균을 나타낸 표이다. 두 반의 남학생 전체의 평균이 84.2점, 여학생 전체의 평균이 m점일 때, m의 값을 구하시오.

(단위: 점)

	A	B	평균
남학생 평균	85	83	84.2
여학생 평균	78	86	m
학급 평균	83	84.5	

13 서술형

변량 3, a, b, c, 7, 5, 15의 평균, 중앙값, 최빈값이 모두 10일 때, abc의 값을 구하시오.

14 대표 유형 ⑤

다음은 민지네 반 학생 5명의 통학 시간을 변량으로 한 자료에 대한 설명이다. 이 자료의 중앙값은?

> (가) 한 학생의 통학 시간은 25분이다.
>
> (나) 5명의 평균 통학 시간은 17분이다.
>
> (다) 최빈값은 20분으로 2명이 있다.
>
> (라) 통학 시간이 가장 짧은 학생의 통학 시간은 5분이다.

① 5분   ② 10분   ③ 15분
④ 20분   ⑤ 25분

15

현정이네 학교 배구 팀 15명 키의 평균은 192 cm이고 중앙값은 189 cm이었는데 이 중 한 선수가 전학을 가고 다른 학교에서 한 선수가 전학을 왔다. 전학을 온 후 15명 키의 평균이 193 cm가 되었다고 할 때, 다음 보기 에서 옳은 것을 모두 고른 것은? (단, 15명의 키는 모두 다르다.)

> 보기
>
> ㄱ. 전학을 온 선수는 전학을 간 선수보다 키가 15 cm 더 크다.
>
> ㄴ. 전학을 온 선수의 키가 190 cm이면 중앙값은 변하지 않는다.
>
> ㄷ. 전학을 온 선수의 키가 188 cm이면 중앙값은 변하지 않는다.

① ㄱ   ② ㄴ   ③ ㄷ
④ ㄱ, ㄷ   ⑤ ㄴ, ㄷ

16 대표 유형 ⑥

오른쪽 그림과 같이 1에서 12까지의 자연수가 적혀 있는 다트판이 있다. 다음 표는 수지와 정민이가 각각 7회씩 다트판에 화살을 던져 얻은 점수를 조사하여 나타낸 것이다. 수지가 얻은 점수의 중앙값은 a점이고 수지와 정민이가 얻은 점수를 모두 섞은 점수의 중앙값은 8.5점일 때, $a+b$의 최댓값은? (단, 화살이 경계선에 맞거나 다트판을 벗어나는 경우는 없다.)

(단위: 점)

회	1	2	3	4	5	6	7
수지	11	3	8	a	10	5	10
정민	b	11	7	4	12	6	8

① 20   ② 21   ③ 22

④ 23   ⑤ 24

③ 산포도

17

다음은 4명의 학생 A, B, C, D의 키에 대한 편차를 조사하여 나타낸 표이다. 학생 D보다 9.1 cm 더 키가 큰 학생 E를 포함하여 5명의 키의 평균을 구하였더니 처음 4명의 키의 평균보다 0.5% 증가하였다. A, B, C, D, E 중에서 가장 키가 큰 학생의 키를 구하시오.

학생	A	B	C	D
편차(cm)	-1	-3	9	-5

18 대표 유형 ⑦

아래는 5명의 학생 A, B, C, D, E가 일주일 동안 받은 문자 메시지 개수의 편차를 조사하여 나타낸 표이다. 문자 메시지 개수의 평균과 중앙값이 같을 때, 다음 중에서 옳지 않은 것은?

학생	A	B	C	D	E
편차(개)	x	2	-3	y	2

① A가 받은 문자 메시지 개수는 평균과 같거나 적다.

② B가 받은 문자 메시지 개수가 D가 받은 것보다 많다.

③ C가 받은 문자 메시지 개수는 중앙값보다 3개 적다.

④ D가 받은 문자 메시지 개수가 최빈값이다.

⑤ E가 받은 문자 메시지 개수는 D가 받은 것보다 2개 이상 많다.

19 대표 유형 ⑧

다음은 6개의 변량 A, B, C, D, E, F에 대한 편차를 조사하여 나타낸 표이다. 평균이 65일 때, 다음 중 변량 F의 값을 모두 구하면? (정답 2개)

변량	A	B	C	D	E	F
편차	$3x^2-1$	$-x+3$	-4	$2x-3$	-2	$-2x^2+1$

① 35   ② 42   ③ 48

④ 53   ⑤ 58

20

다음은 5명의 학생 A, B, C, D, E의 몸무게에서 영미의 몸무게를 각각 뺀 값을 나타낸 표이다. 5명의 학생의 몸무게의 표준편차는?

학생	A	B	C	D	E
{(몸무게) −(영미의 몸무게)}(kg)	−4	5	−1	2	3

① $\sqrt{5}$ kg ② $2\sqrt{2}$ kg ③ $\sqrt{10}$ kg

④ $2\sqrt{3}$ kg ⑤ $\sqrt{15}$ kg

21

다음은 5명의 농구 선수 A, B, C, D, E가 지난 시즌에 성공한 자유투 개수에 대한 편차를 조사하여 나타낸 표이다. 자유투 개수의 분산이 9.6일 때, xy의 값은?

선수	A	B	C	D	E
편차(개)	5	x	−3	2	y

① −2 ② −1 ③ 1

④ 2 ⑤ 3

22 서술형 대표 유형 9

6개의 변량 a, b, c, d, 6, 12의 평균이 10이고 분산이 8일 때, a^2, b^2, c^2, d^2의 평균을 구하시오.

23

진수는 국어, 영어, 수학, 과학, 사회 5개 과목에 대하여 중간고사에서 평균이 82점, 표준편차가 5점이었다. 기말고사에서 5개 과목 모두 점수가 5점씩 올랐을 때, 5개 과목의 평균과 표준편차를 차례로 구하면?

① 83점, 5점 ② 85점, 10점

③ 85점, 5점 ④ 87점, 10점

⑤ 87점, 5점

24 서술형 대표 유형 10

수진이네 반 학생 30명의 수학 성적의 평균은 75점, 표준편차는 10점이었다. 그런데 수학 성적이 각각 80점, 70점인 두 학생 A, B가 전학을 가고 65점, 85점인 두 학생 C, D가 전학을 왔다. C, D가 전학을 온 후 30명의 수학 성적의 표준편차를 구하시오.

25

4명의 씨름 선수 A, B, C, D에 대하여 A, B와 C, D의 몸무게의 평균과 분산이 오른쪽 표와 같을 때, A, B, C, D의 몸무게의 평균과 분산을 차례로 구하면?

선수	A, B	C, D
평균(kg)	110	100
분산	4	16

① 103 kg, 12
② 103 kg, 35
③ 105 kg, 12
④ 105 kg, 35
⑤ 107 kg, 12

26 대표 유형 ⑪

세 개의 변량 x, y, z의 평균이 4이고 표준편차가 1일 때, 다음 중에서 옳은 것은?

① x^2, y^2, z^2의 평균은 x, y, z의 평균의 제곱과 같다.

② xy, yz, zx의 평균은 x, y, z의 평균의 3배이다.

③ $4x$, $4y$, $4z$의 표준편차는 x, y, z의 표준편차의 4배이다.

④ $\frac{1}{2}x-1$, $\frac{1}{2}y-1$, $\frac{1}{2}z-1$의 분산은 x, y, z의 분산의 2배이다.

⑤ $x+3$, $y+3$, $z+3$의 표준편차는 x, y, z의 표준편차보다 3만큼 더 크다.

4 분산과 표준편차를 이용한 자료의 분석

27

아래는 나래와 성민, 정희의 하루 수면 시간을 8일 동안 조사하여 나타낸 표이다. 다음 보기 에서 옳은 것을 모두 고르시오.

(단위: 시간)

일	1	2	3	4	5	6	7	8
나래	5	7	6	6	5	7	5	7
성민	8	6	7	6	5	8	6	6
정희	4	7	5	6	6	4	7	5

보기
ㄱ. 평균 수면 시간이 가장 긴 사람은 성민이다.
ㄴ. 수면 시간이 가장 고르지 못한 사람은 성민이다.
ㄷ. 수면 시간이 가장 고른 사람은 나래이다.

28 대표 유형 ⑫

아래 막대그래프는 어느 영화 감상 동우회 회원 20명을 대상으로 A, B, C 세 영화에 대한 평점을 조사하여 나타낸 것이다. 다음 보기 에서 옳은 것을 모두 고르시오.

보기
ㄱ. 평점이 가장 좋은 영화는 A이다.
ㄴ. 영화 B보다 영화 C의 평점이 1점 더 높다.
ㄷ. 평점이 가장 고른 영화는 C이다.

06

상관관계

1 산점도

(1) **산점도**: 두 변량 x, y의 순서쌍 (x, y)를 좌표로 하는 점을 좌표평면 위에 나타낸 그림을 두 변량 x, y의 산점도라 한다.

예 다음 표는 학생 8명의 영어 점수와 수학 점수를 나타낸 것이다. 영어 점수를 x점, 수학 점수를 y점이라 하면 x, y의 산점도는 오른쪽 그림과 같다.

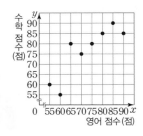

영어(점)	60	80	75	90	65	55	70	85
수학(점)	55	85	80	85	80	60	75	90

(2) **산점도에서 두 자료의 비교**

① 이상 또는 이하에 대한 조건이 주어질 때
➡ 가로축 또는 세로축에 평행한 기준선을 그어 두 자료를 비교한다.

② 두 변량을 비교할 때
➡ 대각선을 그어 두 자료를 비교한다.

2 상관관계

(1) **상관관계**: 두 변량 x, y 사이에 어떤 관계가 있을 때, 이 관계를 상관관계라 하고, 두 변량 x와 y 사이에 상관관계가 있다고 한다.

(2) **상관관계의 종류**

① **양의 상관관계**: x의 값이 커짐에 따라 y의 값도 대체로 커지는 관계
예 키가 클수록 몸무게도 대체로 많이 나가므로 키와 몸무게 사이에는 양의 상관관계가 있다.

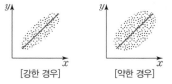

[강한 경우]   [약한 경우]

② **음의 상관관계**: x의 값이 커짐에 따라 y의 값이 대체로 작아지는 관계
예 기온이 올라갈수록 따뜻한 음료의 판매량은 대체로 줄어들므로 기온과 따뜻한 음료의 판매량 사이에는 음의 상관관계가 있다.

[강한 경우]   [약한 경우]

③ **상관관계가 없다.**: x의 값이 커짐에 따라 y의 값이 커지는지 작아지는지 분명하지 않은 관계

 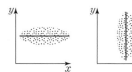

참고 양의 상관관계는 왼쪽 아래에서부터 오른쪽 위로 향하는 분포를 보이고, 음의 상관관계는 왼쪽 위에서부터 오른쪽 아래로 향하는 분포를 보인다.

필수 확인 문제

① 산점도

01

오른쪽 그림은 영수네 반 학생 20명의 하루 평균 공부 시간과 수학 점수를 조사하여 나타낸 산점도이다. 하루 평균 공부 시간이 3.6시간 이상이고 수학 점수가 75점 이상인 학생은 몇 명인가?

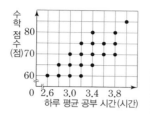

① 3명 ② 4명 ③ 5명
④ 6명 ⑤ 7명

02 서술형

오른쪽 그림은 유진이네 반 학생 15명의 미술 실기 1차, 2차 점수를 조사하여 나타낸 산점도이다. 2차 점수가 1차 점수보다 떨어진 학생은 전체의 몇 %인지 구하시오.

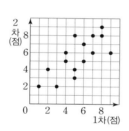

03

오른쪽 그림은 사격 선수 12명이 1차, 2차 예선 대회에서 얻은 점수를 조사하여 나타낸 산점도이다. 1차 점수가 8점 이상인 선수 수를 a, 2차 점수가 9점 이상인 선수 수를 b라 할 때, $a+b$의 값은?

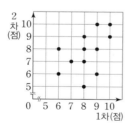

① 10 ② 11 ③ 12
④ 13 ⑤ 14

04

아래 그림은 미수네 반 학생 20명의 영어 점수와 과학 점수를 조사하여 나타낸 산점도이다. 다음 중에서 옳은 것을 모두 고르면? (정답 2개)

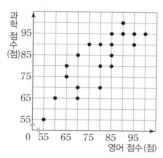

① 영어 점수와 과학 점수가 같은 학생은 4명이다.
② 영어 점수가 90점 이상인 학생은 6명이다.
③ 과학 점수가 70점 미만인 학생은 전체의 15 %이다.
④ 영어 점수와 과학 점수가 모두 90점 이상인 학생은 5명이다.
⑤ 영어 점수가 85점 이상이고 과학 점수가 90점 미만인 학생은 전체의 20 %이다.

05 서술형

다음 그림은 수진이네 반 학생 15명이 지난 1년 동안 읽은 책의 권수와 국어 점수를 조사하여 나타낸 산점도이다. 책을 7권 이상 읽은 학생들의 국어 점수의 평균을 구하시오.

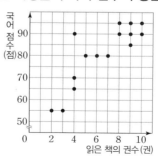

06

오른쪽 그림은 진영이네 반 학생 20명의 인터넷 사용 시간과 수면 시간을 조사하여 나타낸 산점도이다. 수면 시간이 7시간인 학생 중 인터넷 사용 시간이 가장 긴 학생과 가장 짧은 학생의 인터넷 사용 시간의 차는?

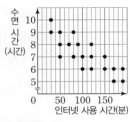

① 30분   ② 46분   ③ 64분

④ 82분   ⑤ 100분

07

아래 그림은 소미네 반 학생 15명의 지난 1년 동안 영화관 방문 횟수와 도서관 방문 횟수를 조사하여 나타낸 산점도이다. 다음 보기 에서 옳은 것을 모두 고른 것은?

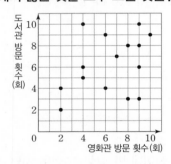

보기

ㄱ. 영화관과 도서관 방문 횟수가 모두 5회 미만인 학생은 2명이다.

ㄴ. 도서관보다 영화관을 더 많이 방문한 학생은 7명이다.

ㄷ. 영화관 방문을 9회한 학생의 도서관 평균 방문 횟수는 6.75회이다.

① ㄱ   ② ㄴ   ③ ㄷ

④ ㄱ, ㄴ   ⑤ ㄱ, ㄷ

[08~09] 오른쪽 그림은 정수네 반 학생 20명의 중간고사와 기말고사의 수학 점수를 조사하여 나타낸 산점도이다. 다음 물음에 답하시오.

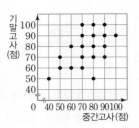

08 서술형

중간고사와 기말고사의 수학 점수의 차가 20점인 학생 수를 a, 중간고사보다 기말고사의 수학 점수가 더 오른 학생 수를 b라 할 때, $a+b$의 값을 구하시오.

09

중간고사와 기말고사의 수학 점수의 평균이 80점 이상인 학생은 전체의 몇 %인지 구하시오.

② 상관관계

10

다음 중에서 두 변량의 산점도를 그린 것이 오른쪽 그림과 같이 나타나지 않는 것을 모두 고르면? (정답 2개)

① 여름철 기온과 아이스크림의 판매량

② 운동량과 비만도

③ 나이와 기초대사량

④ 지면으로부터의 높이와 기온

⑤ 몸무게와 키

11

다음 중에서 두 변량 사이의 관계가 나머지 넷과 다른 하나
는?

① 겨울철 기온과 난방비

② 학습 시간과 성적

③ 하루 중 낮의 길이와 밤의 길이

④ 고추의 수확량과 가격

⑤ 쌀 생산량과 수입량

12

오른쪽 그림은 영혜네 학교 학생들이
1차와 2차에서 받은 국어 수행평가 점
수를 조사하여 나타낸 산점도이다. 다
음 중에서 옳지 않은 것은?

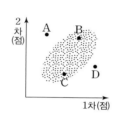

① 1차와 2차에서 받은 점수 사이에는
양의 상관관계가 있다.

② A, B는 2차에 1차보다 점수가 올랐다.

③ C, D는 1차 점수가 2차 점수보다 높다.

④ A, B, C, D 중 2차 점수가 가장 높은 학생은 A이다.

⑤ A, B, C, D 중 1차 점수가 2차 점수보다 월등히 높은
학생은 C이다.

13

오른쪽 그림은 미진이네 학교 학생
들의 운동 시간과 체질량 지수를
조사하여 나타낸 산점도이다. 다음
□ 안에 알맞은 것을 써넣으시오.

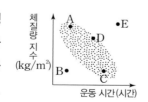

운동 시간과 체질량 지수 사이에는   (가)   의 상관관
계가 있고, A, B, C, D, E 중에서 운동 시간에 비하
여 체질량 지수가 높은 학생은   (나)   이다.

14

오른쪽 그림은 수영이네 학교 학생들
의 게임 시간과 성적을 조사하여 나타
낸 산점도이다. 다음 보기 에서 옳은
것을 모두 고른 것은?

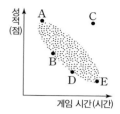

보기

ㄱ. 게임 시간과 성적 사이에는 음의 상관관계가 있다.

ㄴ. A, B, C, D, E 중 성적이 가장 낮은 학생은 A이다.

ㄷ. C는 게임 시간도 긴 편이고 성적도 높은 편이다.

① ㄱ   ② ㄴ   ③ ㄷ

④ ㄱ, ㄷ   ⑤ ㄴ, ㄷ

15

오른쪽 그림은 두 변량 x, y에 대한 산
점도일 때, 다음 중에서 옳지 않은 것은?

① 두 변량 사이에는 양의 상관관계가
있다.

② 인구수와 교통량 사이의 상관관계를
나타낼 수 있다.

③ x의 값이 커질수록 y의 값이 대체로 커지는 경향이 비
교적 뚜렷하다고 할 수 있다.

④ 지면으로부터의 높이와 기압 사이의 상관관계를 나타낼
수 있다.

⑤ 학습 시간과 성적 사이의 상관관계를 나타낼 수 있다.

[1~3] 오른쪽 그림은 수현이네 반 학생 15명의 오른쪽 눈의 시력과 왼쪽 눈의 시력을 조사하여 나타낸 산점도이다. 다음 물음에 답하시오.

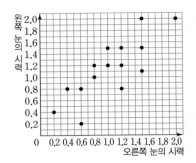

 ### 1 산점도에서 두 자료 비교하기 (1)

오른쪽 눈의 시력이 왼쪽 눈의 시력보다 좋은 학생은 전체의 a %, 왼쪽 눈의 시력이 오른쪽 눈의 시력보다 좋은 학생은 전체의 b %라 할 때, $a+b$의 값은?

① 79 ② 80 ③ 81

④ 82 ⑤ 83

> Σ 포인트
>
> 오른쪽 위로 향하는 대각선을 긋고 두 자료의 크기를 비교한다.

 ### 2 산점도에서 두 자료 비교하기 (2)

오른쪽과 왼쪽 눈의 시력의 차가 0.4 이상인 학생들은 전체의 몇 %인가?

(단, 소수점 아래 둘째 자리에서 반올림하여 구한다.)

① 30.5 % ② 35.7 % ③ 42.6 %

④ 46.7 % ⑤ 51.2 %

> Σ 포인트
>
> 두 자료의 차가 0.4인 두 직선을 그어 조건을 만족시키는 점의 개수를 구한다.

 ### 3 산점도에서 평균 구하기

오른쪽 눈의 시력이 1.5인 학생들의 왼쪽 눈의 평균 시력을 a라 하고, 왼쪽 눈의 시력이 1.0 이하인 학생들의 오른쪽 눈의 평균 시력을 b라 할 때, $a-b$의 값을 구하시오.

(단, 소수점 아래 둘째 자리에서 반올림하여 구한다.)

> Σ 포인트
>
> • 오른쪽 눈의 시력이 1.5인 학생 수와 그 학생들의 왼쪽 눈의 시력을 각각 구한다.
> • 왼쪽 눈의 시력이 1.0 이하인 학생 수와 그 학생들의 오른쪽 눈의 시력을 각각 구한다.

산점도 분석하기

오른쪽 그림은 어느 회사 직원들의 월급과 월 저축액을 조사하여 나타낸 산점도이다. 다음 보기에서 옳은 것을 모두 고른 것은?

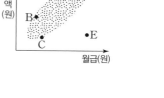

보기
> ㄱ. A, B, C, D, E 중에서 월급에 비하여 월 저축액이 가장 많은 사람은 A이다.
> ㄴ. A, B, C, D, E 중에서 월급에 비하여 월 저축액이 가장 적은 사람은 C이다.
> ㄷ. 월급이 많은 직원일수록 월 저축액도 대체로 많은 편이다.

① ㄱ ② ㄴ ③ ㄷ
④ ㄱ, ㄷ ⑤ ㄴ, ㄷ

포인트
오른쪽 위로 향하는 대각선을 그으면 그 대각선에서 멀리 떨어질수록 두 자료의 차가 커진다.

 상관관계 찾기

아래는 명절 음식 10가지에 대하여 100 g 당 함유하고 있는 열량과 지방의 양을 조사하여 나타낸 표이다. 다음 중에서 열량과 지방의 양 사이의 상관관계와 같은 상관관계를 나타내는 산점도는?

열량(kcal)	175	253	321	148	216.3	71.5	38.9	97	301	14.9
지방(g)	11.9	11.8	17	6.3	13.3	0.8	1.4	3.6	17.8	5

①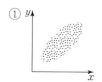
②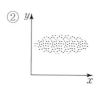
③
④
⑤

포인트
열량을 가로축, 지방을 세로축으로 하는 산점도를 그려 열량과 지방 사이의 상관관계를 알아본다.

1 산점도

[01~03] 오른쪽 그림은 미영이네 반 학생 25명의 미술 실기 점수와 필기 점수를 조사하여 나타낸 산점도이다. 다음 물음에 답하시오.

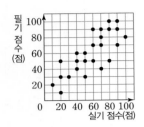

01

실기 점수 또는 필기 점수가 80점 이상인 학생은 전체의 몇 %인가?

① 30 %   ② 35 %   ③ 40 %

④ 45 %   ⑤ 50 %

02 서술형 [대표 유형 ❶]

실기 점수가 필기 점수보다 더 높은 학생은 전체의 a %, 필기 점수가 실기 점수보다 더 높은 학생은 전체의 b %일 때, $a+b$의 값을 구하시오.

03 [대표 유형 ❷]

실기 점수와 필기 점수의 차가 20점 이하인 학생 수를 a, 30점 이상인 학생 수를 b라 할 때, $a-b$의 값은?

① 15   ② 16   ③ 17

④ 18   ⑤ 19

[04~06] 아래 그림은 영순이네 반 학생 30명의 5일 동안의 수면 시간과 휴대폰 사용 시간을 조사하여 나타낸 산점도이다. 다음 물음에 답하시오.

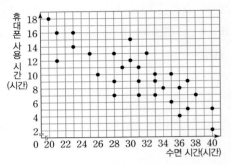

04

수면 시간이 24시간 이하 또는 휴대폰 사용 시간이 6시간 이하인 학생은 전체의 몇 %인지 구하시오.
(단, 소수점 아래 둘째 자리에서 반올림하여 구한다.)

05 [대표 유형 ❸]

휴대폰 사용 시간이 12시간 이상인 학생들과 휴대폰 사용 시간이 8시간 이하인 학생들의 평균 수면 시간의 차는?
(단, 소수점 아래 둘째 자리에서 반올림하여 구한다.)

① 9.5시간   ② 10시간   ③ 10.5시간

④ 11시간   ⑤ 11.5시간

06

수면 시간이 28시간 이상 33시간 미만인 학생들의 평균 휴대폰 사용 시간을 구하시오.

[07~09] 오른쪽 그림은 현영이네 반 학생 25명의 1학기와 2학기 영어 점수를 조사하여 나타낸 산점도이다. 다음 물음에 답하시오.

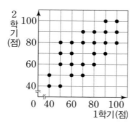

07

1학기와 2학기의 영어 점수의 차가 20점 이상인 학생은 전체의 몇 %인지 구하시오.

08

1학기와 2학기의 영어 점수의 평균이 90점 이상인 학생은 a명, 1학기보다 2학기에 성적이 오른 학생은 b명일 때, $b-a$의 값은?

① 1 ② 2 ③ 3
④ 4 ⑤ 5

09

다음 조건을 모두 만족시키는 학생은 전체의 몇 %인지 구하시오.

㈎ 1학기보다 2학기에 영어 점수가 떨어졌다.
㈏ 1학기와 2학기의 영어 점수의 차가 10점이다.
㈐ 1학기와 2학기의 영어 점수의 평균이 70점 이상이다.

10 대표 유형 ④

오른쪽 그림은 현미네 반 학생 20명의 수학 점수와 영어 점수를 조사하여 나타낸 산점도이다. 다음 보기에서 옳은 것을 모두 고르시오.

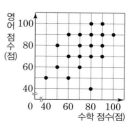

보기
ㄱ. 수학 점수가 높은 학생일수록 영어 점수도 높은 편이다.
ㄴ. 수학 점수에 비하여 영어 점수가 더 높은 학생은 전체의 45 %이다.
ㄷ. 수학과 영어 점수의 차가 20점인 학생 중 수학 점수가 가장 높은 학생의 영어 점수는 70점이다.

11

오른쪽 그림은 어느 회사의 입사 지원자 25명의 필기시험 점수와 면접 점수를 조사하여 나타낸 산점도이다. 다음 중에서 옳지 않은 것은?

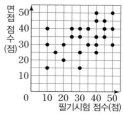

① 필기시험 점수가 높은 사람일수록 대체로 면접 점수도 높은 편이다.
② 필기시험 점수보다 면접 점수가 높은 사람은 전체의 48 %이다.
③ 필기시험 점수가 40점 이상인 사람들의 면접 점수의 평균은 30점 이상이다.
④ 필기시험 점수와 면접 점수의 차가 30점인 사람은 2명이다.
⑤ 25명 중 필기시험 점수와 면접 점수의 총합이 상위 16 % 이내에 드는 사람을 합격시킬 때, 합격자의 총점은 90점 이상이어야 한다.

② 상관관계

12

오른쪽 그림은 어느 구단의 야구 선수들의 타율과 출루율을 조사하여 나타낸 산점도이다. 타율과 출루율 사이의 상관관계와 같은 상관관계를 갖는 두 변량을 다음 보기에서 모두 고른 것은?

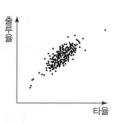

┌─ 보기 ──────────────────────┐
ㄱ. 몸무게와 성적
ㄴ. 미세먼지 농도와 호흡기 질환자 수
ㄷ. 놀이동산 입장객 수와 입장료 총액
ㄹ. 교통량과 자동차의 주행 속도
└────────────────────────────┘

① ㄱ　　　　　② ㄷ　　　　　③ ㄱ, ㄴ

④ ㄴ, ㄷ　　　　⑤ ㄷ, ㄹ

13 대표 유형 5

아래 표는 어느 도시의 8월 중 임의로 14일을 택하여 일평균 기온과 A가게의 아이스크림 일일 판매량을 조사하여 나타낸 것이다. 일평균 기온과 아이스크림 일일 판매량 사이에는 어떤 상관관계가 있는지 말하시오.

기온 (℃)	30	30.5	29.8	28.2	24.8	26	24.1
판매량(개)	257	263	280	240	120	165	123
기온 (℃)	26.2	23.4	25.3	24.1	19.5	19.5	22.4
판매량(개)	150	162	140	135	104	111	100

14

오른쪽 그림은 어느 음악 경연 대회 참가자들의 예선 1차와 2차 점수를 조사하여 나타낸 산점도이다. 다음 중에서 옳지 않은 것은?

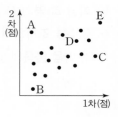

① 1차 점수와 2차 점수 사이에는 양의 상관관계가 있다.

② A, B, C, D, E 중에서 1차 점수와 2차 점수의 차가 가장 큰 사람은 A이다.

③ C는 D보다 1차 점수는 높지만 2차 점수는 낮다.

④ A, B, C, D, E 중에서 2차 점수에 비하여 1차 점수가 월등히 높은 사람은 D이다.

⑤ 1, 2차 점수가 모두 가장 높은 사람은 E이다.

15

오른쪽 그림은 형준이네 학교 학생들의 50 m 달리기 기록과 제자리멀리뛰기 기록을 조사하여 나타낸 산점도이다. 다음 보기에서 옳은 것을 모두 고르시오.

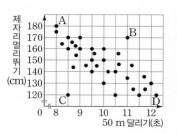

┌─ 보기 ──────────────────────┐
ㄱ. 50 m 달리기 기록과 제자리멀리뛰기 기록 사이에는 상관관계가 없다.
ㄴ. 제자리멀리뛰기를 가장 잘하는 학생은 A이다.
ㄷ. A, B, C, D 중에서 50 m 달리기 기록이 가장 좋은 학생은 C이다.
ㄹ. A, B, C, D 중에서 50 m 달리기 기록에 비하여 제자리멀리뛰기 기록이 가장 좋은 학생은 B이다.
└────────────────────────────┘

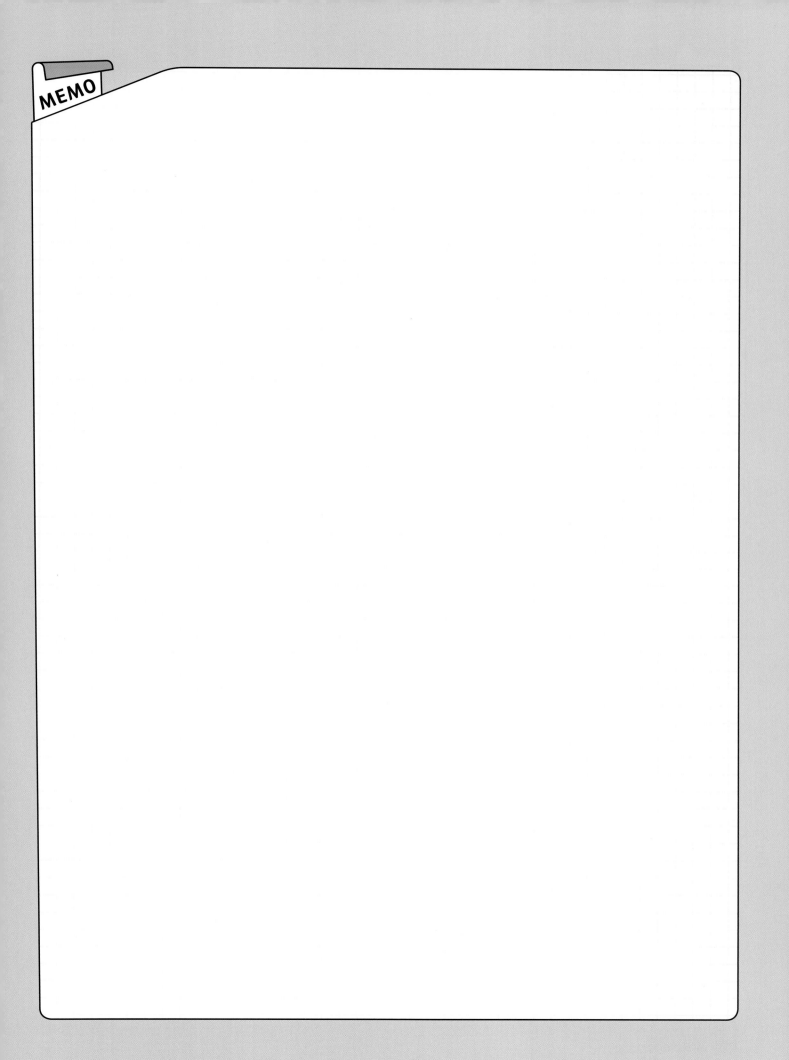

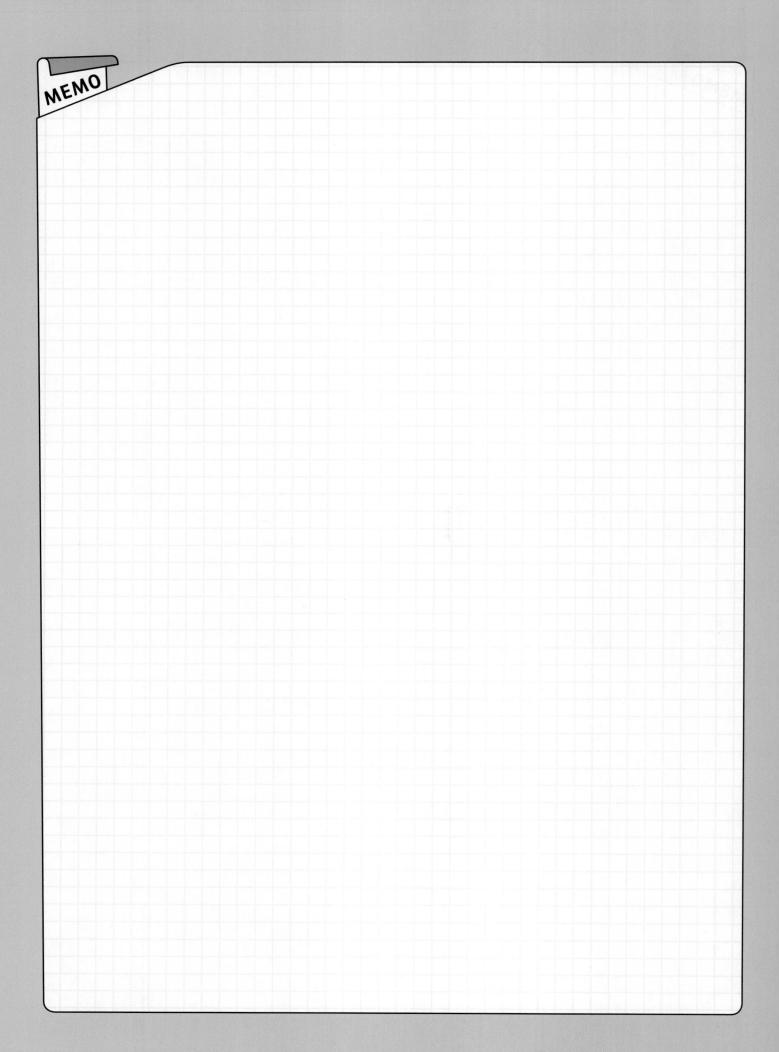

MEMO

사뿐

중학 사회
중학 역사

사회를 한 권으로
가뿐하게!

중학 사회

①-1   ②-1   ①-2   ②-2

중학 역사

①-1   ②-1   ①-2   ②-2

중|학|도|역|시 **EBS**

중학 수학 만점 실력서

고난도 Σ
시그마

정답과 풀이

중학 수학
3·2

Contents 이 책의 차례

정답과 풀이

01 삼각비

필수 확인 문제 | 8~11쪽 |

01 ②   02 ③   03 $\frac{15}{17}$ 04 $\frac{\sqrt{6}}{3}$ 05 $\frac{3\sqrt{5}}{5}$

06 ②   07 $8\sqrt{3}$ 08 $\frac{4}{5}$ 09 ②   10 $\frac{3}{25}$

11 ⑤   12 ①   13 $\frac{4}{5}$ 14 $\frac{\sqrt{3}+1}{2}$ 15 ③, ⑤

16 ①   17 $60°$ 18 $4\sqrt{2}$ 19 $4\sqrt{3}$ 20 ③

21 1   22 ④, ⑤   23 0.9572   24 56   25 13.45

고난도 대표 유형 | 12~15쪽 |

1 ④   2 3   3 $4\sqrt{3}-3$ 4 ①   5 $\frac{\sqrt{2}}{3}$

6 $\sqrt{2}-1$ 7 ⑤   8 $2-\sqrt{3}$ 9 ④   10 ⑤

11 $\sin 35°$, $\cos 35°$, $\cos 0°$, $\tan 50°$ 12 ①

고난도 실전 문제 | 16~20쪽 |

01 ④   02 $\frac{\sqrt{21}}{7}$ 03 ③   04 $\frac{\sqrt{2}+2}{2}$ 05 ②

06 $\frac{3+\sqrt{5}}{2}$ 07 $\frac{\sqrt{7}}{4}$ 08 ⑤   09 $\frac{\sqrt{10}}{10}$ 10 $\frac{\sqrt{3}}{5}$

11 ⑤   12 ①   13 $\frac{4}{5}$ 14 $\frac{\sqrt{6}}{5}$ 15 $60°$

16 ②   17 $6-2\sqrt{3}$ 18 ④   19 $6\sqrt{3}$ 20 ③

21 $\frac{\sqrt{3}}{3}$ 22 $2+\sqrt{3}$ 23 ②   24 ①   25 ⑤

26 $\tan 0°$, $\cos 70°$, $\cos 65°$, $\sin 65°$, $\tan 70°$

27 $2 \sin x$ 28 $\frac{4}{5}$ 29 $32°$ 30 ③

02 삼각비의 활용

필수 확인 문제 | 24~27쪽 |

01 ①, ④   02 11.2   03 ④   04 $144\sqrt{2}\pi$ cm³

05 ③   06 $20\sqrt{3}$ m   07 $50(\sqrt{3}+1)$ m   08 ⑤

09 $2\sqrt{26}$ cm   10 $2\sqrt{61}$ cm

11 $2\sqrt{37}$ cm   12 $5(1+\sqrt{3})$ cm   13 $7\sqrt{2}$

14 ⑤   15 ③   16 $36(\sqrt{3}-1)$ cm²   17 5 cm

18 $60°$ 19 ③   20 ②   21 $(32+8\sqrt{6})$ cm²

22 ⑤   23 $3\sqrt{3}$ cm² 24 ③   25 $45°$ 26 10 cm

고난도 대표 유형 | 28~31쪽 |

1 $36\sqrt{6}$ cm³   2 ②   3 ①   4 ③

5 $10\sqrt{6}$ m   6 $6(\sqrt{3}+1)$ cm   7 ⑤

8 $(12\pi-9\sqrt{3})$ cm²   9 ②   10 $\frac{25\sqrt{3}}{3}$ cm²

11 ⑤   12 $20\sqrt{2}$ cm²

고난도 실전 문제 | 32~36쪽 |

01 $12\sqrt{3}-8$ 02 $(15\sqrt{2}+5\sqrt{6})$ cm   03 ②

04 $(40-20\sqrt{2})$ cm   05 분속 $20\sqrt{3}$ m   06 $\frac{\sqrt{6}}{4}$

07 $3\sqrt{17}$ cm   08 $30\sqrt{2}$ m   09 ⑤

10 $75(\sqrt{3}-1)$ m   11 ③   12 $(7.6+6\sqrt{3})$ m

13 ①   14 $6\sqrt{3}$ cm²   15 54

16 $12+4\sqrt{3}$ 17 ②   18 $\frac{64}{3}\pi-16\sqrt{3}$

19 $6\sqrt{3}$ cm²   20 $\frac{16\sqrt{3}}{3}$ cm²   21 ③

22 ②   23 ⑤   24 $\frac{3\sqrt{61}}{2}+9\sqrt{3}$ 25 $\frac{4}{5}$

26 ②   27 ①   28 $6\sqrt{2}$ cm²   29 20

30 ④

03 원과 직선

필수 확인 문제 | 40~43쪽 |

01 ③   02 ②   03 $\frac{25}{2}$ cm 04 ④   05 ②

06 $10\sqrt{6}$ cm²   07 ④   08 72 cm   09 6 cm

10 ②   11 ⑤   12 $25\sqrt{3}$ cm²   13 ③

14 7 cm   15 ④   16 $63\sqrt{10}$ cm²   17 ③

18 $55°$ 19 ⑤   20 9π cm²   21 10 cm

22 ③   23 162 cm² 24 ③

고난도 대표 유형 | 44~47쪽 |

1 ④   2 65π cm²   3 ③

4 351π m²   5 ③   6 $(20+10\sqrt{3})$ cm

7 $\left(16\sqrt{3}-\frac{16}{3}\pi\right)$ cm²   8 ⑤   9 $\frac{19}{8}$ cm

10 ④   11 $(4-\pi)$ cm²   12 6

고난도 실전 문제 | 48~52쪽 |

01 ⑤   02 ③   03 $2\sqrt{11}$ cm   04 ⑤

05 $(48\pi-36\sqrt{3})$ cm²   06 $\left(\frac{64}{3}\pi-8\sqrt{3}\right)$ cm²   07 ③

08 ②   09 $16\sqrt{3}+\frac{64}{3}\pi$ 10 $\frac{256}{3}\pi$ cm²

11 $\dfrac{12\sqrt{5}}{5}$ cm　　12 ③　　13 $(6+6\sqrt{3})$ cm

14 ②　　15 50°　　16 ②　　17 0

18 $45\sqrt{2}$ cm²　　19 ⑤　　20 $10\sqrt{3}$ cm

21 3 cm　　22 ③　　23 $\dfrac{36}{13}$ cm　24 18 cm　25 25

26 2 cm　　27 ②　　28 $\dfrac{15}{2}$ cm　29 $(\sqrt{5}-1)$ cm

30 5

04 원주각

필수 확인 문제 　　|56~61쪽|

01 ③　　02 20°　　03 ③　　04 ②　　05 ⑤
06 67°　　07 ④　　08 114°　　09 ③　　10 ④
11 ③　　12 ③　　13 66°　　14 ⑤　　15 $4\sqrt{3}$
16 ⑤　　17 ④　　18 64°　　19 ③　　20 30°
21 ③　　22 ∠A=54°, ∠B=72°, ∠C=54°　23 ③
24 20°　　25 112°　　26 ②　　27 1°　　28 130°
29 ②　　30 50°　　31 ④　　32 75°　　33 ③
34 ②　　35 ③　　36 68°

고난도 대표 유형 　　|62~67쪽|

1 ④　　2 $\dfrac{35\sqrt{3}}{4}$ cm²　　3 ③　　4 ⑤

5 60°　　6 $\left(\dfrac{490}{3}\pi+49\sqrt{3}\right)$ m²　7 ③　　8 ③

9 30°　　10 ⑤　　11 ③　　12 $\dfrac{81}{2}\pi$ cm²

13 100°　　14 ④　　15 68°　　16 ③　　17 39°

18 ③

고난도 실전 문제 　　|68~74쪽|

01 $\left(27\pi-\dfrac{81\sqrt{3}}{4}\right)$ cm²　02 ⑤　　03 ④　　04 ④

05 ③　　06 84°　　07 120°　　08 ④　　09 112°

10 ④　　11 60　　12 ②　　13 94°　　14 ②

15 46°　　16 $\dfrac{6\sqrt{11}}{11}$　17 $(54\pi+243\sqrt{3})$ m²　18 60°

19 ④　　20 ⑤　　21 15 cm　22 64　　23 ③

24 ②　　25 ⑤　　26 10°　　27 ②　　28 ③

29 ③　　30 125°　　31 ③　　32 42°

33 $\dfrac{2\sqrt{5}}{3}$ cm　　34 ①　　35 88°　　36 3

37 ⑤　　38 30°　　39 106°　　40 $\sqrt{2}$　　41 ③

42 66°

05 대푯값과 산포도

필수 확인 문제 　　|78~82쪽|

01 ③　　02 244 mm　　03 ②　　04 ③
05 1　　06 ⑤　　07 ⑤　　08 ④　　09 ⑤
10 ④　　11 46　　12 8　　13 ④　　14 9
15 ④　　16 ②　　17 90.5점　18 ③　　19 ③
20 $\dfrac{20}{3}$　21 ⑤　　22 2　　23 ③　　24 ④
25 C　　26 ⑤

고난도 대표 유형 　　|83~86쪽|

1 ③　　2 ④　　3 7　　4 ④　　5 13

6 5　　7 ⑤　　8 40　　9 23.5　　10 $\dfrac{\sqrt{665}}{5}$ 권

11 ③, ⑤　　12 ㄴ, ㄷ

고난도 실전 문제 　　|87~92쪽|

01 73점　　02 ③　　03 33세　04 ④　　05 ⑤
06 49　　07 ③　　08 88점　09 30　　10 ②
11 ⑤　　12 83　　13 2000　14 ④　　15 ④
16 ②　　17 173 cm　18 ④　　19 ③, ⑤　20 ③
21 ⑤　　22 117　　23 ⑤　　24 $\sqrt{105}$점　25 ④
26 ③　　27 ㄱ, ㄷ　28 ㄷ

06 상관관계

필수 확인 문제 　　|95~97쪽|

01 ②　　02 40 %　　03 ④　　04 ③, ④　05 90점
06 ⑤　　07 ⑤　　08 15　　09 50 %　　10 ①, ⑤
11 ⑤　　12 ⑤　　13 ⑺ 음 ⑷ E　　14 ④
15 ④

고난도 대표 유형 　　|98~99쪽|

1 ②　　2 ④　　3 0.9　　4 ④　　5 ①

고난도 실전 문제 　　|100~102쪽|

01 ③　　02 80　　03 ③　　04 33.3 %　05 ②
06 10.7시간　　07 32 %　08 ⑤　　09 12 %
10 ㄱ, ㄷ　11 ④　　12 ④　　13 양의 상관관계
14 ④　　15 ㄴ, ㄹ

01 삼각비

01 ②	02 ③	03 $\dfrac{15}{17}$	04 $\dfrac{\sqrt{6}}{3}$	05 $\dfrac{3\sqrt{5}}{5}$
06 ②	07 $8\sqrt{3}$	08 $\dfrac{4}{5}$	09 ②	10 $\dfrac{3}{25}$
11 ⑤	12 ①	13 $\dfrac{4}{5}$	14 $\dfrac{\sqrt{3}+1}{2}$	15 ③, ⑤
16 ①	17 60°	18 $4\sqrt{2}$	19 $4\sqrt{3}$	20 ③
21 1	22 ④, ⑤	23 0.9572	24 56	25 13.45

01 ① $\sin A = \dfrac{6}{10} = \dfrac{3}{5}$ ② $\cos A = \dfrac{8}{10} = \dfrac{4}{5}$

③ $\tan A = \dfrac{6}{8} = \dfrac{3}{4}$ ④ $\sin C = \dfrac{8}{10} = \dfrac{4}{5}$

⑤ $\cos C = \dfrac{6}{10} = \dfrac{3}{5}$

따라서 옳지 않은 것은 ②이다.

02 직각삼각형 ABC에서 $\overline{AC} = \sqrt{12^2 + 5^2} = 13$

① $\sin A = \dfrac{5}{13}$ ② $\cos A = \dfrac{12}{13}$

④ $\sin C = \dfrac{12}{13}$ ⑤ $\cos C = \dfrac{5}{13}$

따라서 옳은 것은 ③이다.

03 직각삼각형 ADC에서
$\overline{AC} = \sqrt{10^2 - 6^2} = 8$ …… ❶
직각삼각형 ABC에서
$\overline{BC} = \sqrt{17^2 - 8^2} = 15$ …… ❷
따라서 $\cos B = \dfrac{\overline{BC}}{\overline{AB}} = \dfrac{15}{17}$ …… ❸

채점 기준	비율
❶ $\overline{AC}$의 길이 구하기	30 %
❷ $\overline{BC}$의 길이 구하기	30 %
❸ $\cos B$의 값 구하기	40 %

04 △CEG는 ∠CGE=90°인 직각삼각형이다.
직각삼각형 EFG에서
$\overline{EG} = \sqrt{2^2 + 2^2} = 2\sqrt{2}$
직각삼각형 CEG에서
$\overline{CE} = \sqrt{(2\sqrt{2})^2 + 2^2} = 2\sqrt{3}$이므로
$\cos x = \dfrac{\overline{EG}}{\overline{CE}} = \dfrac{2\sqrt{2}}{2\sqrt{3}} = \dfrac{\sqrt{6}}{3}$

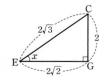

05 $y = \dfrac{1}{2}x + 5$에서
$y = 0$일 때, $x = -10$이므로 A(−10, 0)
$x = 0$일 때, $y = 5$이므로 B(0, 5)
$\overline{AO} = 10$, $\overline{BO} = 5$이므로 $\overline{AB} = \sqrt{10^2 + 5^2} = 5\sqrt{5}$
따라서
$\sin a + \cos a = \dfrac{5}{5\sqrt{5}} + \dfrac{10}{5\sqrt{5}} = \dfrac{\sqrt{5}}{5} + \dfrac{2\sqrt{5}}{5} = \dfrac{3\sqrt{5}}{5}$

06 $\cos A = \dfrac{\overline{AB}}{6} = \dfrac{2}{3}$이므로 $\overline{AB} = 4$ (cm)
따라서 $\overline{BC} = \sqrt{6^2 - 4^2} = 2\sqrt{5}$ (cm)

07 $\sin A = \dfrac{\overline{BC}}{8} = \dfrac{1}{2}$이므로 $\overline{BC} = 4$ …… ❶
$\overline{AC} = \sqrt{8^2 - 4^2} = 4\sqrt{3}$ …… ❷
따라서 △ABC의 넓이는
$\dfrac{1}{2} \times 4 \times 4\sqrt{3} = 8\sqrt{3}$ …… ❸

채점 기준	비율
❶ $\overline{BC}$의 길이 구하기	40 %
❷ $\overline{AC}$의 길이 구하기	40 %
❸ △ABC의 넓이 구하기	20 %

08 $\sin A = \dfrac{9}{\overline{AC}} = \dfrac{3}{5}$이므로 $\overline{AC} = 15$
따라서 $\overline{AB} = \sqrt{15^2 - 9^2} = 12$이므로
$\cos C \times \tan C = \dfrac{9}{15} \times \dfrac{12}{9} = \dfrac{4}{5}$

09 $\sin A = \dfrac{4}{5}$를 만족시키는 직각삼각형 ABC를
그리면 오른쪽 그림과 같다.
$\overline{AB} = \sqrt{5^2 - 4^2} = 3$이므로
$\cos A \times \tan A = \dfrac{3}{5} \times \dfrac{4}{3} = \dfrac{4}{5}$

10 $5\cos A - 3 = 0$에서 $\cos A = \dfrac{3}{5}$
$\cos A = \dfrac{3}{5}$을 만족시키는 직각삼각형 ABC
를 그리면 오른쪽 그림과 같다.
$\overline{BC} = \sqrt{5^2 - 3^2} = 4$이므로
$\sin A = \dfrac{4}{5}$, $\tan A = \dfrac{4}{3}$
$\sin A - \cos A = \dfrac{4}{5} - \dfrac{3}{5} = \dfrac{1}{5}$,
$\sin A \times \tan A + \cos A = \dfrac{4}{5} \times \dfrac{4}{3} + \dfrac{3}{5} = \dfrac{5}{3}$
따라서
$\dfrac{\sin A - \cos A}{\sin A \times \tan A + \cos A} = \dfrac{1}{5} \div \dfrac{5}{3} = \dfrac{1}{5} \times \dfrac{3}{5} = \dfrac{3}{25}$

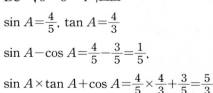

11 $\sin(90°-A)=\dfrac{15}{17}$를 만족시키는 직각삼각형

ABC를 그리면 오른쪽 그림과 같다.

따라서 $\overline{BC}=\sqrt{17^2-15^2}=8$이므로

$\tan A=\dfrac{8}{15}$

참고

직각삼각형 ABC에서 $\angle C=90°$이므로

$\angle A+\angle B=90°$

따라서 $\sin(90°-A)=\sin B=\dfrac{15}{17}$

12 $\triangle ABC \backsim \triangle DEC$ (AA 닮음)

이므로

$\angle ABC=\angle DEC=x$

직각삼각형 ABC에서

$\overline{BC}=\sqrt{6^2+8^2}=10$

따라서 $\cos x=\cos B=\dfrac{6}{10}=\dfrac{3}{5}$

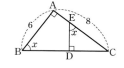

13 직각삼각형 ABC에서

$\overline{BC}=\sqrt{3^2+4^2}=5$

$\triangle HAC \backsim \triangle HBA$ (AA 닮음)이므로

$\angle C=x$, $\angle B=y$

따라서 $\sin x=\sin C=\dfrac{3}{5}$, $\tan y=\tan B=\dfrac{4}{3}$이므로

$\sin x \times \tan y=\dfrac{3}{5} \times \dfrac{4}{3}=\dfrac{4}{5}$

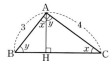

14 $\triangle ABD$와 $\triangle HCB$에서

$\angle BAD=\angle CHB=90°$,

$\angle ADB=\angle HBC$(엇각)이므로

$\triangle ABD \backsim \triangle HCB$ (AA 닮음)

...... ❶

즉 $\angle ABD=\angle HCB=x$

직각삼각형 ABD에서

$\overline{BD}=\sqrt{6^2+(2\sqrt{3})^2}=4\sqrt{3}$ (cm)이므로 ...... ❷

$\sin x=\dfrac{\overline{AD}}{\overline{BD}}=\dfrac{6}{4\sqrt{3}}=\dfrac{\sqrt{3}}{2}$,

$\cos x=\dfrac{\overline{AB}}{\overline{BD}}=\dfrac{2\sqrt{3}}{4\sqrt{3}}=\dfrac{1}{2}$ ...... ❸

따라서

$\sin x+\cos x=\dfrac{\sqrt{3}}{2}+\dfrac{1}{2}=\dfrac{\sqrt{3}+1}{2}$ ...... ❹

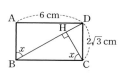

채점 기준	비율
❶ $\triangle ABD \backsim \triangle HCB$임을 알아내기	20 %
❷ $\overline{BD}$의 길이 구하기	30 %
❸ $\sin x$, $\cos x$의 값 구하기	40 %
❹ $\sin x+\cos x$의 값 구하기	10 %

15 ① $\sin 45°+\cos 45°=\dfrac{\sqrt{2}}{2}+\dfrac{\sqrt{2}}{2}=\sqrt{2}$

② $\tan 60° \times \tan 30°=\sqrt{3} \times \dfrac{\sqrt{3}}{3}=1$

③ $\sin 30°-\cos 30°=\dfrac{1}{2}-\dfrac{\sqrt{3}}{2}=\dfrac{1-\sqrt{3}}{2}$

④ $\sin 60°-\tan 60°=\dfrac{\sqrt{3}}{2}-\sqrt{3}=-\dfrac{\sqrt{3}}{2}$

⑤ $\cos 60° \times \tan 45°=\dfrac{1}{2} \times 1=\dfrac{1}{2}$

따라서 옳지 않은 것은 ③, ⑤이다.

16 $10°<x<50°$에서 $20°<2x<100°$이므로

$10°<2x-10°<90°$

$\cos 30°=\dfrac{\sqrt{3}}{2}$이므로 $2x-10°=30°$

$2x=40°$, 즉 $x=20°$

17 $\sqrt{3}x-y+2=0$에서 $y=\sqrt{3}x+2$

$\tan a=\sqrt{3}$이므로 $a=60°$

18 $\triangle ABH$에서 $\sin 30°=\dfrac{\overline{AH}}{8}=\dfrac{1}{2}$이므로

$\overline{AH}=4$

$\triangle AHC$에서 $\sin 45°=\dfrac{4}{\overline{AC}}=\dfrac{\sqrt{2}}{2}$이므로

$\overline{AC}=4\sqrt{2}$

19 $\triangle BCD$에서 $\tan 45°=\dfrac{\overline{BC}}{6}=1$이므로

$\overline{BC}=6$

$\triangle ABC$에서 $\sin 60°=\dfrac{6}{\overline{AC}}=\dfrac{\sqrt{3}}{2}$이므로

$\overline{AC}=4\sqrt{3}$

20 $\triangle ABC$에서

$\sin 50°=\dfrac{\overline{AB}}{\overline{OA}}=\overline{AB}=0.77$,

$\cos 50°=\dfrac{\overline{OB}}{\overline{OA}}=\overline{OB}=0.64$

따라서 $\sin 50°+\cos 50°=0.77+0.64=1.41$

21 $\sin 0° \times \cos 40°+\dfrac{\sin 90°}{\cos 0°}-\tan 0° \times \sin 90°$

$=0 \times \cos 40°+1-0 \times 1=1$

22 ① $0° \leq x \leq 90°$일 때, x의 크기가 커지면 $\sin x$의 값도 커지므로 $\sin 20° < \sin 30°$

② $0° \leq x \leq 90°$일 때, x의 크기가 커지면 $\cos x$의 값은 작아지므로 $\cos 40° < \cos 30°$

③ $0° \leq x < 90°$일 때, x의 크기가 커지면 $\tan x$의 값도 커지므로 $\tan 45° > \tan 20°$

④ $\sin 30° = \dfrac{1}{2}$, $\tan 55° > \tan 45° = 1$이므로

$\sin 30° < \tan 55°$

⑤ $\sin 35° < \sin 45° = \dfrac{\sqrt{2}}{2}$, $\cos 35° > \cos 45° = \dfrac{\sqrt{2}}{2}$이므로

$\sin 35° < \cos 35°$

따라서 옳지 않은 것은 ④, ⑤이다.

23 $\sin 28° + \tan 26° = 0.4695 + 0.4877$
$\qquad\qquad\qquad\qquad\; = 0.9572$

24 $\cos 27° = 0.8910$이므로 $x = 27$

$\tan 29° = 0.5543$이므로 $y = 29$

따라서 $x + y = 27 + 29 = 56$

25 $\angle B = 90° - 63° = 27°$

$\sin 27° = \dfrac{\overline{AC}}{10} = 0.4540$이므로 $\overline{AC} = 4.54$

$\cos 27° = \dfrac{\overline{BC}}{10} = 0.8910$이므로 $\overline{BC} = 8.91$

따라서 $\overline{AC} + \overline{BC} = 4.54 + 8.91 = 13.45$

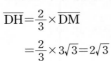
고난도 대표 유형
| 12~15쪽 |

1 ④	**2** 3	**3** $4\sqrt{3}-3$	**4** ①	**5** $\dfrac{\sqrt{2}}{3}$
6 $\sqrt{2}-1$	**7** ⑤	**8** $2-\sqrt{3}$	**9** ④	**10** ⑤
11 $\sin 35°$, $\cos 35°$, $\cos 0°$, $\tan 50°$		**12** ①		

1 $\overline{DM}$은 정삼각형 BCD의 높이이므로

$\overline{DM} = \dfrac{\sqrt{3}}{2} \times 6 = 3\sqrt{3}$

오른쪽 그림과 같이 꼭짓점 A에서 밑면에 내린 수선의 발을 H라 하면 점 H는 $\triangle$BCD의 무게중심이므로

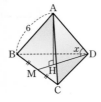

$\overline{DH} = \dfrac{2}{3} \times \overline{DM}$

$\qquad = \dfrac{2}{3} \times 3\sqrt{3} = 2\sqrt{3}$

$\overline{AH}$는 정사면체의 높이이므로

$\overline{AH} = \dfrac{\sqrt{6}}{3} \times 6 = 2\sqrt{6}$

따라서 $\tan x = \dfrac{\overline{AH}}{\overline{DH}} = \dfrac{2\sqrt{6}}{2\sqrt{3}} = \sqrt{2}$

참고

① 한 변의 길이가 a인 정삼각형의 높이 $\Rightarrow \dfrac{\sqrt{3}}{2} a$

② 한 모서리의 길이가 a인 정사면체의 높이 $\Rightarrow \dfrac{\sqrt{6}}{3} a$

2 오른쪽 그림과 같이 점 Q에서 $\overline{AD}$에 내린 수선의 발을 H라 하면
$\angle APQ = \angle QPC = x$ (접은 각),
$\angle APQ = \angle PQC = x$ (엇각)이므로
$\angle QPC = \angle PQC$
따라서 $\triangle$PQC는 $\overline{CQ} = \overline{CP}$인 이등변삼각형이므로
$\overline{CQ} = \overline{CP} = \overline{AP} = 5$

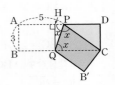

또 $\overline{B'C} = \overline{AB} = 3$이므로
직각삼각형 CQB'에서
$\overline{QB'} = \sqrt{5^2 - 3^2} = 4$
$\overline{AH} = \overline{BQ} = \overline{QB'} = 4$이므로
$\overline{HP} = \overline{AP} - \overline{AH} = 5 - 4 = 1$
따라서 $\triangle$QPH에서

$\tan x = \dfrac{\overline{HQ}}{\overline{HP}} = \dfrac{3}{1} = 3$

3 $\triangle$ABC에서 $\tan B = \dfrac{\overline{AC}}{4} = \sqrt{3}$이므로

$\overline{AC} = 4\sqrt{3}$

$\angle ADE = 90° - \angle A = \angle B$이므로

$\tan(\angle ADE) = \tan B = \sqrt{3}$

$\triangle$ADE에서 $\tan(\angle ADE) = \dfrac{\overline{AE}}{\sqrt{3}} = \sqrt{3}$이므로

$\overline{AE} = 3$

따라서 $\overline{EC} = \overline{AC} - \overline{AE} = 4\sqrt{3} - 3$

4 $9x^2 - 6x + 1 = 0$에서 $(3x-1)^2 = 0$이므로 $x = \dfrac{1}{3}$

즉 $\cos A = \dfrac{1}{3}$이므로 $\cos A = \dfrac{1}{3}$을 만족시키는 직각삼각형 ABC를 그리면 오른쪽 그림과 같다.

$\overline{BC} = \sqrt{3^2 - 1^2} = 2\sqrt{2}$이므로

$\sin A \times \tan A = \dfrac{2\sqrt{2}}{3} \times 2\sqrt{2} = \dfrac{8}{3}$

5 $\triangle$ABE에서 $\overline{BE}^2=\overline{BD}\times\overline{BA}=3\times9=27$이므로

$\overline{BE}=3\sqrt{3}$ (cm)

직각삼각형 ABE에서

$\overline{AE}=\sqrt{9^2-(3\sqrt{3})^2}=3\sqrt{6}$ (cm)

$\angle B=90°-y=\angle CAE=x$

$\triangle$ABE에서

$\sin x=\dfrac{3\sqrt{6}}{9}=\dfrac{\sqrt{6}}{3}$,

$\sin y=\dfrac{3\sqrt{3}}{9}=\dfrac{\sqrt{3}}{3}$

따라서 $\sin x\times\sin y=\dfrac{\sqrt{6}}{3}\times\dfrac{\sqrt{3}}{3}=\dfrac{\sqrt{2}}{3}$

6 $\overline{OC}=\overline{AO}=\dfrac{1}{2}\overline{AB}=\dfrac{1}{2}\times4\sqrt{2}=2\sqrt{2}$ (cm)

$\angle COD=180°-135°=45°$

$\triangle$COD에서

$\sin 45°=\dfrac{\overline{CD}}{2\sqrt{2}}=\dfrac{\sqrt{2}}{2}$이므로

$\overline{CD}=2$ (cm)

$\cos 45°=\dfrac{\overline{OD}}{2\sqrt{2}}=\dfrac{\sqrt{2}}{2}$이므로

$\overline{OD}=2$ (cm)

따라서 $\triangle$CAD에서

$\tan x=\dfrac{\overline{CD}}{\overline{AD}}=\dfrac{2}{2\sqrt{2}+2}=\dfrac{1}{\sqrt{2}+1}=\sqrt{2}-1$

7 구하는 직선의 방정식을 $y=ax+b$라 하면

$a=\tan 60°=\sqrt{3}$

직선 $y=\sqrt{3}x+b$가 점 $(-2,\,0)$을 지나므로

$0=-2\sqrt{3}+b$, 즉 $b=2\sqrt{3}$

따라서 구하는 직선의 방정식은

$y=\sqrt{3}x+2\sqrt{3}$

8 $\angle BAD=30°-15°=15°$이므로 $\overline{AD}=\overline{BD}=4$

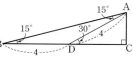

$\triangle$ADC에서

$\sin 30°=\dfrac{\overline{AC}}{4}=\dfrac{1}{2}$이므로

$\overline{AC}=2$

$\cos 30°=\dfrac{\overline{DC}}{4}=\dfrac{\sqrt{3}}{2}$이므로 $\overline{DC}=2\sqrt{3}$

따라서 $\triangle$ABC에서

$\tan 15°=\dfrac{\overline{AC}}{\overline{BC}}=\dfrac{2}{4+2\sqrt{3}}=\dfrac{1}{2+\sqrt{3}}=2-\sqrt{3}$

9 $\triangle$ADE에서 $\overline{AD}=\overline{DE}$이므로

$\angle EAD=\angle AED=45°$

따라서 $\angle FEG=\angle BEF=45°$

$\triangle$BAE에서

$\tan 30°=\dfrac{4}{\overline{AE}}=\dfrac{\sqrt{3}}{3}$이므로

$\overline{AE}=4\sqrt{3}$ (cm)

$\triangle$EAD에서 $\cos 45°=\dfrac{\overline{AD}}{4\sqrt{3}}=\dfrac{\sqrt{2}}{2}$이므로

$\overline{AD}=2\sqrt{6}$ (cm)

$\triangle$BFE에서 $\cos 45°=\dfrac{\overline{FE}}{4}=\dfrac{\sqrt{2}}{2}$이므로

$\overline{FE}=2\sqrt{2}$ (cm)

따라서

$\overline{AC}=\overline{AD}-\overline{CD}=\overline{AD}-\overline{FE}$

$\qquad=2\sqrt{6}-2\sqrt{2}=2(\sqrt{6}-\sqrt{2})$ (cm)

10 $\triangle$AOB에서

$\sin 45°=\dfrac{\overline{AB}}{4}=\dfrac{\sqrt{2}}{2}$이므로 $\overline{AB}=2\sqrt{2}$

$\cos 45°=\dfrac{\overline{OB}}{4}=\dfrac{\sqrt{2}}{2}$이므로 $\overline{OB}=2\sqrt{2}$

$\overline{OD}=\overline{OA}=4$이므로 $\triangle$COD에서

$\tan 45°=\dfrac{\overline{CD}}{4}=1$, 즉 $\overline{CD}=4$

따라서 사각형 ABDC의 넓이는

$\triangle COD-\triangle AOB=\dfrac{1}{2}\times4\times4-\dfrac{1}{2}\times2\sqrt{2}\times2\sqrt{2}$

$\qquad\qquad\qquad\qquad =8-4=4$

다른 풀이

사각형 ABDC는 사다리꼴이므로 사각형 ABDC의 넓이는

$\dfrac{1}{2}\times(4+2\sqrt{2})\times(4-2\sqrt{2})=\dfrac{1}{2}\times(16-8)=4$

11 $0°\le x<45°$일 때, $\sin x<\cos x$이므로

$\sin 35°<\cos 35°$ $\qquad\qquad$ ……㉠

$0°\le x\le90°$일 때, x의 크기가 커지면

$\cos x$의 값은 작아지므로

$\cos 35°<\cos 0°=1$ $\qquad$ ……㉡

$0°\le x<90°$일 때, x의 크기가 커지면

$\tan x$의 값도 커지므로

$\tan 50°>\tan 45°=1$ $\qquad$ ……㉢

㉠, ㉡, ㉢에 의하여

$\sin 35°<\cos 35°<\cos 0°<\tan 50°$

따라서 주어진 삼각비의 값을 작은 것부터 차례로 나열하면

$\sin 35°$, $\cos 35°$, $\cos 0°$, $\tan 50°$

12 $45°<x<90°$일 때, $\tan x>1$이므로
$1-\tan x<0$, $1+\tan x>0$
따라서
$$\sqrt{(1-\tan x)^2}+\sqrt{(1+\tan x)^2}$$
$$=-(1-\tan x)+(1+\tan x)$$
$$=-1+\tan x+1+\tan x$$
$$=2\tan x$$

고난도 실전 문제 | 16~20쪽 |

01 ④	02 $\dfrac{\sqrt{21}}{7}$	03 ③	04 $\dfrac{\sqrt{2}+2}{2}$	05 ②
06 $\dfrac{3+\sqrt{5}}{2}$	07 $\dfrac{\sqrt{7}}{4}$	08 ⑤	09 $\dfrac{\sqrt{10}}{10}$	10 $\dfrac{\sqrt{3}}{5}$
11 ⑤	12 ①	13 $\dfrac{4}{5}$	14 $\dfrac{\sqrt{6}}{5}$	15 60°
16 ②	17 $6-2\sqrt{3}$	18 ④	19 $6\sqrt{3}$	20 ③
21 $\dfrac{\sqrt{3}}{3}$	22 $2+\sqrt{3}$	23 ②	24 ①	25 ⑤
26 $\tan 0°$, $\cos 70°$, $\cos 65°$, $\sin 65°$, $\tan 70°$				
27 $2\sin x$	28 $\dfrac{4}{5}$	29 32°	30 ③	

01 $\overline{AB}=2k$, $\overline{AC}=k$ $(k>0)$로 놓으면 직각삼각형 ABC에서
$\overline{BC}=\sqrt{(2k)^2-k^2}=\sqrt{3}k$
따라서 $\sin A=\dfrac{\overline{BC}}{\overline{AB}}=\dfrac{\sqrt{3}k}{2k}=\dfrac{\sqrt{3}}{2}$

02 직각삼각형 ABC에서 $\overline{BC}=\sqrt{16^2-8^2}=8\sqrt{3}$이므로
$\overline{BD}=\dfrac{1}{2}\overline{BC}=\dfrac{1}{2}\times 8\sqrt{3}=4\sqrt{3}$
직각삼각형 ABD에서 $\overline{AD}=\sqrt{8^2+(4\sqrt{3})^2}=4\sqrt{7}$이므로
$\sin x=\dfrac{4\sqrt{3}}{4\sqrt{7}}=\dfrac{\sqrt{21}}{7}$

03 오른쪽 그림과 같이 꼭짓점 A, D에서 $\overline{BC}$에 내린 수선의 발을 각각 E, F라 하면 $\overline{EF}=5$이므로
$\overline{BE}=\overline{FC}=\dfrac{1}{2}\times(17-5)=6$
따라서 직각삼각형 ABE에서 $\overline{AE}=\sqrt{10^2-6^2}=8$이므로
$\tan B=\dfrac{8}{6}=\dfrac{4}{3}$

04 △AEG는 $\angle AEG=90°$인 직각삼각형이다.
직각삼각형 EFG에서 $\overline{EG}=\sqrt{6^2+8^2}=10$
직각삼각형 AEG에서
$\overline{AG}=\sqrt{10^2+10^2}=10\sqrt{2}$이므로 ⋯⋯ ❶

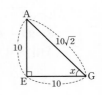

$\cos x=\dfrac{10}{10\sqrt{2}}=\dfrac{\sqrt{2}}{2}$, $\tan x=\dfrac{10}{10}=1$ ⋯⋯ ❷

따라서 $\cos x+\tan x=\dfrac{\sqrt{2}}{2}+1=\dfrac{\sqrt{2}+2}{2}$ ⋯⋯ ❸

채점 기준	비율
❶ △AEG의 세 변의 길이 구하기	40 %
❷ $\cos x$, $\tan x$의 값 구하기	40 %
❸ $\cos x+\tan x$의 값 구하기	20 %

05 $\overline{DG}$를 그으면 직각삼각형 DCG에서
$\overline{DG}=\sqrt{6^2+6^2}=6\sqrt{2}$
△DMG는 $\angle MDG=90°$인 직각삼각형이다.
$\overline{MD}=\dfrac{1}{2}\overline{AD}=\dfrac{1}{2}\times 6=3$이므로
$\overline{MG}=\sqrt{3^2+(6\sqrt{2})^2}=9$
오른쪽 그림과 같이 꼭짓점 A에서 $\overline{MG}$의 연장선에 내린 수선의 발을 I라 하면
△MIA∽△MDG (AA닮음)이므로
$\overline{AM}:\overline{GM}=\overline{MI}:\overline{MD}$에서
$3:9=\overline{MI}:3$, 즉 $\overline{MI}=1$
$\overline{AM}:\overline{GM}=\overline{AI}:\overline{GD}$에서
$3:9=\overline{AI}:6\sqrt{2}$, 즉 $\overline{AI}=2\sqrt{2}$
△AGI에서 $\overline{GI}=\overline{MI}+\overline{MG}=1+9=10$이므로
$\tan x=\dfrac{\overline{AI}}{\overline{GI}}=\dfrac{2\sqrt{2}}{10}=\dfrac{\sqrt{2}}{5}$

06 오른쪽 그림과 같이 점 F에서 $\overline{AD}$에 내린 수선의 발을 I라 하면
$\angle DEF=\angle GEF=x$ (접은 각),
$\angle DEF=\angle EFG=x$ (엇각)
이므로 $\angle GEF=\angle GFE$
따라서 △GFE는 $\overline{GE}=\overline{GF}$인 이등변삼각형이므로
$\overline{GF}=\overline{GE}=\overline{ED}=3$
또 $\overline{GH}=\overline{DC}=\overline{AB}=2$이므로
직각삼각형 GHF에서 $\overline{HF}=\sqrt{3^2-2^2}=\sqrt{5}$
$\overline{ID}=\overline{FC}=\overline{HF}=\sqrt{5}$
$\overline{EI}=\overline{ED}-\overline{ID}=3-\sqrt{5}$
따라서 △EFI에서
$\tan x=\dfrac{\overline{IF}}{\overline{EI}}=\dfrac{2}{3-\sqrt{5}}=\dfrac{3+\sqrt{5}}{2}$

07 오른쪽 그림과 같이 꼭짓점 A에서 $\overline{BC}$에 내린 수선의 발을 H라 하면

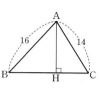

$\triangle ABH$에서 $\sin B = \dfrac{\overline{AH}}{16} = \dfrac{3}{4}$이므로

$\overline{AH} = 12$

$\overline{BH} = \sqrt{16^2 - 12^2} = 4\sqrt{7}$이므로

$\cos B = \dfrac{4\sqrt{7}}{16} = \dfrac{\sqrt{7}}{4}$

08 $\triangle ABC$에서 $\tan B = \dfrac{\overline{AC}}{6} = \sqrt{5}$이므로

$\overline{AC} = 6\sqrt{5}$, $\overline{AB} = \sqrt{6^2 + (6\sqrt{5})^2} = 6\sqrt{6}$

$\angle ADE = 90° - \angle A = \angle B$이므로

$\tan(\angle ADE) = \tan B = \sqrt{5}$

$\triangle ADE$에서 $\tan(\angle ADE) = \dfrac{\overline{AE}}{\sqrt{5}} = \sqrt{5}$이므로

$\overline{AE} = 5$, $\overline{AD} = \sqrt{(\sqrt{5})^2 + 5^2} = \sqrt{30}$

따라서 $\overline{BD} = \overline{AB} - \overline{AD} = 6\sqrt{6} - \sqrt{30}$

09 $\triangle ABC$에서 $\tan B = \dfrac{12}{\overline{BC}} = \dfrac{3}{2}$이므로

$\overline{BC} = 8$, $\overline{CD} = \dfrac{1}{2}\overline{BC} = 4$

직각삼각형 ADC에서 $\overline{AD} = \sqrt{4^2 + 12^2} = 4\sqrt{10}$

따라서 $\sin x = \dfrac{\overline{CD}}{\overline{AD}} = \dfrac{4}{4\sqrt{10}} = \dfrac{\sqrt{10}}{10}$

10 $\triangle BCM$에서 $\sin x = \dfrac{2}{\overline{BM}} = \dfrac{1}{2}$이므로

$\overline{BM} = 4$, $\overline{BC} = \sqrt{4^2 - 2^2} = 2\sqrt{3}$

$\triangle BCM \backsim \triangle ADM$ (AA 닮음)이므로

$\overline{BM} : \overline{AM} = \overline{CM} : \overline{DM}$에서

$4 : 2 = 2 : \overline{DM}$, 즉 $\overline{DM} = 1$

$\overline{BM} : \overline{AM} = \overline{BC} : \overline{AD}$에서

$4 : 2 = 2\sqrt{3} : \overline{AD}$, 즉 $\overline{AD} = \sqrt{3}$

$\triangle ABD$에서 $\overline{BD} = \overline{BM} + \overline{DM} = 4 + 1 = 5$이므로

$\tan y = \dfrac{\overline{AD}}{\overline{BD}} = \dfrac{\sqrt{3}}{5}$

11 $\sin A = \dfrac{1}{3}$을 만족시키는 직각삼각형 ABC를 그리면 오른쪽 그림과 같다.

$\overline{AB} = \sqrt{3^2 - 1^2} = 2\sqrt{2}$이므로

$\cos A = \dfrac{2\sqrt{2}}{3}$, $\tan C = 2\sqrt{2}$

따라서

$\dfrac{\tan C + \cos A}{\tan C - \cos A} = \left(2\sqrt{2} + \dfrac{2\sqrt{2}}{3}\right) \div \left(2\sqrt{2} - \dfrac{2\sqrt{2}}{3}\right)$

$= \dfrac{8\sqrt{2}}{3} \div \dfrac{4\sqrt{2}}{3}$

$= \dfrac{8\sqrt{2}}{3} \times \dfrac{3}{4\sqrt{2}} = 2$

12 $4x^2 - 4x + 1 = 0$에서 $(2x-1)^2 = 0$이므로 $x = \dfrac{1}{2}$

즉 $\tan A = \dfrac{1}{2}$이므로 $\tan A = \dfrac{1}{2}$을 만족시키는 직각삼각형 ABC를 그리면 오른쪽 그림과 같다.

$\overline{AC} = \sqrt{2^2 + 1^2} = \sqrt{5}$이므로

$\sin A \times \cos A = \dfrac{1}{\sqrt{5}} \times \dfrac{2}{\sqrt{5}} = \dfrac{2}{5}$

13 $\triangle ABC$에서 $\overline{BC}^2 = \overline{BD} \times \overline{BA}$이므로

$\overline{BD} = a$로 놓으면

$15^2 = a \times (a + 16)$, $a^2 + 16a - 225 = 0$

$(a-9)(a+25) = 0$

$a > 0$이므로 $a = 9$

직각삼각형 BCD에서

$\overline{CD} = \sqrt{15^2 - 9^2} = 12$

$\triangle DAC \backsim \triangle DCB$ (AA 닮음)이므로

$\angle DCB = x$

따라서 $\triangle BCD$에서

$\cos x = \dfrac{12}{15} = \dfrac{4}{5}$

14 $\triangle ADC$에서 $\overline{CD}^2 = \overline{CE} \times \overline{CA} = 9 \times 15 = 135$이므로

$\overline{CD} = 3\sqrt{15}$ (cm)

직각삼각형 ADC에서

$\overline{AD} = \sqrt{15^2 - (3\sqrt{15})^2} = 3\sqrt{10}$ (cm)

$\angle C = 90° - y = \angle BAD = x$

$\triangle ADC$에서

$\sin x = \dfrac{3\sqrt{10}}{15} = \dfrac{\sqrt{10}}{5}$,

$\sin y = \dfrac{3\sqrt{15}}{15} = \dfrac{\sqrt{15}}{5}$

따라서 $\sin x \times \sin y = \dfrac{\sqrt{10}}{5} \times \dfrac{\sqrt{15}}{5} = \dfrac{\sqrt{6}}{5}$

15 $\sin^2 60° + \cos^2 60° + 2\tan^2 45° \times \cos x = 2$에서

$\left(\dfrac{\sqrt{3}}{2}\right)^2 + \left(\dfrac{1}{2}\right)^2 + 2 \times 1^2 \times \cos x = 2$

$\dfrac{3}{4} + \dfrac{1}{4} + 2\cos x = 2$, $2\cos x = 1$, $\cos x = \dfrac{1}{2}$

$0° < x < 90°$에서

$\cos 60° = \dfrac{1}{2}$이므로 $x = 60°$

16 ∠BAC＝90°－30°＝60°이므로
∠BAD＝∠DAC＝30°
∠ADC＝90°－30°＝60°
△ABC에서

$\sin 30°=\dfrac{\overline{AC}}{8}=\dfrac{1}{2}$이므로 $\overline{AC}=4$ (cm)

△ADC에서

$\tan 60°=\dfrac{4}{\overline{DC}}=\sqrt{3}$이므로 $\overline{DC}=\dfrac{4}{\sqrt{3}}=\dfrac{4\sqrt{3}}{3}$ (cm)

17 △ABC에서

$\cos 30°=\dfrac{\overline{BC}}{4\sqrt{3}}=\dfrac{\sqrt{3}}{2}$이므로 $\overline{BC}=6$ ······ ❶

$\sin 30°=\dfrac{\overline{AC}}{4\sqrt{3}}=\dfrac{1}{2}$이므로 $\overline{AC}=2\sqrt{3}$ ······ ❷

△ADC에서

$\tan 45°=\dfrac{2\sqrt{3}}{\overline{DC}}=1$이므로 $\overline{DC}=2\sqrt{3}$ ······ ❸

따라서 $\overline{BD}=\overline{BC}-\overline{DC}=6-2\sqrt{3}$ ······ ❹

채점 기준	비율
❶ $\overline{BC}$의 길이 구하기	30 %
❷ $\overline{AC}$의 길이 구하기	30 %
❸ $\overline{DC}$의 길이 구하기	30 %
❹ $\overline{BD}$의 길이 구하기	10 %

18 오른쪽 그림과 같이 꼭짓점 A, D에서 $\overline{BC}$에 내린 수선의 발을 각각 E, F라 하면
△ABE에서

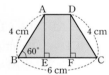

$\cos 60°=\dfrac{\overline{BE}}{4}=\dfrac{1}{2}$이므로 $\overline{BE}=2$ (cm)

$\sin 60°=\dfrac{\overline{AE}}{4}=\dfrac{\sqrt{3}}{2}$이므로 $\overline{AE}=2\sqrt{3}$ (cm)

$\overline{CF}=\overline{BE}=2$ cm이므로

$\overline{AD}=\overline{EF}=6-2-2=2$ (cm)

따라서 등변사다리꼴 ABCD의 넓이는

$\dfrac{1}{2}\times(2+6)\times2\sqrt{3}=8\sqrt{3}$ (cm²)

19 오른쪽 그림과 같이 $\overline{AO}$를 그으면
△AOC에서 $\overline{OA}=\overline{OC}=4$이므로
∠OAC＝∠OCA＝30°
따라서 ∠AOD＝30°＋30°＝60°
△ADO에서

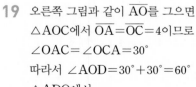

$\sin 60°=\dfrac{\overline{AD}}{4}=\dfrac{\sqrt{3}}{2}$이므로 $\overline{AD}=2\sqrt{3}$

$\cos 60°=\dfrac{\overline{DO}}{4}=\dfrac{1}{2}$이므로 $\overline{DO}=2$

$\overline{DC}=\overline{DO}+\overline{OC}=2+4=6$

따라서 △ADC의 넓이는

$\dfrac{1}{2}\times6\times2\sqrt{3}=6\sqrt{3}$

20 $2x\sin 30°-2y\cos 60°=1$에서

$\sin 30°=\dfrac{1}{2}$, $\cos 60°=\dfrac{1}{2}$이므로

$x-y=1$, 즉 $y=x-1$

$\tan a=1$이므로 $a=45°$

따라서

$\sin^2(a+15°)+\cos^2(a-15°)$
$=\sin^2(45°+15°)+\cos^2(45°-15°)$
$=\sin^2 60°+\cos^2 30°$
$=\left(\dfrac{\sqrt{3}}{2}\right)^2+\left(\dfrac{\sqrt{3}}{2}\right)^2=\dfrac{3}{2}$

21 $4x^2-2(1+\sqrt{3})x+\sqrt{3}=0$에서
$(2x-1)(2x-\sqrt{3})=0$이므로

$x=\dfrac{1}{2}$ 또는 $x=\dfrac{\sqrt{3}}{2}$ ······ ❶

$\cos 60°=\dfrac{1}{2}$, $\cos 30°=\dfrac{\sqrt{3}}{2}$이므로

$A=60°$, $B=30°$ ······ ❷

따라서

$\tan(A-B)=\tan(60°-30°)$
$=\tan 30°=\dfrac{\sqrt{3}}{3}$ ······ ❸

채점 기준	비율
❶ 주어진 이차방정식의 두 근 구하기	30 %
❷ A, B의 크기 구하기	40 %
❸ $\tan(A-B)$의 값 구하기	30 %

22 △ODC에서
∠OCD＝90°－30°＝60°
$\overline{CO}=\overline{AO}=3$ cm이므로

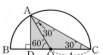

$\sin 30°=\dfrac{\overline{CD}}{3}=\dfrac{1}{2}$, 즉 $\overline{CD}=\dfrac{3}{2}$ (cm)

$\cos 30°=\dfrac{\overline{OD}}{3}=\dfrac{\sqrt{3}}{2}$이므로 $\overline{OD}=\dfrac{3\sqrt{3}}{2}$ (cm)

△AOC에서 $\overline{OA}=\overline{OC}$이고 ∠COD＝30°이므로

∠CAO＝∠ACO＝$\dfrac{1}{2}\times30°=15°$

따라서 △CAD에서

$\tan 75°=\dfrac{\overline{AD}}{\overline{CD}}=\left(3+\dfrac{3\sqrt{3}}{2}\right)\div\dfrac{3}{2}$

$=\dfrac{6+3\sqrt{3}}{2}\times\dfrac{2}{3}$

$=2+\sqrt{3}$

23 오른쪽 그림과 같이 $\overline{BE}$를 그으면

$\triangle ABE$와 $\triangle C'BE$에서

$\angle BAE = \angle BC'E = 90°$, $\overline{AB} = \overline{BC'}$,

$\overline{BE}$는 공통이므로

$\triangle ABE \equiv \triangle C'BE$ (RHS 합동)

따라서 $\angle ABE = \angle C'BE = \dfrac{1}{2} \times (90° - 30°) = 30°$

$\triangle ABE$에서 $\tan 30° = \dfrac{\overline{AE}}{4} = \dfrac{\sqrt{3}}{3}$이므로

$\overline{AE} = \dfrac{4\sqrt{3}}{3}$

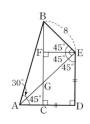

24 $\triangle ADE$에서 $\overline{AD} = \overline{DE}$이므로

$\angle EAD = \angle AED = 45°$

따라서 $\angle FEG = \angle BEF = 45°$

$\triangle BAE$에서

$\tan 30° = \dfrac{8}{\overline{AE}} = \dfrac{\sqrt{3}}{3}$이므로

$\overline{AE} = 8\sqrt{3}$

$\triangle EAD$에서 $\sin 45° = \dfrac{\overline{ED}}{8\sqrt{3}} = \dfrac{\sqrt{2}}{2}$이므로

$\overline{ED} = 4\sqrt{6}$

$\triangle BFE$에서 $\sin 45° = \dfrac{\overline{BF}}{8} = \dfrac{\sqrt{2}}{2}$이므로

$\overline{BF} = 4\sqrt{2}$

따라서

$\overline{BC} = \overline{BF} + \overline{FC} = \overline{BF} + \overline{ED}$

$\quad = 4\sqrt{2} + 4\sqrt{6} = 4(\sqrt{6} + \sqrt{2})$

25 $\triangle ABC$에서

$\sin 60° = \dfrac{\overline{BC}}{10} = \dfrac{\sqrt{3}}{2}$이므로 $\overline{BC} = 5\sqrt{3}$

$\cos 60° = \dfrac{\overline{AB}}{10} = \dfrac{1}{2}$이므로 $\overline{AB} = 5$

$\overline{AC} = \overline{AD} = 10$이므로 $\triangle EAD$에서

$\tan 60° = \dfrac{\overline{ED}}{10} = \sqrt{3}$, 즉 $\overline{ED} = 10\sqrt{3}$

$\overline{CF} = \overline{BD} = \overline{AD} - \overline{AB} = 10 - 5 = 5$

$\overline{EF} = \overline{ED} - \overline{FD} = \overline{ED} - \overline{BC}$

$\quad = 10\sqrt{3} - 5\sqrt{3} = 5\sqrt{3}$

따라서 $\triangle ECF$의 넓이는

$\dfrac{1}{2} \times 5 \times 5\sqrt{3} = \dfrac{25\sqrt{3}}{2}$

26 $0° \le x < 90°$일 때, x의 크기가 커지면 $\tan x$의 값도 커지므로

$\tan 0° = 0$, $\tan 70° > \tan 45° = 1$ …… ㉠

$45° < x < 90°$일 때, $1 > \sin x > \cos x$이므로

$1 > \sin 65° > \cos 65°$ …… ㉡

$0° \le x \le 90°$일 때, x의 크기가 커지면 $\cos x$의 값은 작아지므로

$\cos 65° > \cos 70° > 0$ …… ㉢

㉠, ㉡, ㉢에 의하여

$\tan 0° < \cos 70° < \cos 65° < \sin 65° < \tan 70°$

따라서 주어진 삼각비의 값을 작은 것부터 차례로 나열하면

$\tan 0°$, $\cos 70°$, $\cos 65°$, $\sin 65°$, $\tan 70°$

27 $45° < x < 90°$일 때, $\sin x > \cos x > 0$이므로

$\cos x - \sin x < 0$, $\sin x + \cos x > 0$

따라서

$\sqrt{(\cos x - \sin x)^2} + \sqrt{(\sin x + \cos x)^2}$

$= -(\cos x - \sin x) + (\sin x + \cos x)$

$= -\cos x + \sin x + \sin x + \cos x$

$= 2 \sin x$

28 $0° < A < 45°$일 때, $0 < \sin A < \cos A$이므로

$\sin A + \cos A > 0$, $\sin A - \cos A < 0$ …… ❶

따라서

$\sqrt{(\sin A + \cos A)^2} - \sqrt{(\sin A - \cos A)^2}$

$= (\sin A + \cos A) + (\sin A - \cos A)$

$= \sin A + \cos A + \sin A - \cos A$

$= 2 \sin A$ …… ❷

$2 \sin A = \dfrac{8}{5}$이므로 $\sin A = \dfrac{4}{5}$ …… ❸

$\sin A = \dfrac{4}{5}$를 만족시키는 직각삼각형 ABC를

그리면 오른쪽 그림과 같다.

이때 $\overline{AB} = \sqrt{5^2 - 4^2} = 3$이므로

$\cos A \times \tan A = \dfrac{3}{5} \times \dfrac{4}{3} = \dfrac{4}{5}$ …… ❹

채점 기준	비율
❶ $\sin A + \cos A$, $\sin A - \cos A$의 부호 구하기	20 %
❷ 주어진 등식의 좌변 간단히 하기	40 %
❸ $\sin A$의 값 구하기	10 %
❹ $\cos A \times \tan A$의 값 구하기	30 %

29 $\triangle ABC$에서 $\cos x = \dfrac{8.48}{10} = 0.848$

삼각비의 표에서 $\cos 32° = 0.8480$이므로 $x = 32°$

30 $\triangle ABC$에서 $\sin 30° = \dfrac{\overline{AC}}{20} = \dfrac{1}{2}$이므로 $\overline{AC} = 10$

$\triangle ADC$에서 $\angle DAC = 90° - (30° + 26°) = 34°$

삼각비의 표에서 $\tan 34° = \dfrac{\overline{DC}}{10} = 0.6745$

따라서 $\overline{DC} = 6.745$

02 삼각비의 활용

필수 확인 문제 | 24~27쪽 |

01 ①, ④	02 11.2	03 ④	04 $144\sqrt{2}\pi$ cm³
05 ③	06 $20\sqrt{3}$ m	07 $50(\sqrt{3}+1)$ m	08 ⑤
09 $2\sqrt{26}$ cm	10 $2\sqrt{61}$ cm		
11 $2\sqrt{37}$ cm	12 $5(1+\sqrt{3})$ cm	13 $7\sqrt{2}$	
14 ⑤	15 ③	16 $36(\sqrt{3}-1)$ cm²	17 5 cm
18 60°	19 ③	20 ②	21 $(32+8\sqrt{6})$ cm²
22 ⑤	23 $3\sqrt{3}$ cm²	24 ③	25 45°	26 10 cm

01 $\overline{AC}=4\sin 40°$
∠A$=90°-40°=50°$이므로 $\overline{AC}=4\cos 50°$
따라서 $\overline{AC}$의 길이를 나타내는 것은 ①, ④이다.

02 $x=8\sin 35°=8\times 0.6=4.8$
$y=8\cos 35°=8\times 0.8=6.4$
따라서 $x+y=4.8+6.4=11.2$

03 △AFB에서
$\overline{AB}=8\times \sin 60°=8\times \dfrac{\sqrt{3}}{2}=4\sqrt{3}$ (cm)
$\overline{BF}=8\times \cos 60°=8\times \dfrac{1}{2}=4$ (cm)
따라서 직육면체의 부피는
$4\sqrt{3}\times 3\sqrt{3}\times 4=144$ (cm³)

04 △ABH에서
$\overline{AH}=12\sin 45°=12\times \dfrac{\sqrt{2}}{2}=6\sqrt{2}$ (cm)
$\overline{BH}=12\cos 45°=12\times \dfrac{\sqrt{2}}{2}=6\sqrt{2}$ (cm)
따라서 원뿔의 부피는
$\dfrac{1}{3}\times \pi \times (6\sqrt{2})^2\times 6\sqrt{2}=144\sqrt{2}\pi$ (cm³)

05 $\overline{BC}=10\tan 25°=10\times 0.47=4.7$ (m)
따라서 나무의 높이는
$4.7+1.6=6.3$ (m)

06 △ADC에서
$\overline{CD}=30\tan 30°=30\times \dfrac{\sqrt{3}}{3}=10\sqrt{3}$ (m)
△ADB에서
$\overline{BD}=30\tan 60°=30\times \sqrt{3}=30\sqrt{3}$ (m)
따라서 $\overline{BC}=\overline{BD}-\overline{CD}=30\sqrt{3}-10\sqrt{3}=20\sqrt{3}$ (m)

07 △CED에서
$\overline{DE}=50\tan 60°$
$=50\times \sqrt{3}=50\sqrt{3}$ (m) ······ ❶
△CFE에서
$\overline{EF}=50\tan 45°$
$=50\times 1=50$ (m) ······ ❷
따라서 B 건물의 높이는
$\overline{DF}=\overline{DE}+\overline{EF}$
$=50\sqrt{3}+50=50(\sqrt{3}+1)$ m ······ ❸

채점 기준	비율
❶ $\overline{DE}$의 길이 구하기	40 %
❷ $\overline{EF}$의 길이 구하기	40 %
❸ B 건물의 높이 구하기	20 %

08 $\overline{AB}=\dfrac{6}{\cos 30°}=4\sqrt{3}$ (m)
$\overline{BC}=6\tan 30°=6\times \dfrac{\sqrt{3}}{3}=2\sqrt{3}$ (m)
따라서 부러지기 전의 나무의 높이는
$\overline{AB}+\overline{BC}=4\sqrt{3}+2\sqrt{3}=6\sqrt{3}$ (m)

09 오른쪽 그림과 같이 꼭짓점 A에서 $\overline{BC}$에 내린 수선의 발을 H라 하면 △ABH에서
$\overline{AH}=12\sin 45°=12\times \dfrac{\sqrt{2}}{2}=6\sqrt{2}$ (cm)
$\overline{BH}=12\cos 45°=12\times \dfrac{\sqrt{2}}{2}=6\sqrt{2}$ (cm)
$\overline{CH}=\overline{BC}-\overline{BH}=10\sqrt{2}-6\sqrt{2}=4\sqrt{2}$ (cm)
따라서 직각삼각형 AHC에서
$\overline{AC}=\sqrt{(6\sqrt{2})^2+(4\sqrt{2})^2}=2\sqrt{26}$ (cm)

10 오른쪽 그림과 같이 꼭짓점 A에서 $\overline{BC}$의 연장선에 내린 수선의 발을 H라 하면
∠ACH$=180°-120°=60°$
△ACH에서
$\overline{AH}=8\sin 60°=8\times \dfrac{\sqrt{3}}{2}=4\sqrt{3}$ (cm)
$\overline{CH}=8\cos 60°=8\times \dfrac{1}{2}=4$ (cm)
$\overline{BH}=\overline{BC}+\overline{CH}=10+4=14$ (cm)
따라서 직각삼각형 ABH에서
$\overline{AB}=\sqrt{14^2+(4\sqrt{3})^2}=2\sqrt{61}$ (cm)

11 오른쪽 그림과 같이 꼭짓점 D에서 $\overline{BC}$의 연장선에 내린 수선의 발을 H라 하면

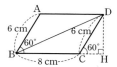

$\angle DCH = \angle ABC = 60°$

△DCH에서

$\overline{DH} = 6 \sin 60° = 6 \times \dfrac{\sqrt{3}}{2} = 3\sqrt{3}$ (cm)

$\overline{CH} = 6 \cos 60° = 6 \times \dfrac{1}{2} = 3$ (cm)

$\overline{BH} = \overline{BC} + \overline{CH} = 8 + 3 = 11$ (cm)

따라서 직각삼각형 DBH에서

$\overline{BD} = \sqrt{11^2 + (3\sqrt{3})^2} = 2\sqrt{37}$ (cm)

12 오른쪽 그림과 같이 꼭짓점 A에서 $\overline{BC}$에 내린 수선의 발을 H라 하면

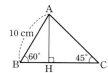

△ABH에서

$\overline{AH} = 10 \sin 60°$

$\qquad = 10 \times \dfrac{\sqrt{3}}{2} = 5\sqrt{3}$ (cm)

$\overline{BH} = 10 \cos 60° = 10 \times \dfrac{1}{2} = 5$ (cm)

△AHC에서

$\overline{CH} = \dfrac{5\sqrt{3}}{\tan 45°} = 5\sqrt{3}$ (cm)

따라서

$\overline{BC} = \overline{BH} + \overline{CH} = 5 + 5\sqrt{3} = 5(1 + \sqrt{3})$ (cm)

13 오른쪽 그림과 같이 꼭짓점 B에서 $\overline{AC}$에 내린 수선의 발을 H라 하면

△BCH에서

$\overline{BH} = 14 \sin 30° = 14 \times \dfrac{1}{2} = 7$

$\angle A = 180° - 105° - 30° = 45°$

△ABH에서

$\overline{AB} = \dfrac{\overline{BH}}{\sin 45°} = \dfrac{7}{\sin 45°}$

$\qquad = 7 \div \dfrac{\sqrt{2}}{2} = 7\sqrt{2}$

14 $\angle BAH = 30°$, $\angle CAH = 45°$이므로 $\overline{AH} = h$라 하면

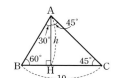

△ABH에서

$\overline{BH} = h \tan 30° = \dfrac{\sqrt{3}}{3}h$

△AHC에서 $\overline{CH} = h \tan 45° = h$

이때 $\overline{BC} = \overline{BH} + \overline{CH}$이므로

$10 = \dfrac{\sqrt{3}}{3}h + h$, $\dfrac{3 + \sqrt{3}}{3}h = 10$

따라서 $h = \dfrac{30}{3 + \sqrt{3}} = 5(3 - \sqrt{3})$

15 $\angle BAH = 60°$, $\angle ACH = 60°$, $\angle CAH = 30°$이므로 $\overline{AH} = h$라 하면 △ABH에서

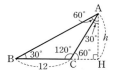

$\overline{BH} = h \tan 60° = \sqrt{3}h$

△ACH에서 $\overline{CH} = h \tan 30° = \dfrac{\sqrt{3}}{3}h$

이때 $\overline{BC} = \overline{BH} - \overline{CH}$이므로

$12 = \sqrt{3}h - \dfrac{\sqrt{3}}{3}h$, $\dfrac{2\sqrt{3}}{3}h = 12$

따라서 $h = 6\sqrt{3}$

16 오른쪽 그림과 같이 꼭짓점 A에서 $\overline{BC}$에 내린 수선의 발을 H라 하고 $\overline{AH} = h$ cm라 하면

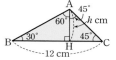

$\angle BAH = 60°$, $\angle CAH = 45°$이므로

$\overline{BH} = h \tan 60° = \sqrt{3}h$ (cm)

$\overline{CH} = h \tan 45° = h$ (cm) $\qquad$ …… ❶

이때 $\overline{BC} = \overline{BH} + \overline{CH}$이므로

$12 = \sqrt{3}h + h$, $(\sqrt{3} + 1)h = 12$

따라서 $h = \dfrac{12}{\sqrt{3} + 1} = 6(\sqrt{3} - 1)$이므로 $\qquad$ …… ❷

$△ABC = \dfrac{1}{2} \times 12 \times 6(\sqrt{3} - 1)$

$\qquad = 36(\sqrt{3} - 1)$ (cm^2) $\qquad$ …… ❸

채점 기준	비율
❶ $\overline{BH}$, $\overline{CH}$의 길이를 h로 나타내기	40 %
❷ $\overline{AH}$의 길이 구하기	40 %
❸ △ABC의 넓이 구하기	20 %

17 $\dfrac{1}{2} \times \overline{AB} \times 20 \times \sin(180° - 135°) = 25\sqrt{2}$이므로

$\dfrac{1}{2} \times \overline{AB} \times 20 \times \dfrac{\sqrt{2}}{2} = 25\sqrt{2}$

$5\overline{AB} = 25$, 즉 $\overline{AB} = 5$ (cm)

18 $\dfrac{1}{2} \times 6 \times 12 \times \sin B = 18\sqrt{3}$이므로

$\sin B = \dfrac{\sqrt{3}}{2}$

이때 $\sin 60° = \dfrac{\sqrt{3}}{2}$이므로

$\angle B = 60°$

19 $\tan 30° = \dfrac{\sqrt{3}}{3}$이므로 $\angle B = 30°$

따라서 △ABC의 넓이는

$\dfrac{1}{2} \times 6 \times 8 \times \sin 30° = \dfrac{1}{2} \times 6 \times 8 \times \dfrac{1}{2} = 12$ (cm^2)

20 오른쪽 그림과 같이 대각선 AC를 그으면 사각형 ABCD의 넓이는
△ABC+△ACD

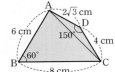

$=\dfrac{1}{2}\times 6\times 8\times \sin 60^\circ$

$\quad +\dfrac{1}{2}\times 2\sqrt{3}\times 4\times \sin(180^\circ-150^\circ)$

$=\dfrac{1}{2}\times 6\times 8\times \dfrac{\sqrt{3}}{2}+\dfrac{1}{2}\times 2\sqrt{3}\times 4\times \dfrac{1}{2}$

$=12\sqrt{3}+2\sqrt{3}=14\sqrt{3}\ (\text{cm}^2)$

21 △ABC에서 ∠ACB=45°

$\overline{AC}=\dfrac{8}{\cos 45^\circ}=8\sqrt{2}\ (\text{cm})$

따라서 사각형 ABCD의 넓이는
△ABC+△ACD

$=\dfrac{1}{2}\times 8\sqrt{2}\times 8\times \sin 45^\circ+\dfrac{1}{2}\times 8\sqrt{2}\times 4\times \sin 60^\circ$

$=\dfrac{1}{2}\times 8\sqrt{2}\times 8\times \dfrac{\sqrt{2}}{2}+\dfrac{1}{2}\times 8\sqrt{2}\times 4\times \dfrac{\sqrt{3}}{2}$

$=32+8\sqrt{6}\ (\text{cm}^2)$

22 오른쪽 그림과 같이 정육각형은 6개의 합동인 정삼각형으로 나누어진다.
따라서 정육각형의 넓이는

$6\times\left(\dfrac{1}{2}\times 6\times 6\times \sin 60^\circ\right)$

$=6\times\left(\dfrac{1}{2}\times 6\times 6\times \dfrac{\sqrt{3}}{2}\right)$

$=54\sqrt{3}\ (\text{cm}^2)$

23 $\triangle AMC=\dfrac{1}{2}\triangle ABC=\dfrac{1}{2}\times\dfrac{1}{2}\square ABCD$

$\qquad\quad =\dfrac{1}{4}\square ABCD=\dfrac{1}{4}\times(6\times 4\times \sin 60^\circ)$

$\qquad\quad =\dfrac{1}{4}\times\left(6\times 4\times \dfrac{\sqrt{3}}{2}\right)=3\sqrt{3}\ (\text{cm}^2)$

24 $5\times 6\times \sin B=15\sqrt{2}$이므로

$\sin B=\dfrac{\sqrt{2}}{2}$

따라서 ∠B=45°이므로

∠A=180°-45°=135°

[다른 풀이]

$5\times 6\times \sin(180^\circ-A)=15\sqrt{2}$이므로

$\sin(180^\circ-A)=\dfrac{\sqrt{2}}{2}$

따라서 180°-A=45°이므로

∠A=135°

25 $\square ABCD=\dfrac{1}{2}\times 10\times 9\times \sin x=\dfrac{45\sqrt{2}}{2}$이므로

$\sin x=\dfrac{\sqrt{2}}{2}$

따라서 $\sin 45^\circ=\dfrac{\sqrt{2}}{2}$이므로 $x=45$

26 등변사다리꼴의 두 대각선의 길이는 서로 같으므로
$\overline{AC}=\overline{BD}=x$ cm라 하면

$\dfrac{1}{2}\times x\times x\times \sin(180^\circ-120^\circ)=25\sqrt{3}$

$\dfrac{1}{2}\times x\times x\times \dfrac{\sqrt{3}}{2}=25\sqrt{3}$, 즉 $x^2=100$

$x>0$이므로 $x=10$
따라서 $\overline{AC}$의 길이는 10 cm이다.

고난도 대표 유형 | 28~31쪽 |

1 $36\sqrt{6}\ \text{cm}^3$	**2** ②	**3** ①	**4** ③
5 $10\sqrt{6}$ m	**6** $6(\sqrt{3}+1)$ cm		**7** ⑤
8 $(12\pi-9\sqrt{3})\ \text{cm}^2$	**9** ②		**10** $\dfrac{25\sqrt{3}}{3}\ \text{cm}^2$
11 ⑤	**12** $20\sqrt{2}\ \text{cm}^2$		

1 직각삼각형 BCD에서

$\overline{BD}=\sqrt{6^2+6^2}=6\sqrt{2}\ (\text{cm})$

점 H는 $\overline{BD}$의 중점이므로

$\overline{BH}=\dfrac{1}{2}\times 6\sqrt{2}=3\sqrt{2}\ (\text{cm})$

△ABH에서

$\overline{AH}=3\sqrt{2}\tan 60^\circ=3\sqrt{6}\ (\text{cm})$

따라서 정사각뿔의 부피는

$\dfrac{1}{3}\times 6\times 6\times 3\sqrt{6}=36\sqrt{6}\ (\text{cm}^3)$

2 오른쪽 그림과 같이 점 A에서 $\overline{BC}$에 내린 수선의 발을 H라 하면 △ABH에서 ∠BAH=30°이므로

$\overline{BH}=300\tan 30^\circ=100\sqrt{3}\ (\text{m})$

△AHC에서 ∠HAC=45°이므로

$\overline{CH}=300\tan 45^\circ=300\ (\text{m})$

따라서 두 지점 B, C 사이의 거리는

$\overline{BC}=\overline{BH}+\overline{CH}$

$\qquad =100\sqrt{3}+300$

$\qquad =100(\sqrt{3}+3)\ (\text{m})$

3 오른쪽 그림과 같이 점 B에서 $\overline{OA}$에 내린 수선의 발을 H라 하면
△OHB에서

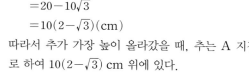

$\overline{OH}=20\cos 30°$

$\quad =20\times\dfrac{\sqrt{3}}{2}=10\sqrt{3}\,(\text{cm})$

$\overline{HA}=\overline{OA}-\overline{OH}$

$\quad =20-10\sqrt{3}$

$\quad =10(2-\sqrt{3})(\text{cm})$

따라서 추가 가장 높이 올라갔을 때, 추는 A 지점을 기준으로 하여 $10(2-\sqrt{3})$ cm 위에 있다.

4 △ACD에서 ∠ADC=60°이므로

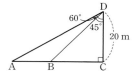

$\overline{AC}=20\tan 60°=20\sqrt{3}\,(\text{m})$

△BCD에서 ∠BDC=45°이므로

$\overline{BC}=20\tan 45°=20\,(\text{m})$

$\overline{AB}=\overline{AC}-\overline{BC}$

$\quad =20\sqrt{3}-20=20(\sqrt{3}-1)(\text{m})$

따라서 이 배는 5분 동안 $20(\sqrt{3}-1)$ m를 갔으므로

이 배의 속력은 분속 $\dfrac{20(\sqrt{3}-1)}{5}=4(\sqrt{3}-1)(\text{m})$

5 ∠A=180°−75°−45°=60°

오른쪽 그림과 같이 꼭짓점 B에서 $\overline{AC}$에 내린 수선의 발을 H라 하면

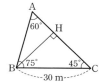

△BCH에서

$\overline{BH}=30\sin 45°$

$\quad =30\times\dfrac{\sqrt{2}}{2}=15\sqrt{2}\,(\text{m})$

△ABH에서 두 지점 A, B 사이의 거리는

$\overline{AB}=\dfrac{15\sqrt{2}}{\sin 60°}=15\sqrt{2}\div\dfrac{\sqrt{3}}{2}$

$\quad =\dfrac{30\sqrt{2}}{\sqrt{3}}=10\sqrt{6}\,(\text{m})$

6 ∠A=45°, ∠D=60°

$\overline{AC}=\overline{DE}=h$ cm라 하면

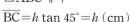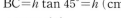

△ABC에서

$\overline{BC}=h\tan 45°=h\,(\text{cm})$

△DBE에서

$\overline{BE}=h\tan 60°=\sqrt{3}h\,(\text{cm})$

이때 $\overline{CE}=\overline{BE}-\overline{BC}$이므로

$12=\sqrt{3}h-h,\ (\sqrt{3}-1)h=12$

즉 $h=\dfrac{12}{\sqrt{3}-1}=6(\sqrt{3}+1)$

따라서 $\overline{DE}$의 길이는 $6(\sqrt{3}+1)$ cm이다.

7 $\overline{AD}=x$라 하면

△ABC=△ABD+△ADC이므로

$\dfrac{1}{2}\times 6\times 8=\dfrac{1}{2}\times 6\times x\times\sin 45°+\dfrac{1}{2}\times 8\times x\times\sin 45°$

$24=\dfrac{3\sqrt{2}}{2}x+2\sqrt{2}x,\ 24=\dfrac{7\sqrt{2}}{2}x$

즉 $x=\dfrac{24\sqrt{2}}{7}$

따라서 $\overline{AD}$의 길이는 $\dfrac{24\sqrt{2}}{7}$이다.

8 오른쪽 그림과 같이 $\overline{OC}$를 그으면

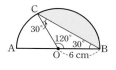

∠OCB=30°이므로

∠COB=180°−30°−30°=120°

부채꼴 COB의 넓이는

$\pi\times 6^2\times\dfrac{120}{360}=12\pi\,(\text{cm}^2)$

△COB의 넓이는

$\dfrac{1}{2}\times 6\times 6\times\sin(180°-120°)$

$=\dfrac{1}{2}\times 6\times 6\times\dfrac{\sqrt{3}}{2}$

$=9\sqrt{3}\,(\text{cm}^2)$

따라서 색칠한 부분의 넓이는

(부채꼴 COB의 넓이)−△COB

$=12\pi-9\sqrt{3}\,(\text{cm}^2)$

9 직각삼각형 BCD에서

$\overline{BD}=\sqrt{10^2-6^2}=8\,(\text{cm})$

△ABE≡△DCE (ASA 합동)이므로

$\overline{EB}=\overline{EC}$

즉 △EBC는 이등변삼각형이다.

오른쪽 그림과 같이 ∠EBC=x라 하고 점 E에서 $\overline{BC}$에 내린 수선의 발을 H라 하면

$\overline{BH}=\overline{CH}=\dfrac{1}{2}\times 10=5\,(\text{cm})$

△DBC∽△HBE (AA 닮음)이므로

$\overline{DB}:\overline{HB}=\overline{BC}:\overline{BE}$에서

$8:5=10:\overline{BE},\ 8\overline{BE}=50$

즉 $\overline{BE}=\dfrac{25}{4}\,(\text{cm})$

△DBC에서 $\sin x=\dfrac{6}{10}=\dfrac{3}{5}$

따라서 겹쳐진 부분의 넓이는

$\dfrac{1}{2}\times\dfrac{25}{4}\times 10\times\sin x$

$=\dfrac{1}{2}\times\dfrac{25}{4}\times 10\times\dfrac{3}{5}$

$=\dfrac{75}{4}\,(\text{cm}^2)$

10 오른쪽 그림과 같이 점 B에서 $\overline{AC}$의 연장선에 내린 수선의 발을 H라 하면 △BCH에서

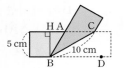

$\sin(\angle BCH)=\dfrac{5}{10}=\dfrac{1}{2}$이므로

$\angle BCH=30°$

$\angle BCH=\angle CBD$ (엇각), $\angle ABC=\angle CBD$ (접은 각)

이므로

$\angle ABC=\angle BCH=30°$

따라서 $\angle BAH=30°+30°=60°$

△BAH에서

$\overline{AB}=\dfrac{5}{\sin 60°}=\dfrac{10\sqrt{3}}{3}$ (cm)

따라서 삼각형 ABC의 넓이는

$\dfrac{1}{2}\times\dfrac{10\sqrt{3}}{3}\times 10\times\sin 30°=\dfrac{1}{2}\times\dfrac{10\sqrt{3}}{3}\times 10\times\dfrac{1}{2}$

$\qquad\qquad\qquad\qquad =\dfrac{25\sqrt{3}}{3}$ (cm²)

11 $\overline{BM}=\dfrac{1}{2}\times 6=3$ (cm)이므로

$\overline{AM}=\overline{AN}=\sqrt{6^2+3^2}=3\sqrt{5}$ (cm)

$\overline{MN}$을 그으면

□ABCD=△ABM+△AMN+△NMC+△AND

$=\dfrac{1}{2}\times 6\times 3+\dfrac{1}{2}\times 3\sqrt{5}\times 3\sqrt{5}\times\sin x$

$\quad+\dfrac{1}{2}\times 3\times 3+\dfrac{1}{2}\times 6\times 3$

$=9+\dfrac{45}{2}\sin x+\dfrac{9}{2}+9$

$=\dfrac{45}{2}(1+\sin x)$ (cm²)

따라서 $36=\dfrac{45}{2}(1+\sin x)$이므로

$\sin x=\dfrac{3}{5}$

12 오른쪽 그림과 같이 점 B에서 $\overline{AD}$의 연장선에 내린 수선의 발을 H라 하면 △BAH에서

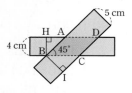

$\overline{AB}=\dfrac{4}{\sin 45°}=4\sqrt{2}$ (cm)

점 B에서 $\overline{CD}$의 연장선에 내린 수선의 발을 I라 하면

△BIC에서

$\overline{BC}=\dfrac{5}{\sin 45°}=5\sqrt{2}$ (cm)

사각형 ABCD에서 $\overline{AD}/\!/\overline{BC}$, $\overline{AB}/\!/\overline{DC}$이므로

사각형 ABCD는 평행사변형이다.

따라서 겹쳐진 부분의 넓이는

$4\sqrt{2}\times 5\sqrt{2}\times\sin 45°=4\sqrt{2}\times 5\sqrt{2}\times\dfrac{\sqrt{2}}{2}$

$\qquad\qquad\qquad\qquad =20\sqrt{2}$ (cm²)

---

01 $12\sqrt{3}-8$	**02** $(15\sqrt{2}+5\sqrt{6})$ cm	**03** ②
04 $(40-20\sqrt{2})$ cm	**05** 분속 $20\sqrt{3}$ m	**06** $\dfrac{\sqrt{6}}{4}$
07 $3\sqrt{17}$ cm	**08** $30\sqrt{2}$ m	**09** ⑤
10 $75(\sqrt{3}-1)$ m	**11** ③	**12** $(7.6+6\sqrt{3})$ m
13 ①	**14** $6\sqrt{3}$ cm²	**15** 54
16 $12+4\sqrt{3}$	**17** ②	**18** $\dfrac{64}{3}\pi-16\sqrt{3}$
19 $6\sqrt{3}$ cm²	**20** $\dfrac{16\sqrt{3}}{3}$ cm²	**21** ③
22 ②	**23** ⑤	**24** $\dfrac{3\sqrt{61}}{2}+9\sqrt{3}$
25 $\dfrac{4}{5}$		
26 ②	**27** ①	**28** $6\sqrt{2}$ cm²
29 20		
30 ④		

01 △EDC에서

$\overline{EC}=8\sqrt{2}\sin 45°=8$, $\overline{DC}=\overline{EC}=8$

△ABC에서

$\overline{BC}=4+8=12$이므로 $\overline{AC}=12\tan 60°=12\sqrt{3}$

따라서 $\overline{AE}=\overline{AC}-\overline{EC}=12\sqrt{3}-8$

02 직각삼각형 BCD에서

$\overline{BD}=\sqrt{10^2+10^2}=10\sqrt{2}$ (cm)

점 H는 $\overline{BD}$의 중점이므로

$\overline{BH}=\dfrac{1}{2}\times 10\sqrt{2}=5\sqrt{2}$ (cm)

△ABH에서

$\overline{AH}=5\sqrt{2}\tan 60°=5\sqrt{6}$ (cm)

$\overline{AB}=\dfrac{5\sqrt{2}}{\cos 60°}=10\sqrt{2}$ (cm)

따라서 △ABH의 둘레의 길이는

$10\sqrt{2}+5\sqrt{2}+5\sqrt{6}=15\sqrt{2}+5\sqrt{6}$ (cm)

03 △ABC에서 $\overline{BC}=150\tan 30°=50\sqrt{3}$ (m)

△PBC에서 $\overline{PC}=50\sqrt{3}\tan 60°=150$ (m)

따라서 나무의 높이는 150 m이다.

04 오른쪽 그림과 같이 점 B에서 $\overline{OA}$에 내린 수선의 발을 H라 하면

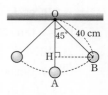

△OHB에서

$\overline{OH}=40\cos 45°$

$\quad=40\times\dfrac{\sqrt{2}}{2}=20\sqrt{2}$ (cm)

$\overline{HA}=\overline{OA}-\overline{OH}=40-20\sqrt{2}$ (cm)

따라서 추가 가장 높이 올라갔을 때, 추는 A 지점을 기준으로 하여 $(40-20\sqrt{2})$ cm 위에 있다.

05 △ACB에서 ∠CAB=30°이므로

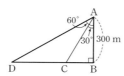

$\overline{CB}=300\tan 30°=100\sqrt{3}$ (m)

△ADB에서 ∠DAB=60°이므로

$\overline{DB}=300\tan 60°=300\sqrt{3}$ (m)

$\overline{DC}=\overline{DB}-\overline{CB}=300\sqrt{3}-100\sqrt{3}=200\sqrt{3}$ (m)

따라서 이 배는 10분 동안 $200\sqrt{3}$ m를 갔으므로

이 배의 속력은 분속 $\dfrac{200\sqrt{3}}{10}=20\sqrt{3}$ (m)

06 △DGH에서

$\overline{DH}=4\tan 60°=4\sqrt{3}$

$\overline{DG}=\dfrac{4}{\cos 60°}=8$ ······ ❶

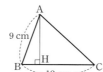

직각삼각형 BFG에서

$\overline{FG}=\overline{BF}=\overline{DH}=4\sqrt{3}$이므로

$\overline{BG}=\sqrt{(4\sqrt{3})^2+(4\sqrt{3})^2}=4\sqrt{6}$ ······ ❷

$\overline{BD}=\sqrt{(4\sqrt{3})^2+4^2}=8$이므로

△DBG는 $\overline{DB}=\overline{DG}$인 이등변삼각형이다.

꼭짓점 D에서 $\overline{BG}$에 내린 수선의 발을 I라 하면

$\overline{IG}=\dfrac{1}{2}\overline{BG}=\dfrac{1}{2}\times 4\sqrt{6}=2\sqrt{6}$ ······ ❸

따라서 △DIG에서

$\cos x=\dfrac{\overline{IG}}{\overline{DG}}=\dfrac{2\sqrt{6}}{8}=\dfrac{\sqrt{6}}{4}$ ······ ❹

채점 기준	비율
❶ $\overline{DH}$, $\overline{DG}$의 길이 구하기	20 %
❷ $\overline{BG}$의 길이 구하기	20 %
❸ $\overline{IG}$의 길이 구하기	30 %
❹ $\cos x$의 값 구하기	30 %

07 오른쪽 그림과 같이 꼭짓점 A에서 $\overline{BC}$에 내린 수선의 발을 H라 하면

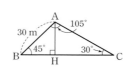

$\cos B=\dfrac{\overline{BH}}{9}=\dfrac{1}{3}$이므로

$\overline{BH}=3$ (cm), $\overline{CH}=12-3=9$ (cm)

직각삼각형 ABH에서 $\overline{AH}=\sqrt{9^2-3^2}=6\sqrt{2}$ (cm)

따라서 직각삼각형 AHC에서

$\overline{AC}=\sqrt{(6\sqrt{2})^2+9^2}=3\sqrt{17}$ (cm)

08 ∠C=180°-105°-45°=30°

오른쪽 그림과 같이 꼭짓점 A에서 $\overline{BC}$에 내린 수선의 발을 H라 하면

△ABH에서

$\overline{AH}=30\sin 45°=30\times\dfrac{\sqrt{2}}{2}=15\sqrt{2}$ (m)

따라서 △AHC에서 두 지점 A, C 사이의 거리는

$\overline{AC}=\dfrac{15\sqrt{2}}{\sin 30°}=30\sqrt{2}$ (m)

09 ∠A=180°-75°-45°=60°

오른쪽 그림과 같이 꼭짓점 B에서 $\overline{AC}$에 내린 수선의 발을 H라 하면

△BCH에서

$\overline{BH}=30\sin 45°$

$=30\times\dfrac{\sqrt{2}}{2}=15\sqrt{2}$ (m)

$\overline{CH}=30\cos 45°$

$=30\times\dfrac{\sqrt{2}}{2}=15\sqrt{2}$ (m)

△ABH에서 $\overline{AH}=\dfrac{15\sqrt{2}}{\tan 60°}=5\sqrt{6}$ (m)

따라서 두 지점 A, C 사이의 거리는

$\overline{AC}=\overline{AH}+\overline{CH}=5\sqrt{6}+15\sqrt{2}=5(\sqrt{6}+3\sqrt{2})$ (m)

10 오른쪽 그림과 같이 꼭짓점 C에서 $\overline{AB}$에 내린 수선의 발을 H라 하면

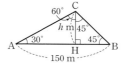

∠ACH=60°, ∠HCB=45°

$\overline{CH}=h$ m라 하면

△CAH에서 $\overline{AH}=h\tan 60°=\sqrt{3}h$ (m)

△CHB에서 $\overline{BH}=h\tan 45°=h$ (m)

$\overline{AB}=\overline{AH}+\overline{BH}$이므로 $150=\sqrt{3}h+h$

즉 $h=\dfrac{150}{\sqrt{3}+1}=75(\sqrt{3}-1)$

따라서 건물의 높이는 $75(\sqrt{3}-1)$ m이다.

11 $\overline{AH}=h$ m라 하면

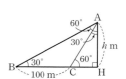

∠BAH=60°, ∠CAH=30°이므로

△ABH에서

$\overline{BH}=h\tan 60°=\sqrt{3}h$ (m)

△ACH에서 $\overline{CH}=h\tan 30°=\dfrac{\sqrt{3}}{3}h$ (m)

이때 $\overline{BC}=\overline{BH}-\overline{CH}$이므로

$100=\sqrt{3}h-\dfrac{\sqrt{3}}{3}h$, $\dfrac{2\sqrt{3}}{3}h=100$

즉 $h=50\sqrt{3}$

따라서 산의 높이는 $50\sqrt{3}$ m이다.

12 $\overline{AH}=h$ m라 하면

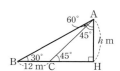

∠BAH=60°, ∠CAH=45°이므로

△ABH에서

$\overline{BH}=h\tan 60°=\sqrt{3}h$ (m)

△ACH에서

$\overline{CH}=h\tan 45°=h$ (m)

이때 $\overline{BC}=\overline{BH}-\overline{CH}$이므로

$12=\sqrt{3}h-h$, $(\sqrt{3}-1)h=12$

즉 $h=\dfrac{12}{\sqrt{3}-1}=6(\sqrt{3}+1)$

따라서 탑의 높이는

$1.6+6(\sqrt{3}+1)=7.6+6\sqrt{3}$ (m)

13 $\triangle ABC = \dfrac{1}{2} \times 6 \times 8 \times \sin 45°$

$= \dfrac{1}{2} \times 6 \times 8 \times \dfrac{\sqrt{2}}{2}$

$= 12\sqrt{2} \ (\text{cm}^2)$

점 G가 $\triangle ABC$의 무게중심이므로

$\triangle GBC$의 넓이는

$\dfrac{1}{3} \triangle ABC = \dfrac{1}{3} \times 12\sqrt{2} = 4\sqrt{2} \ (\text{cm}^2)$

14 점 I가 $\triangle ABC$의 내심이므로

$\angle BIC = 90° + \dfrac{1}{2} \angle A = 90° + 30° = 120°$

따라서 $\triangle IBC$의 넓이는

$\dfrac{1}{2} \times 6 \times 4 \times \sin (180° - 120°)$

$= \dfrac{1}{2} \times 6 \times 4 \times \dfrac{\sqrt{3}}{2}$

$= 6\sqrt{3} \ (\text{cm}^2)$

15 $\triangle ADE$에서

$\overline{DE} = 12 \sin 60° = 12 \times \dfrac{\sqrt{3}}{2} = 6\sqrt{3}$ ...... ❶

$\angle CDE = 90° + 30° = 120°$ ...... ❷

따라서 $\triangle CDE$의 넓이는

$\dfrac{1}{2} \times 6\sqrt{3} \times 12 \times \sin (180° - 120°)$

$= \dfrac{1}{2} \times 6\sqrt{3} \times 12 \times \dfrac{\sqrt{3}}{2}$

$= 54$ ...... ❸

채점 기준	비율
❶ $\overline{DE}$의 길이 구하기	30 %
❷ $\angle CDE$의 크기 구하기	20 %
❸ $\triangle CDE$의 넓이 구하기	50 %

16 $\angle AOB = 360° \times \dfrac{5}{5+3+4} = 150°$

$\angle BOC = 360° \times \dfrac{3}{5+3+4} = 90°$

$\angle COA = 360° \times \dfrac{4}{5+3+4} = 120°$

따라서 $\triangle ABC$의 넓이는

$\triangle ABO + \triangle BCO + \triangle CAO$

$= \dfrac{1}{2} \times 4 \times 4 \times \sin (180° - 150°) + \dfrac{1}{2} \times 4 \times 4$

$\quad + \dfrac{1}{2} \times 4 \times 4 \times \sin (180° - 120°)$

$= \dfrac{1}{2} \times 4 \times 4 \times \dfrac{1}{2} + \dfrac{1}{2} \times 4 \times 4 + \dfrac{1}{2} \times 4 \times 4 \times \dfrac{\sqrt{3}}{2}$

$= 4 + 8 + 4\sqrt{3}$

$= 12 + 4\sqrt{3}$

17 $\overline{AD} = x$라 하면 $\triangle ABC = \triangle ABD + \triangle ADC$이므로

$\dfrac{1}{2} \times 12 \times 6 \times \sin (180° - 120°)$

$= \dfrac{1}{2} \times 12 \times x \times \sin 60° + \dfrac{1}{2} \times 6 \times x \times \sin 60°$

$18\sqrt{3} = 3\sqrt{3}x + \dfrac{3\sqrt{3}}{2}x, \ 18\sqrt{3} = \dfrac{9\sqrt{3}}{2}x$

따라서 $x = 4$이므로 $\overline{AD} = 4$

18 점 O가 $\triangle ABC$의 외심이므로

$\angle BOC = 2 \angle A = 2 \times 60° = 120°$

$\overline{OB} = \overline{OC}$이므로

$\angle OBC = \dfrac{1}{2} \times (180° - 120°) = 30°$

오른쪽 그림과 같이 꼭짓점 O에서 $\overline{BC}$에

내린 수선의 발을 H라 하면

$\overline{BH} = \dfrac{1}{2} \overline{BC} = \dfrac{1}{2} \times 8\sqrt{3} = 4\sqrt{3}$

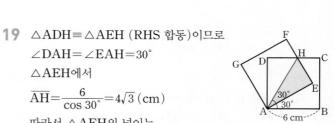

$\triangle OBH$에서 $\overline{OB} = \dfrac{4\sqrt{3}}{\cos 30°} = 8$

부채꼴 OBC의 넓이는

$\pi \times 8^2 \times \dfrac{120}{360} = \dfrac{64}{3}\pi$

$\triangle OBC$의 넓이는

$\dfrac{1}{2} \times 8 \times 8 \times \sin (180° - 120°)$

$= \dfrac{1}{2} \times 8 \times 8 \times \dfrac{\sqrt{3}}{2} = 16\sqrt{3}$

따라서 색칠한 부분의 넓이는

(부채꼴 OBC의 넓이) $- \triangle OBC$

$= \dfrac{64}{3}\pi - 16\sqrt{3}$

19 $\triangle ADH \equiv \triangle AEH$ (RHS 합동)이므로

$\angle DAH = \angle EAH = 30°$

$\triangle AEH$에서

$\overline{AH} = \dfrac{6}{\cos 30°} = 4\sqrt{3} \ (\text{cm})$

따라서 $\triangle AEH$의 넓이는

$\dfrac{1}{2} \times 4\sqrt{3} \times 6 \times \sin 30°$

$= \dfrac{1}{2} \times 4\sqrt{3} \times 6 \times \dfrac{1}{2}$

$= 6\sqrt{3} \ (\text{cm}^2)$

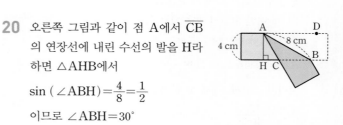

20 오른쪽 그림과 같이 점 A에서 $\overline{CB}$

의 연장선에 내린 수선의 발을 H라

하면 $\triangle AHB$에서

$\sin (\angle ABH) = \dfrac{4}{8} = \dfrac{1}{2}$

이므로 $\angle ABH = 30°$

$\angle \text{DAB}=\angle \text{ABC}$ (엇각), $\angle \text{DAB}=\angle \text{CAB}$ (접은 각)

이므로

$\angle \text{CAB}=\angle \text{ABC}=30°$

즉 $\angle \text{ACH}=30°+30°=60°$

$\triangle \text{AHC}$에서

$\overline{\text{AC}}=\dfrac{4}{\sin 60°}=\dfrac{8\sqrt{3}}{3}$ (cm)

따라서 $\triangle \text{ACB}$의 넓이는

$\dfrac{1}{2}\times \dfrac{8\sqrt{3}}{3}\times 8 \times \sin 30°$

$=\dfrac{1}{2}\times \dfrac{8\sqrt{3}}{3}\times 8 \times \dfrac{1}{2}$

$=\dfrac{16\sqrt{3}}{3}$ (cm²)

21 $\overline{\text{AB}}=c$, $\overline{\text{AC}}=b$라 하면

$\triangle \text{ABC}=\dfrac{1}{2}bc \sin A$

$\triangle \text{ADE}$에서

$\overline{\text{AD}}=c\times(1+0.1)=1.1c$

$\overline{\text{AE}}=b\times(1-0.15)=0.85b$

이므로

$\triangle \text{ADE}=\dfrac{1}{2}\times 1.1c \times 0.85b \times \sin A$

$=\dfrac{1}{2}bc \sin A \times 0.935$

$=\triangle \text{ABC}\times 0.935$

따라서 $\triangle \text{ADE}$의 넓이는 $\triangle \text{ABC}$의 넓이의 93.5%이다.

22 $\overline{\text{AC}} /\!/ \overline{\text{DE}}$이므로 $\triangle \text{ACD}=\triangle \text{ACE}$

$\square \text{ABCD}=\triangle \text{ABC}+\triangle \text{ACD}$

$=\triangle \text{ABC}+\triangle \text{ACE}$

$=\triangle \text{ABE}$

$=\dfrac{1}{2}\times 8 \times 10 \times \sin 60°$

$=\dfrac{1}{2}\times 8 \times 10 \times \dfrac{\sqrt{3}}{2}$

$=20\sqrt{3}$ (cm²)

23 오른쪽 그림과 같이 정팔각형은 8개의 합동인 삼각형으로 나누어진다.

따라서 정팔각형의 넓이는

$8\times \left(\dfrac{1}{2}\times 5 \times 5 \times \sin 45°\right)$

$=8\times \left(\dfrac{1}{2}\times 5 \times 5 \times \dfrac{\sqrt{2}}{2}\right)$

$=50\sqrt{2}$ (cm²)

24 오른쪽 그림과 같이 꼭짓점 D에서 $\overline{\text{BC}}$에 내린 수선의 발을 H라 하면

$\triangle \text{DHC}$에서

$\overline{\text{CH}}=4 \cos 60°=2$

$\overline{\text{DH}}=4 \sin 60°=2\sqrt{3}$ ······ ❶

$\overline{\text{BH}}=\overline{\text{BC}}-\overline{\text{CH}}=9-2=7$

직각삼각형 DBH에서

$\overline{\text{BD}}=\sqrt{7^2+(2\sqrt{3})^2}=\sqrt{61}$ ······ ❷

따라서 사각형 ABCD의 넓이는

$\triangle \text{ABD}+\triangle \text{BCD}$

$=\dfrac{1}{2}\times 6 \times \sqrt{61}\times \sin 30°+\dfrac{1}{2}\times 4 \times 9 \times \sin 60°$

$=\dfrac{1}{2}\times 6 \times \sqrt{61}\times \dfrac{1}{2}+\dfrac{1}{2}\times 4 \times 9 \times \dfrac{\sqrt{3}}{2}$

$=\dfrac{3\sqrt{61}}{2}+9\sqrt{3}$ ······ ❸

채점 기준	비율
❶ $\overline{\text{CH}}$, $\overline{\text{DH}}$의 길이 구하기	40 %
❷ $\overline{\text{BD}}$의 길이 구하기	20 %
❸ 사각형 ABCD의 넓이 구하기	40 %

25 $\overline{\text{BP}}:\overline{\text{PC}}=1:2$이므로

$\overline{\text{BP}}=1$ (cm), $\overline{\text{PC}}=2$ (cm)

$\overline{\text{DQ}}:\overline{\text{QC}}=1:2$이므로

$\overline{\text{DQ}}=1$ (cm), $\overline{\text{QC}}=2$ (cm)

$\overline{\text{AP}}=\overline{\text{AQ}}=\sqrt{3^2+1^2}=\sqrt{10}$ (cm)

$\overline{\text{PQ}}$를 그으면 사각형 ABCD의 넓이는

$\triangle \text{ABP}+\triangle \text{APQ}+\triangle \text{PCQ}+\triangle \text{AQD}$

$=\dfrac{1}{2}\times 3 \times 1+\dfrac{1}{2}\times \sqrt{10}\times \sqrt{10}\times \sin x$

$+\dfrac{1}{2}\times 2 \times 2+\dfrac{1}{2}\times 3 \times 1$

$=\dfrac{3}{2}+5 \sin x+2+\dfrac{3}{2}$

$=5(1+\sin x)$ (cm²)

따라서 $9=5(1+\sin x)$이므로

$\sin x=\dfrac{4}{5}$

26 $\overline{\text{AB}}=x$ cm라 하면

$\square \text{ABCD}=x \times x \times \sin(180°-120°)$이므로

$x \times x \times \dfrac{\sqrt{3}}{2}=18\sqrt{3}$, $x^2=36$

$x>0$이므로 $x=6$

따라서 마름모 ABCD의 한 변의 길이는 6 cm이다.

27 직각삼각형 ABC에서

$\overline{AC}=\sqrt{2^2+(\sqrt{2})^2}=\sqrt{6}$

따라서 사각형 ABCD의 넓이는

$\dfrac{1}{2}\times\sqrt{6}\times2\sqrt{6}\times\sin(180°-120°)$

$=\dfrac{1}{2}\times\sqrt{6}\times2\sqrt{6}\times\dfrac{\sqrt{3}}{2}=3\sqrt{3}$

28 ∠BAD : ∠ADC=3 : 1이므로

∠BAD$=180°\times\dfrac{3}{4}=135°$

즉 ∠BCD=∠BAD=135° ⋯⋯ ❶

평행사변형 ABCD의 넓이는

$8\times6\times\sin(180°-135°)$

$=8\times6\times\dfrac{\sqrt{2}}{2}=24\sqrt{2}\ (cm^2)$ ⋯⋯ ❷

따라서 △OCD의 넓이는

$\dfrac{1}{4}\square ABCD=\dfrac{1}{4}\times24\sqrt{2}=6\sqrt{2}\ (cm^2)$ ⋯⋯ ❸

채점 기준	비율
❶ ∠BCD의 크기 구하기	20 %
❷ 평행사변형 ABCD의 넓이 구하기	40 %
❸ △OCD의 넓이 구하기	40 %

29 두 대각선이 이루는 각의 크기를 $x\ (0°<x\leq90°)$라 하면
사각형 ABCD의 넓이는

$\dfrac{1}{2}\times5\times8\times\sin x=20\sin x$

사각형 ABCD의 넓이는 $\sin x$의 값이 최대일 때, 최댓값을 갖는다.

$\sin x$의 값은 $x=90°$일 때, 최댓값 1을 가지므로 사각형 ABCD의 넓이의 최댓값은 20이다.

30 오른쪽 그림과 같이 점 D에서 $\overline{BC}$의 연장선에 내린 수선의 발을 H라 하면 △DCH에서

$\overline{CD}=\dfrac{6}{\sin60°}=4\sqrt{3}\ (cm)$

점 B에서 $\overline{CD}$의 연장선에 내린 수선의 발을 I라 하면 △BIC에서

$\overline{BC}=\dfrac{6}{\sin60°}=4\sqrt{3}\ (cm)$

사각형 ABCD에서 $\overline{AD}\,/\!/\,\overline{BC}$, $\overline{AB}\,/\!/\,\overline{DC}$이므로
사각형 ABCD는 평행사변형이다.
따라서 겹쳐진 부분의 넓이는

$4\sqrt{3}\times4\sqrt{3}\times\sin(180°-120°)=4\sqrt{3}\times4\sqrt{3}\times\dfrac{\sqrt{3}}{2}$

$=24\sqrt{3}\ (cm^2)$

03 원과 직선

필수 확인 문제 | 40~43쪽 |

01 ③	02 ②	03 $\dfrac{25}{2}$ cm	04 ④	05 ②
06 $10\sqrt{6}$ cm²		07 ④	08 72 cm	09 6 cm
10 ②	11 ⑤	12 $25\sqrt{3}$ cm²		13 ③
14 7 cm	15 ④	16 $63\sqrt{10}$ cm²		17 ③
18 55°	19 ⑤	20 9π cm²		21 10 cm
22 ③	23 162 cm²	24 ③		

01 직각삼각형 OAH에서

$\overline{AH}=\sqrt{5^2-3^2}=4\ (cm)$

따라서 $\overline{AB}=2\overline{AH}=2\times4=8\ (cm)$

참고

피타고라스 정리
직각삼각형 ABC에서 직각을 낀 두 변의 길이가 a, b이고 빗변의 길이가 c일 때 $a^2+b^2=c^2$

02 오른쪽 그림과 같이 원 O의 반지름의 길이를 r cm라 하면

$\overline{OH}=\overline{OC}-\overline{HC}=r-2\ (cm)$

$\overline{AH}=\dfrac{1}{2}\overline{AB}=\dfrac{1}{2}\times10=5\ (cm)$

직각삼각형 OAH에서

$r^2=5^2+(r-2)^2$이므로

$4r=29$, 즉 $r=\dfrac{29}{4}$

따라서 원 O의 반지름의 길이는 $\dfrac{29}{4}$ cm이다.

03 오른쪽 그림과 같이 원의 중심을 O라 하면 직선 CD는 현 AB의 수직이등분선이므로 원의 중심 O를 지난다. ⋯⋯ ❶

원 O의 반지름의 길이를 r cm라 하면

$\overline{OD}=\overline{OC}-\overline{CD}=r-5\ (cm)$ ⋯⋯ ❷

직각삼각형 OAD에서

$r^2=10^2+(r-5)^2$이므로

$10r=125$, 즉 $r=\dfrac{25}{2}$

따라서 원의 반지름의 길이는 $\dfrac{25}{2}$ cm이다. ⋯⋯ ❸

채점 기준	비율
❶ 직선 CD가 원의 중심을 지남을 알기	30 %
❷ 반지름의 길이를 r cm로 놓고 $\overline{OD}$의 길이를 r로 나타내기	30 %
❸ 원의 반지름의 길이 구하기	40 %

04 오른쪽 그림과 같이 원의 중심 O에서 $\overline{AB}$에 내린 수선의 발을 H라 하면 원의 반지름의 길이가 10 cm이므로

$\overline{OA}=10$ cm

$\overline{OH}=\dfrac{1}{2}\times10=5$ (cm)

직각삼각형 OAH에서

$\overline{AH}=\sqrt{10^2-5^2}=5\sqrt{3}$ (cm)

따라서 $\overline{AB}=2\overline{AH}=2\times5\sqrt{3}=10\sqrt{3}$ (cm)

05 직각삼각형 OAM에서

$\overline{AM}=\sqrt{(4\sqrt{3})^2-4^2}=4\sqrt{2}$ (cm)

이때 $\overline{AB}\perp\overline{OM}$, $\overline{CD}\perp\overline{ON}$이고 $\overline{OM}=\overline{ON}$이므로

$\overline{CD}=\overline{AB}=2\overline{AM}=2\times4\sqrt{2}=8\sqrt{2}$ (cm)

06 오른쪽 그림과 같이 원의 중심 O에서 $\overline{CD}$에 내린 수선의 발을 N이라 하면 $\overline{AB}=\overline{CD}$이므로

$\overline{ON}=\overline{OM}=5$ cm

직각삼각형 OCN에서

$\overline{CN}=\sqrt{7^2-5^2}=2\sqrt{6}$ (cm)

따라서 $\overline{CD}=2\overline{CN}=2\times2\sqrt{6}=4\sqrt{6}$ (cm)이므로

삼각형 OCD의 넓이는

$\dfrac{1}{2}\times4\sqrt{6}\times5=10\sqrt{6}$ (cm^2)

07 $\overline{OM}=\overline{ON}$이므로 $\overline{AB}=\overline{AC}$

따라서 삼각형 ABC는 이등변삼각형이므로

$\angle\mathrm{ABC}=\dfrac{1}{2}\times(180°-70°)=55°$

참고

이등변삼각형의 밑각의 성질

이등변삼각형의 두 밑각의 크기는 서로 같다.

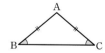

➡ $\overline{AB}=\overline{AC}$이면 $\angle B=\angle C$

08 $\overline{OM}$은 $\overline{AB}$의 수직이등분선이므로

$\overline{AB}=2\overline{AM}=2\times13=26$ (cm)

$\overline{OM}=\overline{ON}$이므로 $\overline{AC}=\overline{AB}=26$ cm ⋯⋯ ❶

두 점 M, N이 각각 $\overline{AB}$, $\overline{AC}$의 중점이므로

$\overline{BC}=2\overline{MN}=2\times10=20$ (cm) ⋯⋯ ❷

따라서 삼각형 ABC의 둘레의 길이는

$\overline{AB}+\overline{BC}+\overline{CA}=26+20+26=72$ (cm) ⋯⋯ ❸

채점 기준	비율
❶ $\overline{AB}$, $\overline{AC}$의 길이 구하기	40 %
❷ $\overline{BC}$의 길이 구하기	40 %
❸ 삼각형 ABC의 둘레의 길이 구하기	20 %

참고

삼각형의 두 변의 중점을 연결한 선분의 성질

삼각형의 두 변의 중점을 연결한 선분은 나머지 변과 평행하고, 그 길이는 나머지 변의 길이의 $\dfrac{1}{2}$이다.

➡ $\overline{AM}=\overline{MB}$, $\overline{AN}=\overline{NC}$이면

$\overline{MN}/\!/\overline{BC}$, $\overline{MN}=\dfrac{1}{2}\overline{BC}$

09 오른쪽 그림과 같이 $\overline{OT}$를 그으면

$\overline{OT}\perp\overline{PT}$

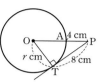

원 O의 반지름의 길이를 r cm라 하면

$\overline{OP}=\overline{OA}+\overline{AP}=r+4$ (cm)

직각삼각형 OPT에서

$(r+4)^2=r^2+8^2$이므로

$8r=48$, 즉 $r=6$

따라서 원 O의 반지름의 길이는 6 cm이다.

10 ① $\overline{PB}=\overline{PA}=10$ cm

② $\overline{AB}$의 길이는 알 수 없다.

③ $\angle\mathrm{OAP}=\angle\mathrm{OBP}=90°$

④ △OAP와 △OBP에서

$\angle\mathrm{OAP}=\angle\mathrm{OBP}=90°$이고

$\overline{OP}$는 공통, $\overline{OA}=\overline{OB}$(반지름)

이므로

△OAP≡△OBP (RHS 합동)

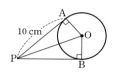

⑤ 사각형의 내각의 크기의 합은 360°이고

$\angle\mathrm{OAP}=\angle\mathrm{OBP}=90°$이므로

$\angle\mathrm{APB}+\angle\mathrm{AOB}$

$=360°-(\angle\mathrm{OAP}+\angle\mathrm{OBP})$

$=360°-(90°+90°)=180°$

따라서 옳지 않은 것은 ②이다.

11 $\overline{OA}\perp\overline{PA}$이므로

$\angle\mathrm{PAB}=90°-20°=70°$

삼각형 PAB는 $\overline{PA}=\overline{PB}$인 이등변삼각형이므로

$\angle\mathrm{PBA}=\angle\mathrm{PAB}=70°$

따라서 $\angle\mathrm{APB}=180°-(70°+70°)=40°$

12 오른쪽 그림과 같이 $\overline{OP}$를 그으면

△OAP≡△OBP (RHS 합동)

이므로

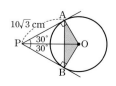

$\angle\mathrm{OPA}=\angle\mathrm{OPB}=\dfrac{1}{2}\times60°=30°$

삼각형 OAP에서

$\overline{OA}=\overline{AP}\tan30°=10\sqrt{3}\times\dfrac{1}{\sqrt{3}}=10$ (cm)

사각형 APBO에서

∠AOB=180°−∠APB

　　　=180°−60°=120°

따라서 삼각형 OAB의 넓이는

$\dfrac{1}{2}\times10\times10\times\sin(180°-120°)$

$=\dfrac{1}{2}\times10\times10\times\dfrac{\sqrt{3}}{2}=25\sqrt{3}$ (cm²)

다른 풀이

삼각형 APB에서 $\overline{PA}=\overline{PB}$이므로

∠PAB=∠PBA=$\dfrac{1}{2}\times(180°-60°)=60°$

따라서 삼각형 APB는 정삼각형이므로

△OAB=□APBO−△APB

　　　=2△OAP−△APB

　　　=$2\times\left(\dfrac{1}{2}\times10\sqrt{3}\times10\right)-\dfrac{\sqrt{3}}{4}\times(10\sqrt{3})^2$

　　　=$100\sqrt{3}-75\sqrt{3}$

　　　=$25\sqrt{3}$ (cm²)

참고

(1) △ABC에서 두 변의 길이 a, c와 그 끼인각 ∠B의 크기를 알 때, △ABC의 넓이는

① ∠B가 예각인 경우: $\triangle ABC=\dfrac{1}{2}ac\sin B$

② ∠B가 둔각인 경우: $\triangle ABC=\dfrac{1}{2}ac\sin(180°-B)$

(2) 한 변의 길이가 a인 정삼각형의 넓이는 $\dfrac{\sqrt{3}}{4}a^2$이다.

13 $\overline{BD}=\overline{BE}$, $\overline{CE}=\overline{CF}$이므로

$\overline{AD}+\overline{AF}=\overline{AB}+\overline{BC}+\overline{CA}$

　　　　　　　　=12+10+8=30 (cm)

이때 $\overline{AD}=\overline{AF}$이므로

$\overline{AF}=\dfrac{1}{2}\times30=15$ (cm)

따라서 $\overline{CF}=\overline{AF}-\overline{AC}=15-8=7$ (cm)

다른 풀이

$\overline{CE}=\overline{CF}=x$ cm라 하면

$\overline{BD}=\overline{BE}=10-x$ (cm)

이때 $\overline{AD}=\overline{AF}$이므로

$12+(10-x)=8+x$, $2x=14$, 즉 $x=7$

따라서 $\overline{CF}$의 길이는 7 cm이다.

14 $\overline{BE}=\overline{BD}=13-9=4$ (cm)

$\overline{AF}=\overline{AD}=13$ cm이므로

$\overline{CE}=\overline{CF}=13-10=3$ (cm)

따라서 $\overline{BC}=\overline{BE}+\overline{CE}=4+3=7$ (cm)

15 오른쪽 그림과 같이 반원 O와 $\overline{CD}$의 접점을 E라 하면

$\overline{DE}=\overline{DA}=5$ cm,

$\overline{CE}=\overline{CB}=10$ cm이므로

$\overline{CD}=\overline{DE}+\overline{CE}=5+10=15$ (cm)

점 D에서 $\overline{BC}$에 내린 수선의 발을 H라 하면

$\overline{BH}=\overline{AD}=5$ cm이므로

$\overline{CH}=\overline{BC}-\overline{BH}=10-5=5$ (cm)

직각삼각형 CDH에서 $\overline{DH}=\sqrt{15^2-5^2}=10\sqrt{2}$ (cm)

따라서 $\overline{AB}=\overline{DH}=10\sqrt{2}$ cm

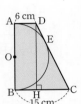

16 오른쪽 그림과 같이 반원 O와 $\overline{CD}$의 접점을 E라 하면

$\overline{DE}=\overline{DA}=6$ cm, $\overline{CE}=\overline{CB}=15$ cm이므로

$\overline{CD}=\overline{DE}+\overline{CE}=6+15=21$ (cm)

　　　　　　　　　　　　　　……❶

점 D에서 $\overline{BC}$에 내린 수선의 발을 H라 하면

$\overline{BH}=\overline{AD}=6$ cm이므로

$\overline{CH}=\overline{BC}-\overline{BH}=15-6=9$ (cm)

직각삼각형 DHC에서

$\overline{DH}=\sqrt{21^2-9^2}=6\sqrt{10}$ (cm)　　……❷

따라서 사각형 ABCD의 넓이는

$\dfrac{1}{2}\times(6+15)\times6\sqrt{10}=63\sqrt{10}$ (cm²)　……❸

채점 기준	비율
❶ $\overline{CD}$의 길이 구하기	30 %
❷ $\overline{DH}$의 길이 구하기	40 %
❸ 사각형 ABCD의 넓이 구하기	30 %

17 $\overline{BE}=\overline{BD}=x$ cm라 하면

$\overline{AD}=\overline{AF}=8-x$ (cm), $\overline{CE}=\overline{CF}=7-x$ (cm)

$\overline{AC}=\overline{AF}+\overline{CF}$이므로

$5=(8-x)+(7-x)$, $2x=10$, 즉 $x=5$

따라서 $\overline{BE}$의 길이는 5 cm이다.

18 삼각형의 세 내각의 크기의 합은 180°이므로

∠B=180°−(60°+50°)=70°

원의 접선의 성질에 의하여 $\overline{BD}=\overline{BE}$이므로

∠DEB=∠EDB=$\dfrac{1}{2}\times(180°-70°)=55°$

19 $\overline{AF}=\overline{AD}=x$ cm라 하면

$\overline{BD}=\overline{BE}=6$ cm, $\overline{CE}=\overline{CF}=5$ cm이므로

$2(x+6+5)=28$, $x+11=14$, 즉 $x=3$

따라서 $\overline{AF}$의 길이는 3 cm이다.

20 원 O의 반지름의 길이를 r cm라 하면

$\overline{AD}=\overline{AF}=r$ cm

이때 $\overline{BD}=\overline{BE}=9$ cm,

$\overline{CE}=\overline{CF}=6$ cm이므로

$\overline{AB}=(r+9)$ cm, $\overline{AC}=(r+6)$ cm

직각삼각형 ABC에서

$(r+9)^2+(r+6)^2=15^2$이므로

$2r^2+30r-108=0$, $2(r+18)(r-3)=0$

$r>0$이므로 $r=3$

따라서 원 O의 반지름의 길이는 3 cm이므로 원의 넓이는

$\pi\times3^2=9\pi$ (cm^2)

다른 풀이

원 O의 반지름의 길이를 r cm라 하면

$\triangle ABC=\triangle OAB+\triangle OBC+\triangle OCA$이므로

$\frac{1}{2}\times(r+9)\times(r+6)=\frac{1}{2}\times r\times\{(r+9)+(r+6)+15\}$

$r^2+15r+54=2r^2+30r$, $r^2+15r-54=0$

$(r+18)(r-3)=0$

$r>0$이므로 $r=3$

따라서 원 O의 반지름의 길이는 3 cm이므로 원의 넓이는

$\pi\times3^2=9\pi$ (cm^2)

21 $\overline{AB}+\overline{CD}=\overline{AD}+\overline{BC}$이므로

$9+(3+\overline{CG})=7+15$, $12+\overline{CG}=22$

따라서 $\overline{CG}=10$ (cm)

22 $\overline{AD}:\overline{BC}=1:2$이므로 $\overline{AD}=\frac{1}{2}\overline{BC}$

또 $\overline{AB}+\overline{CD}=\overline{AD}+\overline{BC}$이므로

$14+10=\frac{1}{2}\overline{BC}+\overline{BC}$, $\frac{3}{2}\overline{BC}=24$

따라서 $\overline{BC}=16$ (cm)

23 원 O의 반지름의 길이가 6 cm이므로

$\overline{CD}=2\times6=12$ (cm) ...... ❶

$\overline{AB}+\overline{CD}=\overline{AD}+\overline{BC}$이므로

$\overline{AD}+\overline{BC}=15+12=27$ (cm) ...... ❷

따라서 사각형 ABCD의 넓이는

$\frac{1}{2}(\overline{AD}+\overline{BC})\times\overline{CD}$

$=\frac{1}{2}\times27\times12$

$=162$ (cm^2) ...... ❸

채점 기준	비율
❶ $\overline{CD}$의 길이 구하기	30 %
❷ $\overline{AD}+\overline{BC}$의 길이 구하기	40 %
❸ 사각형 ABCD의 넓이 구하기	30 %

24 $\overline{CH}=x$ cm라 하면 $\overline{BH}=(18-x)$ cm

또 $\overline{AB}+\overline{DH}=\overline{AD}+\overline{BH}$이므로

$14+\overline{DH}=18+(18-x)$

즉 $\overline{DH}=22-x$ (cm)

직각삼각형 DHC에서

$(22-x)^2=x^2+14^2$이므로

$44x=288$, 즉 $x=\frac{72}{11}$

따라서 $\overline{DH}=22-\frac{72}{11}=\frac{170}{11}$ (cm)

다른 풀이

사각형 ABCD가 직사각형이므로

$\overline{AG}=\overline{AE}=\overline{BE}=\overline{BF}=7$ cm

따라서 $\overline{CF}=\overline{DG}=\overline{DI}=18-7=11$ (cm)

이때 $\overline{HF}=\overline{HI}=x$ cm라 하면

$\overline{CH}=11-x$ (cm), $\overline{DH}=11+x$ (cm)

직각삼각형 DHC에서

$(11+x)^2=(11-x)^2+14^2$

$44x=196$, 즉 $x=\frac{49}{11}$

따라서 $\overline{DH}=11+\frac{49}{11}=\frac{170}{11}$ (cm)

고난도 대표 유형 | 44~47쪽 |

1 ④	2 65π cm^2	3 ③
4 351π m^2	5 ③	6 $(20+10\sqrt{3})$ cm
7 $\left(16\sqrt{3}-\frac{16}{3}\pi\right)$ cm^2	8 ⑤	9 $\frac{19}{8}$ cm
10 ④	11 $(4-\pi)$ cm^2	12 6

1 삼각형 PAB에서 $\overline{AB}$를 밑변으로 보면 밑변의 길이는 10 cm로 고정되어 있으므로 높이가 최대일 때, 삼각형 PAB의 넓이가 최대가 된다.

높이가 최대가 되려면 오른쪽 그림과 같이 현 AB의 수직이등분선 위에 점 P가 위치해야 한다.

이때 직선 PO와 현 AB의 교점을 H라 하면 직각삼각형 OAH에서

$\overline{OA}=9$ cm, $\overline{AH}=5$ cm이므로

$\overline{OH}=\sqrt{9^2-5^2}=2\sqrt{14}$ (cm)

따라서 $\overline{PH}=9+2\sqrt{14}$ (cm)이므로

삼각형 PAB의 최대 넓이는

$\frac{1}{2}\times10\times(9+2\sqrt{14})=45+10\sqrt{14}$ (cm^2)

2 오른쪽 그림과 같이 원의 중심 O에서 두 현 AB, CD에 내린 수선의 발을 각각 E, F라 하면

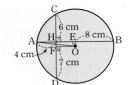

$\overline{AE}=\overline{BE}$, $\overline{CF}=\overline{DF}$

이때 $\overline{AB}=4+12=16\,(cm)$,

$\overline{CD}=6+8=14\,(cm)$이므로

$\overline{AE}=\overline{BE}=\dfrac{1}{2}\times16=8\,(cm)$,

$\overline{CF}=\overline{DF}=\dfrac{1}{2}\times14=7\,(cm)$

또 $\overline{OE}=\overline{FH}=7-6=1\,(cm)$이므로

직각삼각형 OAE에서

$\overline{OA}=\sqrt{8^2+1^2}=\sqrt{65}\,(cm)$

따라서 원 O의 반지름의 길이는 $\sqrt{65}\,cm$이므로 그 넓이는

$\pi\times(\sqrt{65})^2=65\pi\,(cm^2)$

3 오른쪽 그림에서 $\overline{OP}$는 원 O의 반지름이고 $\overline{AB}$의 수직이등분선이다.

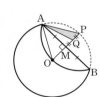

또 $\overline{OM}=\overline{PM}$, $\overline{PQ}=\overline{MQ}$이므로

$\overline{OA}=\overline{OP}=8\,cm$,

$\overline{OM}=\overline{PM}=4\,cm$,

$\overline{PQ}=\overline{MQ}=2\,cm$

직각삼각형 OAM에서

$\overline{AM}=\sqrt{8^2-4^2}=4\sqrt{3}\,(cm)$

따라서 삼각형 APQ의 밑변의 길이는 $2\,cm$, 높이는 $4\sqrt{3}\,cm$이므로 그 넓이는

$\dfrac{1}{2}\times2\times4\sqrt{3}=4\sqrt{3}\,(cm^2)$

4 오른쪽 그림과 같이 원의 중심 O에서 $\overline{AB}$에 내린 수선의 발을 H라 하면

$\overline{AH}=\overline{BH}=24\,m$,

$\overline{CH}=\overline{DH}=15\,m$

큰 원의 반지름의 길이를 r m, 작은 원의 반지름의 길이를 r' m라 하면

직각삼각형 OAH에서

$\overline{OH}^2=r^2-24^2$ ······ ㉠

직각삼각형 OCH에서

$\overline{OH}^2=r'^2-15^2$ ······ ㉡

㉠, ㉡에서 $r^2-24^2=r'^2-15^2$

즉 $r^2-r'^2=24^2-15^2=351$

따라서 지압로의 넓이는 큰 원의 넓이에서 작은 원의 넓이를 뺀 것이므로 그 넓이는

$\pi r^2-\pi r'^2=\pi(r^2-r'^2)=351\pi\,(m^2)$

5 $\overline{AB}=\overline{CD}$이므로 두 현 AB, CD는 원의 중심 O에서 같은 거리에 있다.

즉 중심 O에서 $\overline{AB}$, $\overline{CD}$에 내린 수선의 발을 각각 E, F라 하면 $\overline{AB}=\overline{CD}$이므로

$\overline{OE}=\overline{OF}$

또 $\overline{OE}$, $\overline{OF}$는 각각 $\overline{AB}$, $\overline{CD}$의 수직이등분선이다.

직각삼각형 OEB에서 $\overline{OE}=\sqrt{13^2-12^2}=5\,(cm)$

따라서 두 현 AB, CD 사이의 거리는

$5+5=10\,(cm)$

6 $\overline{OD}=\overline{OE}$이므로 $\overline{AC}=\overline{AB}=10\,cm$

오른쪽 그림과 같이 점 A에서 변 BC에 내린 수선의 발을 H라 하면

$\triangle ABH\equiv\triangle ACH$(RHS 합동)이므로

$\angle BAH=\angle CAH=60°$

직각삼각형 ABH에서

$\overline{BH}=\overline{AB}\sin60°=10\times\dfrac{\sqrt{3}}{2}=5\sqrt{3}\,(cm)$

따라서 $\overline{BC}=2\times5\sqrt{3}=10\sqrt{3}\,(cm)$이므로 삼각형 ABC의 둘레의 길이는

$\overline{AB}+\overline{BC}+\overline{CA}=10+10\sqrt{3}+10=20+10\sqrt{3}\,(cm)$

7 오른쪽 그림과 같이 $\overline{OA}$, $\overline{OB}$, $\overline{PO}$를 그으면 $\angle AOB=180°-60°=120°$

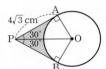

$\triangle PAO\equiv\triangle PBO$ (RHS 합동)이므로

$\angle APO=\angle BPO=30°$

직각삼각형 PAO에서

$\overline{OA}=\overline{PA}\tan30°=4\sqrt{3}\times\dfrac{1}{\sqrt{3}}=4\,(cm)$

따라서 색칠한 부분의 넓이는

$2\triangle PAO-($부채꼴 OAB의 넓이$)$

$=2\times\left(\dfrac{1}{2}\times4\sqrt{3}\times4\right)-\pi\times4^2\times\dfrac{120}{360}$

$=16\sqrt{3}-\dfrac{16}{3}\pi\,(cm^2)$

8

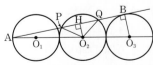

위의 그림과 같이 점 O_2에서 $\overline{AB}$에 내린 수선의 발을 H라 하고 $\overline{O_3B}$를 그으면 $\triangle AO_2H\sim\triangle AO_3B$ (AA 닮음)이므로

$\overline{AO_2}:\overline{AO_3}=\overline{O_2H}:\overline{O_3B}$에서 $9:15=\overline{O_2H}:3$

$15\overline{O_2H}=27$, 즉 $\overline{O_2H}=\dfrac{9}{5}\,(cm)$

직각삼각형 O_2PH에서 $\overline{PH}=\sqrt{3^2-\left(\dfrac{9}{5}\right)^2}=\dfrac{12}{5}\,(cm)$

따라서 $\overline{PQ}=2\overline{PH}=2\times\dfrac{12}{5}=\dfrac{24}{5}\,(cm)$

9 $\overline{PQ}$가 ∠CPD의 이등분선이므로

$\overline{PC}:\overline{PD}=\overline{CQ}:\overline{DQ}$에서 $6:9=\dfrac{7}{2}:\overline{DQ}$

$6\overline{DQ}=\dfrac{63}{2}$, 즉 $\overline{DQ}=\dfrac{21}{4}$ (cm)

$\overline{EQ}=x$ cm라 하면

$\overline{BD}=\overline{DE}=\left(\dfrac{21}{4}-x\right)$ cm,

$\overline{AC}=\overline{CE}=\left(\dfrac{7}{2}+x\right)$ cm

이므로 $\overline{PA}=\overline{PB}$에서

$6+\left(\dfrac{7}{2}+x\right)=9+\left(\dfrac{21}{4}-x\right)$, 즉 $x=\dfrac{19}{8}$

따라서 $\overline{EQ}$의 길이는 $\dfrac{19}{8}$ cm이다.

> **참고**
>
> **삼각형의 내각의 이등분선의 성질**
> 삼각형 ABC에서 ∠A의 이등분선과 변 BC
> 의 교점을 D라 하면
> $\overline{AB}:\overline{AC}=\overline{BD}:\overline{CD}$

10 $\overline{CR}=x$ cm이므로 $\overline{CQ}=x$ cm

$\overline{AR}=\overline{AP}=(10-x)$ cm, $\overline{BP}=\overline{BQ}=(8-x)$ cm

삼각형 ABC의 둘레의 길이에서

$2\{x+(10-x)+(8-x)\}=12+8+10$

$2(18-x)=30$, $18-x=15$, 즉 $x=3$

$\overline{AD}=\overline{AE}=\dfrac{1}{2}(\overline{AB}+\overline{BC}+\overline{CA})$

$\qquad\qquad=\dfrac{1}{2}\times(12+8+10)=15$ (cm)

이므로 $\overline{CE}=\overline{CF}=15-10=5$ (cm)

$\overline{FQ}=\overline{CF}-\overline{CQ}$이므로

$y=5-3=2$

따라서 $x+y=3+2=5$

11 원 O의 반지름의 길이를 r cm라 하면
사각형 OECF는 한 변의 길이가 r cm
인 정사각형이다.

이때 $\overline{AF}=\overline{AD}=4$ cm,

$\overline{BE}=\overline{BD}=6$ cm이므로

직각삼각형 ABC에서

$(6+r)^2+(4+r)^2=10^2$, $2r^2+20r-48=0$

$2(r+12)(r-2)=0$

$r>0$이므로 $r=2$

따라서 정사각형 OECF는 한 변의 길이가 2 cm이고 원 O의
반지름의 길이도 2 cm이므로 색칠한 부분의 넓이는

□OECF−(부채꼴 OEF의 넓이)

$=2\times2-\pi\times2^2\times\dfrac{90}{360}=4-\pi$ (cm²)

12 오른쪽 그림과 같이 $\overline{BE}$를 그으면
$\overline{BE}\perp\overline{CF}$

직각삼각형 BCE에서

$\overline{CE}=\sqrt{8^2-6^2}=2\sqrt{7}$ (cm)

$\overline{AF}=\overline{EF}=x$ cm로 놓으면

$\overline{CF}=(2\sqrt{7}+x)$ cm, $\overline{DF}=(8-x)$ cm

직각삼각형 CDF에서

$(2\sqrt{7}+x)^2=6^2+(8-x)^2$, $4(4+\sqrt{7})x=72$

$x=\dfrac{72}{4(4+\sqrt{7})}=\dfrac{18}{4+\sqrt{7}}$

$\quad=\dfrac{18(4-\sqrt{7})}{(4+\sqrt{7})(4-\sqrt{7})}=\dfrac{18(4-\sqrt{7})}{9}$

$\quad=8-2\sqrt{7}$

따라서 $a=8$, $b=-2$이므로

$a+b=6$

고난도 실전 문제 | 48～52쪽 |

01 ⑤	02 ③	03 $2\sqrt{11}$ cm	04 ⑤
05 $(48\pi-36\sqrt{3})$ cm²	06 $\left(\dfrac{64}{3}\pi-8\sqrt{3}\right)$ cm²		07 ③
08 ②	09 $16\sqrt{3}+\dfrac{64}{3}\pi$	10 $\dfrac{256}{3}\pi$ cm²	
11 $\dfrac{12\sqrt{5}}{5}$ cm	12 ③	13 $(6+6\sqrt{3})$ cm	
14 ②	15 50°	16 ②	17 0
18 $45\sqrt{2}$ cm²	19 ⑤	20 $10\sqrt{3}$ cm	
21 3 cm	22 ③	23 $\dfrac{36}{13}$ cm	24 18 cm 25 25
26 2 cm	27 ②	28 $\dfrac{15}{2}$ cm	29 $(\sqrt{5}-1)$ cm
30 5			

01 오른쪽 그림과 같이 중심 O에서 $\overline{AB}$에
내린 수선의 발을 H라 하면

$\overline{AH}=\overline{BH}=6$ cm

∠AOH=∠BOH=60°

직각삼각형 AOH에서

$\overline{OA}=\dfrac{\overline{AH}}{\sin60°}=6\times\dfrac{2}{\sqrt{3}}=4\sqrt{3}$ (cm)

따라서 원 O의 반지름의 길이는 $4\sqrt{3}$ cm이므로 그 넓이는

$\pi\times(4\sqrt{3})^2=48\pi$ (cm²)

02 삼각형 PAB에서 $\overline{AB}$를 밑변으로 보면 밑변의 길이는 8 cm 로 고정되어 있으므로 높이가 최대일 때, 삼각형 PAB의 넓이가 최대가 된다.

높이가 최대가 되려면 오른쪽 그림과 같이 현 AB의 수직이등분선 위에 점 P가 위치 해야 한다.

이때 직선 PO와 현 AB의 교점을 H라 하면 직각삼각형 OAH에서
$\overline{OA}=6$ cm, $\overline{AH}=4$ cm이므로
$\overline{OH}=\sqrt{6^2-4^2}=2\sqrt{5}$ (cm)
$\overline{PH}=6+2\sqrt{5}$ (cm)이므로
삼각형 PAB의 최대 넓이는

$\dfrac{1}{2}\times 8\times(6+2\sqrt{5})=24+8\sqrt{5}$ (cm²)

따라서 $a=24$, $b=8$이므로
$a-b=24-8=16$

03 오른쪽 그림과 같이 원의 중심 O에서 두 현 AB, CD에 내린 수선의 발을 각각 E, F라 하면 $\overline{CF}=\overline{DF}$이므로

$\overline{DP}-\overline{CP}=(\overline{DF}+\overline{FP})-(\overline{CF}-\overline{FP})$
$\qquad\qquad =2\overline{FP}=2\overline{OE}$ ...... ❶

한편 $\overline{BE}=\dfrac{1}{2}\overline{AB}=\dfrac{1}{2}\times 10=5$ (cm)이므로
직각삼각형 OBE에서
$\overline{OE}=\sqrt{6^2-5^2}=\sqrt{11}$ (cm) ...... ❷
따라서 $\overline{DP}-\overline{CP}=2\overline{OE}=2\sqrt{11}$ (cm) ...... ❸

채점 기준	비율
❶ $\overline{DP}-\overline{CP}$와 길이가 같은 선분 찾기	50 %
❷ $\overline{OE}$의 길이 구하기	30 %
❸ $\overline{DP}-\overline{CP}$의 길이 구하기	20 %

04

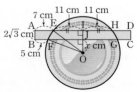

위의 그림과 같이 접시의 중심을 O라 하고 중심 O에서 $\overline{EH}$, $\overline{FG}$에 내린 수선의 발을 각각 I, J라 하면
$\overline{EI}=\dfrac{1}{2}\overline{EH}=\dfrac{1}{2}\times 22=11$ (cm)
한편 $\overline{BJ}=\overline{AI}=7+11=18$ (cm)이므로
$\overline{FJ}=18-5=13$ (cm)
$\overline{OJ}=x$ cm라 하면 직각삼각형 OEI에서
$\overline{OE}^2=11^2+(x+2\sqrt{3})^2$

직각삼각형 OFJ에서 $\overline{OF}^2=13^2+x^2$ ...... ㉠
이때 $\overline{OE}=\overline{OF}$, 즉 $\overline{OE}^2=\overline{OF}^2$이므로
$11^2+(x+2\sqrt{3})^2=13^2+x^2$
$4\sqrt{3}x=36$, 즉 $x=3\sqrt{3}$
$x=3\sqrt{3}$을 ㉠에 대입하면
$\overline{OF}^2=13^2+(3\sqrt{3})^2=196$, 즉 $\overline{OF}=14$ (cm)
따라서 접시의 반지름의 길이는 14 cm이므로
접시의 둘레의 길이는
$2\pi\times 14=28\pi$ (cm)

05 오른쪽 그림과 같이 중심 O에서 $\overline{AB}$에 내린 수선의 발을 H라 하면 $\overline{OH}$는 $\overline{AB}$의 수직이등분선이다.

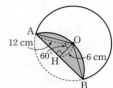

직각삼각형 AOH에서
$\overline{AH}=\sqrt{12^2-6^2}=6\sqrt{3}$ (cm)이므로
$\overline{AB}=2\overline{AH}=2\times 6\sqrt{3}=12\sqrt{3}$ (cm)
한편 $\overline{OA}=12$ cm, $\overline{OH}=6$ cm이므로
$\cos(\angle AOH)=\dfrac{\overline{OH}}{\overline{OA}}=\dfrac{6}{12}=\dfrac{1}{2}$
따라서 $\angle AOH=60°$
$\angle AOB=2\angle AOH=2\times 60°=120°$이므로
색칠한 부분의 넓이는
(부채꼴 OAB의 넓이)$-\triangle$OAB
$=\pi\times 12^2\times\dfrac{120}{360}-\dfrac{1}{2}\times 12\sqrt{3}\times 6$
$=48\pi-36\sqrt{3}$ (cm²)

06 $\overline{OH}$는 두 현 AB, CD의 수직이등분선이므로
$\overline{AH}=\dfrac{1}{2}\overline{AB}=\dfrac{1}{2}\times 12\sqrt{3}=6\sqrt{3}$ (cm)
$\overline{CH}=\dfrac{1}{2}\overline{CD}=\dfrac{1}{2}\times 8\sqrt{3}=4\sqrt{3}$ (cm)
$\overline{AC}=\overline{AH}-\overline{CH}=6\sqrt{3}-4\sqrt{3}=2\sqrt{3}$ (cm)
직각삼각형 OCH에서
$\overline{OC}=\sqrt{(4\sqrt{3})^2+4^2}=8$ (cm)
한편 $\tan(\angle COH)=\dfrac{\overline{CH}}{\overline{OH}}=\dfrac{4\sqrt{3}}{4}=\sqrt{3}$이므로
$\angle COH=60°$
따라서 $\angle COD=2\angle COH=2\times 60°=120°$이고
$\triangle OAC\equiv\triangle OBD$(SSS 합동)이므로
색칠한 부분의 넓이는
$2\triangle OAC+$(부채꼴 OCD의 넓이)$-\triangle$OCD
$=2\times\left(\dfrac{1}{2}\times 2\sqrt{3}\times 4\right)+\pi\times 8^2\times\dfrac{120}{360}-\dfrac{1}{2}\times 8\sqrt{3}\times 4$
$=8\sqrt{3}+\dfrac{64}{3}\pi-16\sqrt{3}$
$=\dfrac{64}{3}\pi-8\sqrt{3}$ (cm²)

07 오른쪽 그림과 같이 $\overline{OO'}$을 긋고 $\overline{AB}$와의 교점을 H라 하면 $\overline{OO'}$은 $\overline{AB}$의 수직이등분선이다.

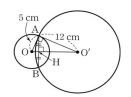

직각삼각형 AOO'에서
$\overline{OO'}=\sqrt{5^2+12^2}=13$ (cm)

직각삼각형 AOO'의 넓이에서
$\dfrac{1}{2}\times\overline{OA}\times\overline{O'A}=\dfrac{1}{2}\times\overline{OO'}\times\overline{AH}$

$\dfrac{1}{2}\times 5\times 12=\dfrac{1}{2}\times 13\times\overline{AH}$

따라서 $\overline{AH}=\dfrac{60}{13}$ (cm)이므로

$\overline{AB}=2\overline{AH}=2\times\dfrac{60}{13}=\dfrac{120}{13}$ (cm)

08 오른쪽 그림과 같이 다리의 지지대를 $\overline{AB}$, $\overline{CD}$로 놓고 원 모양의 호수의 중심을 O라 하면
$\overline{AB}=\overline{CD}=48$ m, $\overline{OC}=\overline{OB}=25$ m
원의 중심 O에서 $\overline{AB}$, $\overline{CD}$에 내린 수선의 발을 각각 E, F라 하면 $\overline{AB}=\overline{CD}$이므로 $\overline{OE}=\overline{OF}$
또 $\overline{OE}$, $\overline{OF}$는 각각 $\overline{AB}$, $\overline{CD}$의 수직이등분선이다.
직각삼각형 OBE에서
$\overline{OE}=\sqrt{25^2-24^2}=7$ (m)
따라서 다리의 폭은
$7+7=14$ (m)

09 오른쪽 그림과 같이 $\overline{OA}$, $\overline{OC}$를 그으면
$\overline{OA}=8$이므로 직각삼각형 OAE에서
$\overline{AE}=\sqrt{8^2-4^2}=4\sqrt{3}$ ······ ❶

한편 $\cos{(\angle AOE)}=\dfrac{\overline{OE}}{\overline{OA}}=\dfrac{4}{8}=\dfrac{1}{2}$

이므로 $\angle AOE=60°$
이때 $\triangle OAE\equiv\triangle OCF$(RHS 합동)이므로
$\angle COF=60°$
$\angle AOC=360°-(60°+120°+60°)=120°$ ······ ❷
따라서 색칠한 부분의 넓이는
$2\triangle OAE+$(부채꼴 OAC의 넓이)
$=2\times\left(\dfrac{1}{2}\times 4\times 4\sqrt{3}\right)+\pi\times 8^2\times\dfrac{120}{360}$
$=16\sqrt{3}+\dfrac{64}{3}\pi$ ······ ❸

채점 기준	비율
❶ $\overline{AE}$의 길이 구하기	20 %
❷ $\angle AOC$의 크기 구하기	50 %
❸ 색칠한 부분의 넓이 구하기	30 %

10 $\overline{OD}=\overline{OE}=\overline{OF}$이므로
$\overline{AB}=\overline{BC}=\overline{CA}$
즉 삼각형 ABC는 정삼각형이므로
$\angle B=60°$
오른쪽 그림과 같이 $\overline{OB}$를 그으면
$\triangle OBD\equiv\triangle OBE$ (RHS 합동)이므로
$\angle OBD=\angle OBE=30°$
직각삼각형 OBD에서
$\overline{BD}=\dfrac{1}{2}\overline{AB}=\dfrac{1}{2}\times 16=8$ (cm)이므로
$\overline{OB}=\dfrac{\overline{BD}}{\cos 30°}$
$\quad\ =8\times\dfrac{2}{\sqrt{3}}=\dfrac{16\sqrt{3}}{3}$ (cm)
따라서 원 O의 반지름의 길이가 $\dfrac{16\sqrt{3}}{3}$ cm이므로 그 넓이는
$\pi\times\left(\dfrac{16\sqrt{3}}{3}\right)^2=\dfrac{256}{3}\pi$ (cm²)

11 오른쪽 그림과 같이 직선 AO가 $\overline{BC}$와 만나는 점을 F라 하면 삼각형 ABC는 $\overline{AB}=\overline{AC}$인 이등변삼각형이므로 $\overline{AF}$는 $\overline{BC}$의 수직이등분선이다.

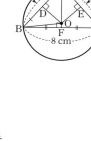

직각삼각형 ABF에서
$\overline{AF}=\sqrt{6^2-4^2}=2\sqrt{5}$ (cm)
원 O의 반지름의 길이를 r cm라 하면
직각삼각형 OBF에서
$\overline{OB}=r$ cm, $\overline{OF}=(2\sqrt{5}-r)$ cm이므로
$r^2=4^2+(2\sqrt{5}-r)^2$
$4\sqrt{5}r=36$, 즉 $r=\dfrac{9\sqrt{5}}{5}$
직각삼각형 OBD에서
$\overline{OD}=\sqrt{\left(\dfrac{9\sqrt{5}}{5}\right)^2-3^2}$
$\quad\ =\dfrac{6\sqrt{5}}{5}$ (cm)
한편 $\overline{AB}=\overline{AC}$에서 $\overline{OD}=\overline{OE}$이므로
$\overline{OD}+\overline{OE}=2\overline{OD}$
$\quad\ =2\times\dfrac{6\sqrt{5}}{5}=\dfrac{12\sqrt{5}}{5}$ (cm)

12 $\overline{BC}\perp\overline{OD}$, $\overline{AC}\perp\overline{OE}$이고 $\overline{OD}=\overline{OE}$이므로
$\overline{BC}=\overline{AC}$
따라서 $\angle ABC=\angle BAC$
이때 $\angle ABC:\angle ACB=7:4$이므로
$\angle ABC=180°\times\dfrac{7}{7+4+7}=70°$

13 오른쪽 그림과 같이 $\overline{OT}$를 그으면
$\overline{OT}\perp\overline{PT}$
$\overline{OT}=\overline{OB}$이므로
$\angle OTB=\angle OBT=30°$

삼각형의 한 외각의 크기는 그와 이웃하지 않는 두 내각의 크기의 합과 같으므로
$\angle AOT=30°+30°=60°$
직각삼각형 OPT에서 $\overline{OT}=6$ cm이므로
$\overline{PO}=\dfrac{\overline{OT}}{\cos 60°}=6\times 2=12\ (\text{cm})$
$\overline{PT}=\overline{OT}\tan 60°=6\times\sqrt{3}=6\sqrt{3}\ (\text{cm})$
이때 $\overline{PA}=\overline{PO}-\overline{AO}=12-6=6\ (\text{cm})$이므로
$\overline{PA}+\overline{PT}=6+6\sqrt{3}\ (\text{cm})$

14 $\overline{OT}\perp\overline{PT}$이므로
$\angle POT=180°-(90°+30°)=60°$
원 O의 반지름의 길이를 r cm로
놓으면
$\overline{OT}=r$ cm, $\overline{PO}=(6+r)$ cm
이때 직각삼각형 POT에서
$\sin 30°=\dfrac{r}{6+r}$이므로 $\dfrac{1}{2}=\dfrac{r}{6+r}$
$2r=6+r$, 즉 $r=6$
한편 삼각형 OAT에서 $\overline{OT}=\overline{OA}$이므로
$\angle OAT=\angle OTA=\dfrac{1}{2}\times(180°-60°)=60°$
따라서 삼각형 OAT는 한 변의 길이가 6 cm인 정삼각형이므로 그 넓이는
$\dfrac{\sqrt{3}}{4}\times 6^2=9\sqrt{3}\ (\text{cm}^2)$

15 오른쪽 그림과 같이 $\overline{OA}$, $\overline{OB}$를
그으면
$\overline{OA}\perp\overline{PA}$, $\overline{OB}\perp\overline{PB}$
따라서
$\angle AOB=360°-(90°+90°+50°)=130°$
한 원에서 호의 길이와 중심각의 크기는 정비례하고
$\overparen{AC}:\overparen{CB}=9:4$이므로
$\angle BOD=130°\times\dfrac{4}{9+4}=40°$
직각삼각형 OBD에서
$\angle ODB=180°-(90°+40°)=50°$

[다른 풀이]
한 원에서 호의 길이와 중심각의 크기는 정비례하고
$\overparen{AC}:\overparen{CB}=9:4$이므로
$\angle AOD=130°\times\dfrac{9}{9+4}=90°$
따라서 $\overline{AP}\parallel\overline{OD}$이므로
$\angle ODB=\angle APB=50°$ (동위각)

16 ① 오른쪽 그림과 같이 $\overline{PO}$를 그으면
△OAP와 △OBP에서
$\angle OAP=\angle OBP=90°$이고
$\overline{PO}$는 공통, $\overline{OA}=\overline{OB}$ (반지름)
이므로
△OAP≡△OBP (RHS 합동)

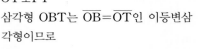
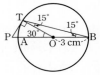

② $\angle APB+\angle AOB=180°$이고
$\angle APB:\angle AOB=1:2$이므로
$\angle APB=180°\times\dfrac{1}{1+2}=60°$
$\angle AOB=180°\times\dfrac{2}{1+2}=120°$
③ $\angle AOP=\angle BOP=60°$, $\angle APO=\angle BPO=30°$
직각삼각형 OAP에서 $\overline{OA}=9$ cm이므로
$\overline{PA}=\overline{OA}\tan 60°$
$=9\times\sqrt{3}=9\sqrt{3}\ (\text{cm})$
$\overline{PO}=\dfrac{\overline{OA}}{\cos 60°}$
$=9\times 2=18\ (\text{cm})$
④ 부채꼴 OAB의 넓이는
$\pi\times 9^2\times\dfrac{120}{360}=27\pi\ (\text{cm}^2)$
⑤ 색칠한 부분의 넓이는
$2\triangle OAP-(\text{부채꼴 OAB의 넓이})$
$=2\times\left(\dfrac{1}{2}\times 9\sqrt{3}\times 9\right)-27\pi$
$=81\sqrt{3}-27\pi\ (\text{cm}^2)$
따라서 옳지 않은 것은 ②이다.

17 오른쪽 그림과 같이 $\overline{OT}$를 그으면
$\overline{OT}\perp\overline{PT}$
삼각형 OBT는 $\overline{OB}=\overline{OT}$인 이등변삼
각형이므로
$\angle OTB=\angle OBT=15°$

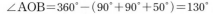

삼각형의 한 외각의 크기는 그와 이웃하지 않는 두 내각의 크기의 합과 같으므로
$\angle POT=15°+15°=30°$
직각삼각형 OTP에서 $\overline{OT}=3$ cm이므로
$\overline{PT}=\overline{OT}\tan 30°$
$=3\times\dfrac{\sqrt{3}}{3}=\sqrt{3}\ (\text{cm})$
$\overline{PO}=\dfrac{\overline{OT}}{\cos 30°}$
$=3\times\dfrac{2}{\sqrt{3}}=2\sqrt{3}\ (\text{cm})$
$\overline{PT}+\overline{PA}=\sqrt{3}+(2\sqrt{3}-3)$
$=3\sqrt{3}-3\ (\text{cm})$
따라서 $a=-3$, $b=3$이므로
$a+b=-3+3=0$

18 오른쪽 그림과 같이 점 O에서 $\overline{AD}$에 내린 수선의 발을 H라 하면

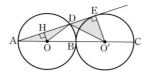

$\overline{O'E}\perp\overline{AE}$이고 $\overline{OH}$는 $\overline{AD}$의 수직이등분선이다.

직각삼각형 AEO'에서 $\overline{AO'}=27$ cm, $\overline{EO'}=9$ cm이므로

$\overline{AE}=\sqrt{27^2-9^2}=18\sqrt{2}$ (cm) ······ ❶

한편 $\triangle AHO \backsim \triangle AEO'$ (AA 닮음)이므로

$\overline{AH}:\overline{AE}=\overline{AO}:\overline{AO'}$에서 $\overline{AH}:18\sqrt{2}=9:27$

$3\overline{AH}=18\sqrt{2}$, 즉 $\overline{AH}=6\sqrt{2}$ (cm)

직각삼각형 AHO에서 $\overline{OH}=\sqrt{9^2-(6\sqrt{2})^2}=3$ (cm)

$\overline{AD}=2\overline{AH}=2\times6\sqrt{2}=12\sqrt{2}$ (cm)

$\overline{DE}=\overline{AE}-\overline{AD}=18\sqrt{2}-12\sqrt{2}=6\sqrt{2}$ (cm) ······ ❷

따라서 색칠한 부분의 넓이는

$$\triangle OAD+\triangle O'DE=\frac{1}{2}\times12\sqrt{2}\times3+\frac{1}{2}\times6\sqrt{2}\times9$$
$$=18\sqrt{2}+27\sqrt{2}$$
$$=45\sqrt{2}\ (\text{cm}^2)\ \cdots\cdots\ ❸$$

채점 기준	비율
❶ $\overline{AE}$의 길이 구하기	20 %
❷ $\overline{AH}$, $\overline{OH}$, $\overline{AD}$, $\overline{DE}$의 길이 구하기	50 %
❸ 색칠한 부분의 넓이 구하기	30 %

19 오른쪽 그림과 같이 $\overline{PO'}$을 그으면 점 O는 $\overline{PO'}$ 위에 있다.

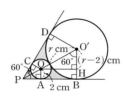

또 $\overline{OA}$, $\overline{OC}$, $\overline{O'B}$, $\overline{O'D}$를 긋고 점 O에서 $\overline{O'B}$에 내린 수선의 발을 H라 하면

$\overline{O'B}\perp\overline{PB}$, $\overline{O'D}\perp\overline{PD}$이므로

$\angle P+\angle DO'B=180°$

이때 $\angle P=60°$이므로

$\angle DO'B=180°-60°=120°$

$\triangle O'PB \equiv \triangle O'PD$ (RHS 합동)이므로

$\angle PO'B=\angle PO'D=60°$

원 O'의 반지름의 길이를 r cm라 하면

직각삼각형 O'OH에서

$\overline{OO'}=(r+2)$ cm, $\overline{O'H}=(r-2)$ cm이고

$\cos60°=\dfrac{r-2}{r+2}$이므로 $\dfrac{1}{2}=\dfrac{r-2}{r+2}$

$r+2=2r-4$, 즉 $r=6$

직각삼각형 O'PB에서

$\overline{PB}=\overline{O'B}\tan60°=6\times\sqrt{3}=6\sqrt{3}$ (cm)

따라서 색칠한 부분의 넓이는

$2\triangle O'PB-(\text{원 O의 넓이})-(\text{부채꼴 O'DB의 넓이})$
$$=2\times\left(\frac{1}{2}\times6\sqrt{3}\times6\right)-\pi\times2^2-\pi\times6^2\times\frac{120}{360}$$
$$=36\sqrt{3}-4\pi-12\pi$$
$$=36\sqrt{3}-16\pi\ (\text{cm}^2)$$

20 오른쪽 그림과 같이 $\overline{OD}$, $\overline{OF}$를 그으면

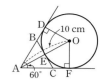

$\overline{OD}\perp\overline{AD}$, $\overline{OF}\perp\overline{AF}$

이때 $\triangle OAD\equiv\triangle OAF$ (RHS 합동)이므로

$\angle OAD=\angle OAF=\dfrac{1}{2}\times60°=30°$

직각삼각형 OAF에서

$\overline{AF}=\overline{AO}\cos30°=10\times\dfrac{\sqrt{3}}{2}=5\sqrt{3}$ (cm)

한편 $\overline{BD}=\overline{BE}$, $\overline{CE}=\overline{CF}$, $\overline{AD}=\overline{AF}$이므로

삼각형 ABC의 둘레의 길이는

$\overline{AB}+\overline{BC}+\overline{AC}$
$=\overline{AB}+(\overline{BE}+\overline{CE})+\overline{AC}$
$=(\overline{AB}+\overline{BD})+(\overline{AC}+\overline{CF})$
$=\overline{AD}+\overline{AF}=2\overline{AF}$
$=2\times5\sqrt{3}=10\sqrt{3}$ (cm)

21 $\overline{AD}$가 $\angle BAC$의 이등분선이므로

$\overline{AB}:\overline{AC}=\overline{BD}:\overline{CD}$에서

$10:6=\overline{BD}:3$

$6\overline{BD}=30$, 즉 $\overline{BD}=5$ (cm)

$\overline{DF}=x$ cm라 하면

$\overline{BE}=\overline{BF}=(5-x)$ cm, $\overline{CG}=\overline{CF}=(x+3)$ cm

이므로 $\overline{AE}=\overline{AG}$에서

$10+(5-x)=6+(x+3)$, 즉 $x=3$

따라서 $\overline{DF}$의 길이는 3 cm이다.

22 $\overline{BD}=\overline{BE}=x$ cm라 하면

$\overline{CE}=\overline{CF}=(13-x)$ cm이므로

$\overline{AD}=\overline{AF}$에서

$9+x=16+(13-x)$, 즉 $x=10$

한편 $\overline{GD}=\overline{GI}$, $\overline{HI}=\overline{HE}$이므로

삼각형 BGH의 둘레의 길이는

$\overline{BG}+\overline{GH}+\overline{BH}$
$=\overline{BG}+(\overline{GI}+\overline{HI})+\overline{BH}$
$=(\overline{BG}+\overline{GD})+(\overline{BH}+\overline{HE})$
$=\overline{BD}+\overline{BE}=2\overline{BD}$
$=2\times10=20$ (cm)

23 $\overline{CP}=\overline{CA}=4$ cm, $\overline{DP}=\overline{DB}=9$ cm이므로

$\overline{CD}=\overline{CP}+\overline{DP}=4+9=13$ (cm) ······ ❶

$\triangle AQC$와 $\triangle DQB$에서

$\angle ACQ=\angle DBQ$(엇각), $\angle AQC=\angle DQB$ (맞꼭지각)

이므로 $\triangle AQC \backsim \triangle DQB$ (AA 닮음)

따라서 $\overline{AQ}:\overline{DQ}=\overline{AC}:\overline{DB}=4:9$ ······ ❷

△DCA와 △DPQ에서

∠CDA는 공통, $\overline{DC}:\overline{DP}=\overline{DA}:\overline{DQ}=13:9$

이므로 △DCA∽△DPQ (SAS 닮음) ‥‥‥ ❸

따라서 $\overline{CA}:\overline{PQ}=13:9$이므로

$4:\overline{PQ}=13:9$, $13\overline{PQ}=36$

즉 $\overline{PQ}=\dfrac{36}{13}$ (cm) ‥‥‥ ❹

채점 기준	비율
❶ $\overline{CD}$의 길이 구하기	20 %
❷ $\overline{AQ}:\overline{DQ}$의 비 구하기	30 %
❸ △DCA∽△DPQ임을 알기	30 %
❹ $\overline{PQ}$의 길이 구하기	20 %

24 삼각형 ABC의 넓이가 60 cm²이므로

$\dfrac{1}{2}\times(\overline{AB}+\overline{BC}+\overline{CA})\times\dfrac{10}{3}=60$

즉 $\overline{AB}+\overline{BC}+\overline{CA}=36$ (cm)

한편 $\overline{AD}=\overline{AF}$, $\overline{BD}=\overline{BE}$, $\overline{CE}=\overline{CF}$

이므로

$2(\overline{AD}+\overline{BE}+\overline{CF})=36$

따라서 $\overline{AD}+\overline{BE}+\overline{CF}=\dfrac{1}{2}\times36=18$ (cm)

25 오른쪽 그림과 같이 꼭짓점 A에서 $\overline{BC}$에 내린 수선의 발을 H라 하면 직각삼각형 ABH에서

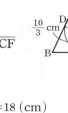

$\begin{aligned}\overline{AH}&=\overline{AB}\sin60° \\ &=10\times\dfrac{\sqrt{3}}{2}=5\sqrt{3}\text{ (cm)}\end{aligned}$

$\begin{aligned}\overline{BH}&=\overline{AB}\cos60° \\ &=10\times\dfrac{1}{2}=5\text{ (cm)}\end{aligned}$

한편 ∠CAH=∠ACH=45°이므로

$\overline{CH}=\overline{AH}=5\sqrt{3}$ (cm)

$\overline{AC}=\dfrac{\overline{AH}}{\sin45°}=5\sqrt{3}\times\sqrt{2}=5\sqrt{6}$ (cm)

$\overline{BD}=\overline{BE}=x$ cm라 하면

$\overline{AF}=\overline{AD}=(10-x)$ cm,

$\overline{CF}=\overline{CE}=(5+5\sqrt{3}-x)$ cm

이므로

$(10-x)+(5+5\sqrt{3}-x)=5\sqrt{6}$

즉 $x=\dfrac{15+5\sqrt{3}-5\sqrt{6}}{2}$

따라서 $a=15$, $b=5$, $c=-5$이므로

$a+b-c=15+5-(-5)=25$

26 $\overline{AD}=\overline{AF}=x$ cm라 하면

$\overline{BE}=\overline{BD}=(13-x)$ cm, $\overline{CE}=\overline{CF}=(15-x)$ cm

$\overline{BC}=\overline{BE}+\overline{CE}$이므로

$12=(13-x)+(15-x)$, 즉 $x=8$

따라서 $\overline{AD}=\overline{AF}=8$ cm이므로

$\overline{BE}=\overline{BD}=5$ cm

한편

$\begin{aligned}\overline{AG}=\overline{AH}&=\dfrac{1}{2}(\overline{AB}+\overline{BC}+\overline{CA}) \\ &=\dfrac{1}{2}\times(13+12+15)=20\text{ (cm)}\end{aligned}$

이므로

$\overline{CI}=\overline{CH}=20-15=5$ (cm)

$\overline{BE}=5$ cm, $\overline{CI}=5$ cm이고

$\overline{BC}=\overline{BE}+\overline{EI}+\overline{CI}$이므로

$\begin{aligned}\overline{EI}&=\overline{BC}-\overline{BE}-\overline{CI} \\ &=12-5-5=2\text{ (cm)}\end{aligned}$

27 원 O의 반지름의 길이를 r라 하면 사각형 OQCR는 한 변의 길이가 r인 정사각형이다. 이때 $\overline{AR}=\overline{AP}=12$, $\overline{BQ}=\overline{BP}=5$이므로 직각삼각형 ABC에서

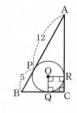

$(5+r)^2+(12+r)^2=17^2$

$2r^2+34r-120=0$

$2(r+20)(r-3)=0$

$r>0$이므로 $r=3$

따라서 정사각형 OQCR는 한 변의 길이가 3이고 원 O의 반지름의 길이도 3이므로 색칠한 부분의 둘레의 길이는

$3+3+2\pi\times3\times\dfrac{90}{360}=6+\dfrac{3}{2}\pi$

28 오른쪽 그림과 같이 두 꼭짓점 A, D에서 변 BC에 내린 수선의 발을 각각 E, F라 하면

$\overline{EF}=\overline{AD}=9$ cm이므로

$\overline{BE}=\overline{CF}=\dfrac{1}{2}\times(25-9)=8$ (cm)

또 원에 외접하는 사각형의 성질에 의하여

$\overline{AD}+\overline{BC}=\overline{AB}+\overline{CD}$

이때 $\overline{AB}=\overline{CD}$이므로

$2\overline{AB}=9+25=34$, 즉 $\overline{AB}=17$ (cm)

직각삼각형 ABE에서

$\overline{AE}=\sqrt{17^2-8^2}=15$ (cm)

따라서 원 O의 반지름의 길이는 $\dfrac{15}{2}$ cm이다.

29 직각삼각형 ADF에서

$\overline{AF}=\sqrt{6^2-4^2}=2\sqrt{5}$ (cm)

$\overline{EC}=\overline{EF}=x$ cm라 하면

$\overline{AE}=(2\sqrt{5}+x)$ cm,

$\overline{BE}=(6-x)$ cm

직각삼각형 ABE에서

$(2\sqrt{5}+x)^2=4^2+(6-x)^2$이므로

$4(3+\sqrt{5})x=32$

$x=\dfrac{8}{3+\sqrt{5}}=\dfrac{8(3-\sqrt{5})}{(3+\sqrt{5})(3-\sqrt{5})}$

$=2(3-\sqrt{5})=6-2\sqrt{5}$

따라서 $\overline{AE}=2\sqrt{5}+(6-2\sqrt{5})=6$ (cm),

$\overline{BE}=6-(6-2\sqrt{5})=2\sqrt{5}$ (cm)이므로

원 O의 반지름의 길이를 r cm라 하면

삼각형 ABE의 넓이에서

$\dfrac{1}{2}\times4\times2\sqrt{5}=\dfrac{1}{2}\times(4+2\sqrt{5}+6)\times r$

$(5+\sqrt{5})r=4\sqrt{5}$

$r=\dfrac{4\sqrt{5}}{5+\sqrt{5}}=\dfrac{4\sqrt{5}(5-\sqrt{5})}{(5+\sqrt{5})(5-\sqrt{5})}$

$=\dfrac{20\sqrt{5}-20}{20}=\sqrt{5}-1$

따라서 원 O의 반지름의 길이는 $(\sqrt{5}-1)$ cm이다.

30 사각형 ABCE가 원에 외접하는 사각

형이므로

$\overline{AE}+\overline{BC}=\overline{AB}+\overline{CE}$에서

$5+10=2r+\overline{CE}$

즉 $\overline{CE}=15-2r$ (cm)

직각삼각형 CDE에서

$(15-2r)^2=(2r)^2+5^2$이므로

$60r=200$, 즉 $r=\dfrac{10}{3}$ ⋯⋯ ❶

따라서

$\overline{CD}=2\times\dfrac{10}{3}=\dfrac{20}{3}$ (cm),

$\overline{CE}=15-2\times\dfrac{10}{3}=\dfrac{25}{3}$ (cm)

이므로 삼각형 CDE의 넓이에서

$\dfrac{1}{2}\times5\times\dfrac{20}{3}=\dfrac{1}{2}\times\left(\dfrac{20}{3}+5+\dfrac{25}{3}\right)\times r'$

$10r'=\dfrac{50}{3}$, 즉 $r'=\dfrac{5}{3}$ ⋯⋯ ❷

따라서 $r+r'=\dfrac{10}{3}+\dfrac{5}{3}=5$ ⋯⋯ ❸

채점 기준	비율
❶ r의 값 구하기	40 %
❷ r'의 값 구하기	40 %
❸ $r+r'$의 값 구하기	20 %

04 원주각

| 56~61쪽 |

필수 확인 문제

01 ③	02 20°	03 ③	04 ②	05 ⑤
06 67°	07 ④	08 114°	09 ③	10 ④
11 ③	12 ③	13 66°	14 ⑤	15 $4\sqrt{3}$
16 ⑤	17 ④	18 64°	19 ③	20 30°
21 ③	22 ∠A=54°, ∠B=72°, ∠C=54°		23 ③	
24 20°	25 112°	26 ③	27 1°	28 130°
29 ②	30 50°	31 ④	32 75°	33 ③
34 ②	35 ③	36 68°		

01 ∠AOB=2∠APB=2×39°=78°

삼각형 OAB는 $\overline{OA}=\overline{OB}$인 이등변삼각형이므로

$\angle OBA=\dfrac{1}{2}\times(180°-78°)=51°$

02 오른쪽 그림과 같이 $\overline{OC}$를 그으면

∠BOC=2∠BAC=2×70°=140°

삼각형 OBC는 $\overline{OB}=\overline{OC}$인 이등변삼각

형이므로

$\angle OBC=\dfrac{1}{2}\times(180°-140°)=20°$

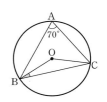

03 ∠BOC=2∠BAC=2×72°=144°

따라서 색칠한 부분의 넓이는

$\pi\times5^2\times\dfrac{144}{360}=10\pi$ (cm²)

04 오른쪽 그림과 같이 $\overline{OB}$를 그으면

∠AOB=2∠ADB=2×23°=46°

이므로

∠BOC=∠AOC−∠AOB

$=118°-46°=72°$

따라서 $\angle BEC=\dfrac{1}{2}\angle BOC=\dfrac{1}{2}\times72°=36°$

05 ∠y=2∠BCD=2×110°=220°

이때

∠BOD=360°−∠y=360°−220°=140°

이므로

$\angle x=\dfrac{1}{2}\angle BOD=\dfrac{1}{2}\times140°=70°$

따라서 ∠x+∠y=70°+220°=290°

06 오른쪽 그림과 같이 원 O 위의 점 D를
잡으면 $\overset{\frown}{ADC}$에 대한 중심각의 크기는
$360° - \angle AOC = 360° - 116°$
$\qquad\qquad = 244°$ ······ ❶

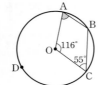

이므로
$\angle ABC = \frac{1}{2} \times 244° = 122°$ ······ ❷
사각형 OABC의 내각의 크기의 합은 360°이므로
$\angle OAB = 360° - (116° + 55° + 122°)$
$\qquad\qquad = 67°$ ······ ❸

채점 기준	비율
❶ $\overset{\frown}{ADC}$에 대한 중심각의 크기 구하기	30 %
❷ $\angle ABC$의 크기 구하기	30 %
❸ $\angle OAB$의 크기 구하기	40 %

07 $\overline{AB} = \overline{AC}$이므로
$\angle ACB = \angle ABC = 40°$
삼각형 ABC의 내각의 크기의 합은
180°이므로
$\angle BAC = 180° - 2 \times 40°$
$\qquad\qquad = 100°$

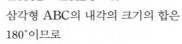
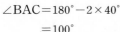

오른쪽 그림과 같이 원 O 위의 점 D를 잡으면
$\overset{\frown}{BDC}$에 대한 중심각의 크기는
$2\angle BAC = 2 \times 100° = 200°$
따라서 $\angle BOC = 360° - 200° = 160°$

08 오른쪽 그림과 같이 $\overline{OA}$, $\overline{OB}$를 긋
고, 원 O 위의 점 D를 잡자.
$\overline{OA} \perp \overline{PA}$, $\overline{OB} \perp \overline{PB}$이므로
$\angle AOB + \angle APB = 180°$에서
$\angle AOB = 180° - 48°$
$\qquad\qquad = 132°$

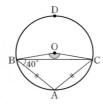

이때 $\overset{\frown}{ADB}$에 대한 중심각의 크기는
$360° - 132° = 228°$
따라서 $\angle ACB = \frac{1}{2} \times 228° = 114°$

09 $\angle x = \angle BDC = 48°$
$\angle y = 2 \times 48° = 96°$
따라서 $\angle x + \angle y = 48° + 96° = 144°$

다른 풀이

$\angle y = 2\angle x$이므로
$\angle x + \angle y = \angle x + 2\angle x = 3\angle x$
$\qquad\qquad = 3 \times 48° = 144°$

10 오른쪽 그림과 같이 $\overline{BQ}$를 그으면
$\angle BQC = \frac{1}{2}\angle BOC$
$\qquad\qquad = \frac{1}{2} \times 104° = 52°$

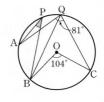

이므로
$\angle AQB = 81° - 52° = 29°$
따라서 $\angle APB = \angle AQB = 29°$

11 오른쪽 그림과 같이 $\overline{BP}$를 그으면
$\angle APB = 90°$이므로
$\angle QPB = 90° - 52° = 38°$
따라서 $\angle QRB = \angle QPB = 38°$

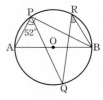

12 오른쪽 그림과 같이 $\overline{AD}$를 그으면
$\angle CAD = \frac{1}{2}\angle COD$
$\qquad\qquad = \frac{1}{2} \times 36° = 18°$
$\angle ADB = 90°$이므로
$\angle APB = 90° - 18° = 72°$

다른 풀이

삼각형 OAC는 $\overline{OA} = \overline{OC}$인 이등변삼
각형이므로
$\angle OAC = \angle OCA = \angle a$로 놓으면
$\angle AOC = 180° - 2\angle a$
마찬가지로 삼각형 OBD는
$\overline{OB} = \overline{OD}$인 이등변삼각형이므로
$\angle OBD = \angle ODB = \angle b$로 놓으면
$\angle BOD = 180° - 2\angle b$

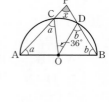

이때 $\angle AOC + \angle COD + \angle BOD = 180°$이므로
$(180° - 2\angle a) + 36° + (180° - 2\angle b) = 180°$
즉 $\angle a + \angle b = 108°$이므로 삼각형 PAB에서
$\angle APB = 180° - (\angle a + \angle b)$
$\qquad\qquad = 180° - 108° = 72°$

13 오른쪽 그림과 같이 $\overline{AB}$를 그으면
$\angle ABD = 90°$이므로 ······ ❶
$\overset{\frown}{BC}$에 대한 원주각의 크기는
$\angle BAC = 90° - (33° + 24°)$
$\qquad\qquad = 33°$ ······ ❷

따라서 $\overset{\frown}{BC}$에 대한 중심각의 크기는
$\angle BOC = 2\angle BAC$
$\qquad\qquad = 2 \times 33° = 66°$ ······ ❸

채점 기준	비율
❶ ∠ABD의 크기 구하기	40 %
❷ $\widehat{BC}$에 대한 원주각의 크기 구하기	30 %
❸ $\widehat{BC}$에 대한 중심각의 크기 구하기	30 %

다른 풀이

$\angle AOB = 2\angle ADB = 2 \times 24° = 48°$

$\angle COD = 2\angle CAD = 2 \times 33° = 66°$

따라서 $\angle BOC = 180° - (48° + 66°) = 66°$

---

14 오른쪽 그림과 같이 $\overline{BO}$의 연장선이 원 O
와 만나는 점을 A′이라 하면

$\angle BCA' = 90°$

직각삼각형 A′BC에서

$\overline{A'C} = \sqrt{26^2 - 10^2} = 24$

이때 $\angle BAC = \angle BA'C$이므로

$\cos A = \cos A' = \dfrac{\overline{A'C}}{\overline{A'B}}$

$\qquad = \dfrac{24}{26} = \dfrac{12}{13}$

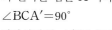

다른 풀이

오른쪽 그림과 같이 중심 O에서 $\overline{BC}$에 내
린 수선의 발을 H라 하면 $\overline{OH}$는 $\overline{BC}$의 수
직이등분선이다.

직각삼각형 OBH에서

$\overline{OH} = \sqrt{13^2 - 5^2} = 12$

이때 $\angle BOH = \dfrac{1}{2}\angle BOC$이고

$\angle BAC = \dfrac{1}{2}\angle BOC$이므로

$\cos A = \cos(\angle BOH) = \dfrac{\overline{OH}}{\overline{OB}} = \dfrac{12}{13}$

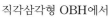

---

15 삼각형 ABC에서 $\angle BAC = 90°$이므로

$\overline{AB} = 16\cos 30° = 16 \times \dfrac{\sqrt{3}}{2} = 8\sqrt{3}$

삼각형 ABH에서

$\overline{AH} = \overline{AB}\sin 30° = 8\sqrt{3} \times \dfrac{1}{2} = 4\sqrt{3}$

다른 풀이

삼각형 AOH에서 $\overline{OA} = 8$, $\angle AOH = 60°$이므로

$\overline{AH} = \overline{OA}\sin 60° = 8 \times \dfrac{\sqrt{3}}{2} = 4\sqrt{3}$

---

16 $\widehat{AB} = \widehat{CD}$이므로 $\angle ACB = \angle DBC = 42°$

삼각형의 한 외각의 크기는 그와 이웃하지 않은 두 내각의 크
기의 합과 같으므로 삼각형 PBC에서

$\angle APB = \angle PBC + \angle PCB$

$\qquad = 42° + 42° = 84°$

---

17 $\widehat{BC} = \widehat{CD}$이므로

$\angle x = \angle CED = 30°$

오른쪽 그림과 같이 $\overline{OC}$를 그으면

$\angle BOC = 2\angle x = 2 \times 30° = 60°$,

$\angle COD = 2\angle CED = 2 \times 30° = 60°$

이므로

$\angle y = \angle BOC + \angle COD$

$\qquad = 60° + 60° = 120°$

따라서 $\angle x + \angle y = 30° + 120° = 150°$

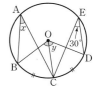

---

18 오른쪽 그림과 같이 $\overline{BC}$를 그으면

$\angle ACB = 90°$

$\widehat{AD} = \widehat{CD}$이므로

$\angle CBD = \angle ABD$

$\qquad = 26°$ ······ ❶

직각삼각형 PBC에서

$\angle CPB = 90° - 26° = 64°$ ······ ❷

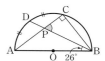

채점 기준	비율
❶ ∠CBD의 크기 구하기	50 %
❷ ∠CPB의 크기 구하기	50 %

---

19 삼각형 ABP에서

$\angle BAP = \angle BPC - \angle ABP$

$\qquad\quad = 75° - 50° = 25°$

한 원에서 호의 길이는 원주각의 크기에 정비례하므로

$\widehat{AD} : \widehat{BC} = \angle ABD : \angle BAC$

$\widehat{AD} : 5 = 50° : 25°$에서

$\widehat{AD} : 5 = 2 : 1$

따라서 $\widehat{AD} = 5 \times 2 = 10\,(cm)$

---

20 한 원에서 호의 길이는 원주각의 크기에 정비례하므로

$\widehat{AB} : \widehat{CD} = \angle ACB : \angle CAD$ ······ ❶

$4 : 10 = 20° : \angle CAD$에서

$2 : 5 = 20° : \angle CAD$

$2\angle CAD = 100°$

즉 $\angle CAD = 50°$ ······ ❷

삼각형의 한 외각의 크기는 그와 이웃하지 않은 두 내각의 크
기의 합과 같으므로 삼각형 APC에서

$\angle x = \angle DAC - \angle ACP$

$\qquad = 50° - 20° = 30°$ ······ ❸

채점 기준	비율
❶ 한 원에서 호의 길이는 원주각의 크기에 정비례함을 이용하여 비례식 세우기	30 %
❷ ∠CAD의 크기 구하기	30 %
❸ ∠x의 크기 구하기	40 %

21 오른쪽 그림과 같이 $\overline{BC}$를 그으면 $\overset{\frown}{AB}$의 길이가 원주의 $\frac{1}{5}$이므로

$\angle ACB = \frac{1}{5} \times 180° = 36°$

$\overset{\frown}{CD}$의 길이가 원주의 $\frac{1}{3}$이므로

$\angle CBD = \frac{1}{3} \times 180° = 60°$

삼각형의 한 외각의 크기는 그와 이웃하지 않은 두 내각의 크기의 합과 같으므로 삼각형 PBC에서

$\angle APB = \angle PBC + \angle PCB$
$\qquad = 60° + 36° = 96°$

참고

한 원에서 모든 호에 대한 원주각의 크기의 합은 180°이므로 $\overset{\frown}{BC}$의 길이가 원주의 $\frac{1}{k}$이면

$\angle BAC = \frac{1}{k} \times 180°$

22 한 원에서 호의 길이는 원주각의 크기에 정비례하므로

$\angle A : \angle B : \angle C = \overset{\frown}{BC} : \overset{\frown}{CA} : \overset{\frown}{AB}$
$\qquad\qquad\qquad\quad = 3 : 4 : 3$

삼각형의 세 내각의 크기의 합은 180°이므로

$\angle A = \frac{3}{3+4+3} \times 180° = 54°$

$\angle B = \frac{4}{3+4+3} \times 180° = 72°$

$\angle C = \frac{3}{3+4+3} \times 180° = 54°$

23 ㄱ. $\angle ADB = \angle ACB = 50°$이므로 네 점 A, B, C, D는 한 원 위에 있다.

ㄴ. 오른쪽 그림과 같이 $\overline{AC}$와 $\overline{BD}$의 교점을 P라 하면 삼각형 PCD에서

$\angle PDC = 75° - 35° = 40°$

즉 $\angle BAC \neq \angle BDC$이므로 네 점 A, B, C, D는 한 원 위에 있지 않다.

ㄷ. 오른쪽 그림과 같이 $\overline{AC}$와 $\overline{BD}$의 교점을 P라 하면 삼각형 PBC에서

$\angle PBC = 105° - 55° = 50°$

즉 $\angle DAC \neq \angle DBC$이므로 네 점 A, B, C, D는 한 원 위에 있지 않다.

ㄹ. 삼각형 APC에서

$\angle DAC = 40° + 20° = 60°$

즉 $\angle DAC = \angle DBC = 60°$이므로 네 점 A, B, C, D는 한 원 위에 있다.

따라서 네 점 A, B, C, D가 한 원 위에 있는 것은 ㄱ, ㄹ이다.

24 네 점 A, B, C, D가 한 원 위에 있으므로

$\angle DAC = \angle DBC$, $\angle ACD = \angle ABD$

직각삼각형 PBC에서

$\angle x = \angle DBC = 90° - 55° = 35°$

직각삼각형 PAB에서

$\angle y = \angle ABD = 90° - 75° = 15°$

따라서 $\angle x - \angle y = 35° - 15° = 20°$

25 네 점 A, B, C, D가 한 원 위에 있으므로

$\angle DAC = \angle DBC$

이때 삼각형 APC에서

$\angle DAC = 52° + 30° = 82°$

즉 $\angle DBC = \angle DAC = 82°$이므로

삼각형 QBC에서

$\angle DQC = 82° + 30° = 112°$

26 $\overline{AC} = \overline{AD}$이므로

$\angle ADC = \angle ACD = \frac{1}{2} \times (180° - 62°) = 59°$

원에 내접하는 사각형에서 한 쌍의 대각의 크기의 합은 180°이므로

$\angle ABC = 180° - \angle ADC$
$\qquad\qquad = 180° - 59° = 121°$

27 사각형 ABCD가 원에 내접하므로

$\angle x = 180° - 72° = 108°$

$\overset{\frown}{ABC}$에 대한 원주각의 크기는 모두 같으므로

$\angle AEC = \angle ADC = 72°$

삼각형 APE에서

$\angle y = 35° + 72° = 107°$

따라서 $\angle x - \angle y = 108° - 107° = 1°$

28 사각형 ABCD가 원에 내접하므로

$(\angle x + 48°) + 82° = 180°$에서

$\angle x = 50°$

또 $\angle BAC = \angle BDC = 48°$이므로

$\angle y = \angle ADC = 32° + 48° = 80°$

따라서 $\angle x + \angle y = 50° + 80° = 130°$

다른 풀이

$\angle ACB = \angle ADB = 32°$이므로

$\angle ACD = \angle BCD - \angle ACB = 82° - 32° = 50°$

이때 $\angle ABD = \angle ACD = 50°$, $\angle DBC = \angle x$이므로

$\angle x + \angle y = 180° - 50° = 130°$

29 $\angle BCD = \angle x$라 하면

사각형 ABCD가 원에 내접하므로

$\angle PAB = \angle BCD = \angle x$

삼각형 BCQ에서

$\angle PBA = \angle BCD + \angle BQC$

$\qquad = \angle x + 29°$

삼각형 PBA에서

$39° + (\angle x + 29°) + \angle x = 180°$이므로

$2\angle x = 112°$, 즉 $\angle x = 56°$

따라서 $\angle BAD = 180° - \angle x = 180° - 56° = 124°$

30 오른쪽 그림과 같이 $\overline{BD}$를 그으면

사각형 ABDE는 원 O에 내접하므로

$\angle ABD = 180° - \angle AED$

$\qquad = 180° - 75° = 105°$

이때 $\angle CBD = 130° - 105° = 25°$

따라서 $\angle COD = 2\angle CBD = 2 \times 25° = 50°$

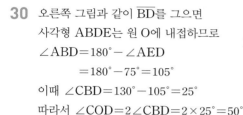

31 $\angle ADB = \angle ACB = 33°$이므로 오른쪽 그림과 같이 사각형 ABCD는 원에 내접한다.

삼각형 ABD는 $\overline{AB} = \overline{AD}$인 이등변삼각형이므로

$\angle ABD = \angle ADB = 33°$

사각형 ABCD는 원에 내접하므로

$\angle ABC + \angle ADC = 180°$에서

$(33° + 22°) + (33° + \angle BDC) = 180°$

따라서 $\angle BDC = 180° - 88° = 92°$

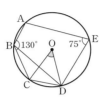

다른 풀이

사각형 ABCD는 원에 내접하고

$\overline{AB} = \overline{AD}$이므로

$\angle ACD = \angle ACB = 33°$

삼각형 BCD에서

$22° + (33° + 33°) + \angle BDC = 180°$

따라서 $\angle BDC = 92°$

32 한 원에서 호의 길이는 원주각의 크기에 정비례하므로

$\angle BAC : \angle ABC : \angle BCA = \overset{\frown}{BC} : \overset{\frown}{CA} : \overset{\frown}{AB}$

$\qquad\qquad\qquad\qquad\qquad = 3 : 5 : 4$

따라서 $\angle ABC = \dfrac{5}{3+5+4} \times 180° = 75°$이므로

$\angle ACT = \angle ABC = 75°$

33 $\angle BAC = \angle CBT = 46°$이므로

$\angle BOC = 2\angle BAC = 2 \times 46° = 92°$

삼각형 OBC는 $\overline{OB} = \overline{OC}$인 이등변삼각형이므로

$\angle OCB = \angle OBC = \dfrac{1}{2} \times (180° - 92°) = 44°$

다른 풀이

$\overline{OB} \perp \overline{BT}$이므로

$\angle OBC = 90° - 46° = 44°$

이때 $\overline{OB} = \overline{OC}$이므로

$\angle OCB = \angle OBC = 44°$

34 $\overset{\frown}{AD} = \overset{\frown}{CD}$이므로

$\angle CAD = \angle ACD = 48°$

또 사각형 ABCD가 원에 내접하므로

$(\angle BAC + 48°) + (34° + 48°) = 180°$

즉 $\angle BAC = 50°$

따라서 $\angle BCT = \angle BAC = 50°$

35 오른쪽 그림과 같이 $\overline{BC}$를 그으면

$\angle ABC = 90°$

$\angle ACB = \angle ABT = 48°$이므로

직각삼각형 ABC에서

$\angle BAC = 90° - 48° = 42°$

따라서 $\angle BDC = \angle BAC = 42°$

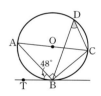

36 $\overline{AB}$, $\overline{BC}$가 원 O의 접선이므로

$\angle DFB = \angle FDB = \angle DEF = 65°$ ...... ❶

삼각형 BDF에서

$\angle FBD = 180° - 2 \times 65° = 50°$ ...... ❷

따라서 삼각형 ABC에서

$\angle ACB = 180° - (62° + 50°) = 68°$ ...... ❸

채점 기준	비율
❶ $\angle DFB$, $\angle FDB$의 크기 구하기	40 %
❷ $\angle FBD$의 크기 구하기	40 %
❸ $\angle ACB$의 크기 구하기	20 %

다른 풀이

삼각형 AFE에서 $\overline{AF} = \overline{AE}$이므로

$\angle AFE = \angle AEF = \dfrac{1}{2} \times (180° - 62°) = 59°$

이때 $\angle AEF + \angle DEF + \angle CED = 180°$이므로

$\angle CED = 180° - 59° - 65° = 56°$

삼각형 CED는 $\overline{CD} = \overline{CE}$인 이등변삼각형이므로

$\angle CDE = \angle CED = 56°$

따라서 $\angle ACB = \angle DCE = 180° - 2 \times 56° = 68°$

고난도 대표 유형 | 62~67쪽 |

1 ④	2 $\dfrac{35\sqrt{3}}{4}$ cm²	3 ③	4 ⑤
5 60°	6 $\left(\dfrac{490}{3}\pi+49\sqrt{3}\right)$ m²	7 ③	8 ③
9 30°	10 ⑤	11 ③	12 $\dfrac{81}{2}\pi$ cm²
13 100°	14 ④	15 68°	16 ③	17 39°
18 ③			

1 오른쪽 그림과 같이 $\overline{AD}$를 그으면

$\angle ADC=\dfrac{1}{2}\angle AOC$

$=\dfrac{1}{2}\times44°=22°$

$\angle BAD=\dfrac{1}{2}\angle BOD=\dfrac{1}{2}\times86°=43°$

삼각형 APD에서

$\angle APD=43°-22°=21°$

따라서 $\angle BPD=\angle APD=21°$

2 오른쪽 그림과 같이 원의 중심 O에서 현 AB에 내린 수선의 발을 H라 하고, $\overline{OH}$의 연장선이 원 O와 만나는 점을 Q라 하면 △AOH와 △AQH에서

$\overline{AH}$는 공통, $\overline{OH}=\overline{QH}$,

$\angle AHO=\angle AHQ=90°$

이므로 △AOH≡△AQH (SAS 합동)

즉 $\overline{OA}=\overline{QA}$

한편 $\overline{OA}=\overline{OQ}$ (반지름)이므로 $\overline{OA}=\overline{QA}=\overline{OQ}$

삼각형 OAQ는 정삼각형이므로 $\angle AOQ=60°$

같은 방법으로 $\angle BOQ=60°$이므로

$\angle AOB=60°+60°=120°$

따라서 $\angle APB=\dfrac{1}{2}\angle AOB=\dfrac{1}{2}\times120°=60°$이므로

삼각형 PAB의 넓이는

$\dfrac{1}{2}\times5\times7\times\sin60°=\dfrac{1}{2}\times5\times7\times\dfrac{\sqrt{3}}{2}$

$=\dfrac{35\sqrt{3}}{4}$ (cm²)

3 반원에 대한 원주각의 크기는 90°이므로 지름이 되는 두 점과 나머지 한 점을 연결하면 직각삼각형이 된다.

오른쪽 그림과 같이 원의 중심을 O라 하면 하나의 지름 $\overline{A_1A_4}$에 대하여 만들 수 있는 직각삼각형은 4개이다.

이때 지름은 $\overline{A_1A_4}$, $\overline{A_2A_5}$, $\overline{A_3A_6}$의 3개이므로 구하는 직각삼각형의 개수는

$4\times3=12$

4 $\angle BAD=\angle BCD=\angle x$

삼각형 PBC에서 $\angle PBC=\angle x-20°$

삼각형 ABQ에서

$\angle x+(\angle x-20°)=90°$이므로 $2\angle x=110°$

따라서 $\angle x=55°$

5 $\overline{AB}$가 지름이므로 $\overline{AC}\perp\overline{PB}$

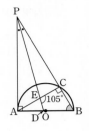

$\overline{PA}$가 반원 O의 접선이므로 $\angle PAB=90°$

직각삼각형 PEC에서

$\angle EPC=105°-90°=15°$

따라서 $\angle APB=2\times15°=30°$이므로

직각삼각형 PAB에서

$\angle ABC=90°-30°=60°$

6 오른쪽 그림과 같이 원의 중심을 O라 하고 $\overline{BO}$의 연장선과 원과의 교점을 P'이라 하면 삼각형 ABP'은 $\angle P'AB=90°$인 직각삼각형이다.

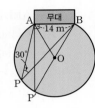

한편 $\angle AP'B=\angle APB=30°$이므로

$\overline{P'B}=\dfrac{\overline{AB}}{\sin30°}=14\times2=28$ (m)

즉 원 O의 반지름의 길이는 14 m이다.

$\angle AOB=2\angle APB=2\times30°=60°$

따라서 잔디가 깔려 있는 부분의 넓이는

$\pi\times14^2\times\dfrac{300}{360}+\dfrac{1}{2}\times14\times14\times\sin60°$

$=\dfrac{490}{3}\pi+49\sqrt{3}$ (m²)

7 오른쪽 그림과 같이 $\overline{BD}$, $\overline{OD}$를 그으면 $\overset{\frown}{AB}=\overset{\frown}{CD}$이므로

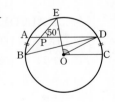

$\angle COD=2\angle ADB$

또 $\angle EOD=2\angle EBD$이고

삼각형 PBD에서

$\angle EBD+\angle ADB=50°$이므로

$\angle EOC=\angle EOD+\angle COD$

$=2\angle EBD+2\angle ADB$

$=2(\angle EBD+\angle ADB)$

$=2\times50°=100°$

8 오른쪽 그림과 같이 $\overline{AB}$를 그으면 삼각형 ABP에서 $\angle PAB+\angle PBA=75°$

한편 $\overset{\frown}{AD}:\overset{\frown}{BC}=4\pi:6\pi=2:3$이므로

$\angle ABD=\dfrac{2}{2+3}\times75°=30°$

즉 $\angle AOD=2\angle ABD=2\times30°=60°$이고

$\overset{\frown}{AD}=4\pi$이므로 원 O의 반지름의 길이를 r라 하면

$2\pi r\times\dfrac{60}{360}=4\pi$, 즉 $r=12$

따라서 원 O의 넓이는 $\pi\times12^2=144\pi$

9 ∠ACD=∠x라 하면 삼각형 PAC에서
∠BAC=∠x+20°
이때 $\overparen{AB}=\overparen{BC}=\overparen{CD}$이고
한 원에서 모든 원주각의 크기의 합은 180°이므로
∠x+3(∠x+20°)=180°
4∠x=120°, 즉 ∠x=30°
따라서 ∠ACD=30°

10 ∠BEC=∠BDC=90°이므로 네 점
E, B, C, D는 한 원 위에 있다.
이때 $\overline{BC}$는 원의 지름이고 점 M은 원
의 중심이 된다.
직각삼각형 AEC에서
∠ACE=90°−60°=30°
따라서 ∠DME=2∠DCE=2×30°=60°

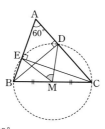

11 오른쪽 그림과 같이 $\overline{CF}$를 그으면 사각형
ABCF는 원 O에 내접하므로
∠BCF=180°−138°=42°
또 $\overline{AC}$, $\overline{FD}$를 그으면
$\overline{AB}=\overline{CD}=\overline{DE}=\overline{FA}$이므로
∠ACB=∠ACF=∠CFD=∠DFE
$=\dfrac{1}{2}\times 42°=21°$
따라서 ∠DOE=2×21°=42°

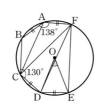

12 사각형 FCDE가 원 O에 내접하므로
∠FCB=∠DEF
따라서 △ABC≡△BDE (ASA 합동)이므로
$\overline{BD}=\overline{AB}=18$ cm
즉 $\overline{BC}=\overline{CD}=\overline{DE}=9$ cm
오른쪽 그림과 같이 $\overline{CE}$를 그으면
$\overline{CE}$는 원 O의 지름이고
$\overline{CE}=\sqrt{9^2+9^2}=9\sqrt{2}$ (cm)
따라서 원 O의 반지름의 길이는
$\dfrac{9\sqrt{2}}{2}$ cm이므로 그 넓이는
$\pi\times\left(\dfrac{9\sqrt{2}}{2}\right)^2=\dfrac{81}{2}\pi$ (cm^2)

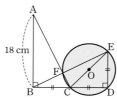

13 오른쪽 그림과 같이 $\overline{CD}$를 긋고
∠PAE=∠x라 하면
원 O에서
∠BDC=∠BAC=∠x
삼각형 PAE에서
∠CEF=∠x+80°

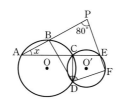

사각형 CDFE가 원 O′에 내접하므로
∠CEF+∠CDF=180°에서
∠CDF=180°−∠CEF=180°−(∠x+80°)
$=100°−∠x$
따라서
∠BDF=∠BDC+∠CDF
$=∠x+(100°−∠x)=100°$

14 ㄱ. ∠AFH+∠AEH=180°이므로 □AFHE는 원에 내접
한다.
ㄴ. ∠AEB=∠ADB=90°이므로 □ABDE는 원에 내접
한다.
ㄷ. ∠BFC=∠BEC=90°이므로 □FBCE는 원에 내접
한다.
ㄹ. ∠BFE+∠BDE≠180°이므로 □FBDE는 원에 내접하
지 않는다.
따라서 원에 내접하는 사각형은 ㄱ, ㄴ, ㄷ이다.

15 직선 PT가 원의 접선이므로 ∠PTA=∠TBA
삼각형 TCB에서 ∠CTB+∠TBC=68°
이때 ∠ATC=∠CTB이므로
∠PTC=∠PTA+∠ATC
$=∠TBA+∠CTB=68°$

16 $\overline{BC}$가 원 O′의 지름이므로 ∠BEC=90°
∠EBC=∠x라 하면
직각삼각형 BCE에서
∠ECB=90°−∠x
$\overline{AD}$가 원 O′의 접선이므로
∠AEB=∠ECB=90°−∠x
삼각형 ABE에서 ∠EBC=30°+∠AEB이므로
∠x=30°+(90°−∠x)
따라서 ∠x=60°

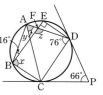

17 호 AE에 대한 원주각의 크기는 모두 같으므로
∠ADE=∠ABE=16°
사각형 BCDE가 원에 내접하므로
∠EBC+∠CDE=180°에서
∠x+(16°+76°)=180°, 즉 ∠x=88°
오른쪽 그림과 같이 $\overline{BE}$와 $\overline{AD}$의 교
점을 F라 하면 삼각형 EDF에서
∠z=90°+16°=106°
두 반직선 PC와 PD가 원의 접선이므로
∠PCD=∠PDC
$=\dfrac{1}{2}\times(180°−66°)=57°$
즉 ∠y=∠PDC=57°
따라서 ∠x+∠y−∠z=88°+57°−106°=39°

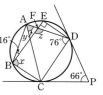

18 오른쪽 그림과 같이 점 P를 지나는 두
원의 공통인 접선 $\overline{TT'}$을 그으면
$\angle ABP = \angle APT = \angle CPT'$
$\quad\quad\quad = \angle CDP = 43°$
한편 $\overline{BC}$는 작은 원의 접선이므로
$\angle PCB = \angle CDP = 43°$
삼각형 ABC에서
$\angle BAC + (43° + 21°) + 43° = 180°$
따라서 $\angle BAC = 73°$

02 오른쪽 그림과 같이 $\overline{AC}$를 그으면
$\angle BAC = \dfrac{1}{2}\angle BOC = \dfrac{1}{2} \times 70° = 35°$
$\angle ACD = \dfrac{1}{2}\angle AOD = \dfrac{1}{2} \times 26° = 13°$
삼각형 PAC에서
$\angle BPC = 35° - 13° = 22°$

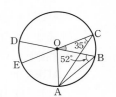

03 오른쪽 그림과 같이 $\overline{OA}$를 긋고 $\overline{BO}$,
$\overline{CO}$의 연장선이 원 O와 만나는 점을
각각 D, E라 하면
$\angle AOE = 2\angle ACE = 2 \times 35° = 70°$
$\angle AOD = 2\angle ABD = 2 \times 52° = 104°$
따라서
$\angle BOC = \angle DOE$ (맞꼭지각)
$\quad\quad\quad = \angle AOD - \angle AOE$
$\quad\quad\quad = 104° - 70° = 34°$

다른 풀이
오른쪽 그림과 같이 $\overline{OA}$를 그으면
삼각형 OAB는 $\overline{OA} = \overline{OB}$인 이등변삼각
형이므로
$\angle OAB = \angle OBA = 52°$
또 삼각형 OAC는 $\overline{OA} = \overline{OC}$인 이등변
삼각형이므로
$\angle OAC = \angle OCA = 35°$
$\angle CAB = \angle OAB - \angle OAC$
$\quad\quad\quad = 52° - 35° = 17°$
따라서 $\angle BOC = 2\angle BAC = 2 \times 17° = 34°$

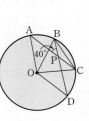

| 68~74쪽 |

고난도 실전 문제

01 $\left(27\pi - \dfrac{81\sqrt{3}}{4}\right)$ cm²	**02** ⑤	**03** ④	**04** ④
05 ③	**06** 84°	**07** 120°	**08** ④	**09** 112°
10 ④	**11** 60	**12** ②	**13** 94°	**14** ②
15 46°	**16** $\dfrac{6\sqrt{11}}{11}$	**17** $(54\pi + 243\sqrt{3})$ m²	**18** 60°
19 ④	**20** ⑤	**21** 15 cm	**22** 64	**23** ④
24 ②	**25** ⑤	**26** 10°	**27** ②	**28** ③
29 ③	**30** 125°	**31** ③	**32** 42°
33 $\dfrac{2\sqrt{5}}{3}$ cm	**34** ①	**35** 88°	**36** 3
37 ⑤	**38** 30°	**39** 106°	**40** $\sqrt{2}$	**41** ③
42 66°			

01 오른쪽 그림과 같이 $\overline{OC}$를 그으면
$\angle BOC = 2\angle BAC$
$\quad\quad\quad = 2 \times 60° = 120°$ ······ ❶
따라서 색칠한 부분의 넓이는
(부채꼴 OBC의 넓이) $- \triangle OBC$
$= \pi \times 9^2 \times \dfrac{120}{360} - \dfrac{1}{2} \times 9 \times 9 \times \sin{(180° - 120°)}$
$= \pi \times 81 \times \dfrac{1}{3} - \dfrac{1}{2} \times 9 \times 9 \times \dfrac{\sqrt{3}}{2}$
$= 27\pi - \dfrac{81\sqrt{3}}{4}$ (cm²) ······ ❷

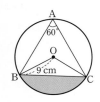

채점 기준	비율
❶ ∠BOC의 크기 구하기	40 %
❷ 색칠한 부분의 넓이 구하기	60 %

04 오른쪽 그림과 같이 $\overline{OA}$, $\overline{OB}$, $\overline{OC}$,
$\overline{OD}$, $\overline{BC}$를 그으면 삼각형 PBC에서
$\angle PCB + \angle PBC = 40°$
한편 $\angle AOB = 2\angle ACB$,
$\angle COD = 2\angle CBD$이므로
$\angle AOB + \angle COD = 2(\angle ACB + \angle CBD)$
$\quad\quad\quad\quad\quad\quad = 2 \times 40° = 80°$
이때 $\overarc{AB} + \overarc{CD} = 8\pi$이므로
원 O의 반지름의 길이를 r라 하면
$2\pi \times r \times \dfrac{80}{360} = 8\pi$, 즉 $r = 18$
따라서 원 O의 넓이는
$\pi \times 18^2 = 324\pi$

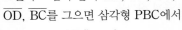

05 오른쪽 그림과 같이 원의 중심 O에서 현 AB에 내린 수선의 발을 H라 하고, $\overline{OH}$의 연장선이 원 O와 만나는 점을 Q라 하면

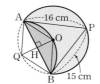

$\triangle AOH$와 $\triangle AQH$에서

$\overline{AH}$는 공통, $\overline{OH}=\overline{QH}$,

$\angle AHO=\angle AHQ=90°$이므로

$\triangle AOH\equiv\triangle AQH$ (SAS 합동)

즉 $\overline{OA}=\overline{QA}$

한편 $\overline{OA}=\overline{OQ}$ (반지름)이므로 $\overline{OA}=\overline{QA}=\overline{OQ}$

삼각형 OAQ는 정삼각형이므로 $\angle AOQ=60°$

같은 방법으로 $\angle BOQ=60°$이므로

$\angle AOB=60°+60°=120°$

따라서 $\angle APB=\frac{1}{2}\angle AOB=\frac{1}{2}\times120°=60°$이므로

삼각형 PAB의 넓이는

$\frac{1}{2}\times16\times15\times\sin60°=\frac{1}{2}\times16\times15\times\frac{\sqrt{3}}{2}$

$=60\sqrt{3}\,(\text{cm}^2)$

06 오른쪽 그림과 같이 $\overline{OB}$, $\overline{OD}$를 긋고 $\overline{OA}$와 $\overline{BD}$의 교점을 H라 하면

삼각형 OAB는 $\overline{OA}=\overline{OB}$인 이등변삼각형이므로

$\angle OBA=\angle OAB=48°$

$\angle AOB=180°-2\times48°=84°$

한편 $\overline{OA}$는 현 BD의 수선이므로

$\triangle OBH\equiv\triangle ODH$ (RHS 합동)

즉 $\angle BOH=\angle DOH=84°$이므로

$\angle BOD=2\times84°=168°$

따라서 $\angle BCD=\frac{1}{2}\angle BOD=\frac{1}{2}\times168°=84°$

07 오른쪽 그림과 같이 $\overline{OA}$, $\overline{OB}$, $\overline{O'A}$, $\overline{O'B}$를 그으면 두 삼각형 AOO', BOO'은 모두 정삼각형이므로

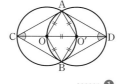

$\angle O'OA=\angle O'OB=\angle OO'A$

$=\angle OO'B=60°$ ……❶

$\angle AOB=\angle AO'B=2\times60°=120°$ ……❷

이므로 $\angle ACB=\angle ADB=\frac{1}{2}\times120°=60°$

따라서 $\angle ACB+\angle ADB=60°+60°=120°$ ……❸

채점 기준	비율
❶ $\angle O'OA$, $\angle O'OB$, $\angle OO'A$, $\angle OO'B$의 크기 구하기	40 %
❷ $\angle AOB$, $\angle AO'B$의 크기 구하기	30 %
❸ $\angle ACB+\angle ADB$의 크기 구하기	30 %

08 오른쪽 그림과 같이 $\overline{CO}$, $\overline{CO'}$을 긋고, 점 C에서 $\overline{OB}$에 내린 수선의 발을 H라 하면

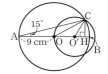

$\angle COB=2\times15°=30°$이므로

$\angle CO'B=2\times30°=60°$

직각삼각형 COH에서

$\overline{OC}=9$ cm, $\angle COH=30°$이므로

$\overline{CH}=9\sin30°=9\times\frac{1}{2}=\frac{9}{2}\,(\text{cm})$

또 직각삼각형 CO'H에서

$\overline{CH}=\frac{9}{2}$ cm, $\angle CO'H=60°$이므로

$\overline{O'C}=\dfrac{\frac{9}{2}}{\sin60°}=\frac{9}{2}\times\frac{2}{\sqrt{3}}=3\sqrt{3}\,(\text{cm})$

따라서 원 O'의 반지름의 길이가 $3\sqrt{3}$ cm이므로

원 O'의 둘레의 길이는

$2\pi\times3\sqrt{3}=6\sqrt{3}\pi\,(\text{cm})$

09 $\angle ADC=\angle ABC=52°$이므로

직각삼각형 EFD에서

$\angle DEF=90°-52°=38°$

$\angle BEG=180°-(38°+82°)=60°$이므로

삼각형 BEG에서

$\angle CGE=60°+52°=112°$

10 오른쪽 그림과 같이 $\overline{AI}$를 그으면 삼각형의 내심은 세 내각의 이등분선의 교점이므로

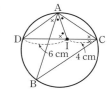

$\angle BAI=\angle CAI$, $\angle ACI=\angle BCI$

삼각형 AIC에서

$\angle AID=\angle CAI+\angle ACI$

또 $\angle BAD=\angle BCD$이므로,

삼각형 DIA는 $\overline{DI}=\overline{DA}$인 이등변삼각형이다.

따라서 $\overline{AD}$의 길이는 6 cm이다.

11 반원에 대한 원주각의 크기는 $90°$이므로 지름이 되는 두 점과 나머지 한 점을 연결하면 직각삼각형이 된다.

오른쪽 그림과 같이 원의 중심을 O라 하면 하나의 지름 $\overline{A_1A_7}$에 대하여 10개의 직각삼각형을 만들 수 있다.

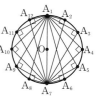

이때 지름은 모두 6개이므로 만들 수 있는 직각삼각형의 개수는

$10\times6=60$

12 삼각형 PBD에서 $\angle PBD = \angle x - 40°$
또 $\angle BAC = \angle BDC = \angle x$이므로
삼각형 ABQ에서
$\angle x + (\angle x - 40°) = 80°$이므로 $2\angle x = 120°$
따라서 $\angle x = 60°$

13 오른쪽 그림과 같이 $\overline{CF}$를 그으면
$\angle BAC = \angle BFC$, $\angle DEC = \angle DFC$
이므로
$\angle x = 23° + 24° = 47°$ ...... ❶
또 점 C에서 $\overline{AB}$, $\overline{ED}$와 평행한 선을
그어 원과의 교점을 G라 하면
$\angle BAC = \angle GCA$ (엇각), $\angle DEC = \angle GCE$ (엇각)
이므로
$\angle y = 23° + 24° = 47°$ ...... ❷
따라서 $\angle x + \angle y = 47° + 47° = 94°$ ...... ❸

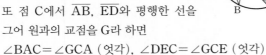

채점 기준	비율
❶ $\angle x$의 크기 구하기	40 %
❷ $\angle y$의 크기 구하기	40 %
❸ $\angle x + \angle y$의 크기 구하기	20 %

14 오른쪽 그림과 같이 $\overline{AE}$, $\overline{OD}$를 그으면
$\angle AEC = \angle ODC = 90°$
직각삼각형 ODC에서
$\overline{OC} = 9$ cm, $\overline{OD} = 3$ cm이므로
$\overline{CD} = \sqrt{9^2 - 3^2} = 6\sqrt{2}$ (cm)
이때 $\triangle AEC \varpropto \triangle ODC$ (AA 닮음)이므로
$\overline{AC} : \overline{OC} = \overline{CE} : \overline{CD}$에서 $12 : 9 = \overline{CE} : 6\sqrt{2}$
즉 $4 : 3 = \overline{CE} : 6\sqrt{2}$이므로 $3\overline{CE} = 24\sqrt{2}$
따라서 $\overline{CE} = 8\sqrt{2}$ (cm)

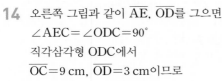
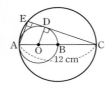

15 $\overline{PB}$가 반원 O의 접선이므로 $\angle ABP = 90°$
또 반원에 대한 원주각의 크기는 $90°$이므로
$\angle ACB = 90°$
직각삼각형 PCE에서 $\angle CPE = 112° - 90° = 22°$
직각삼각형 ABP에서 $\angle APB = 2 \times 22° = 44°$이므로
$\angle PAB = 90° - 44° = 46°$

16 반원에 대한 원주각의 크기는 $90°$이므로
$\angle ACB = 90°$
직각삼각형 ABC에서
$\overline{BC} = \sqrt{6^2 - 5^2} = \sqrt{11}$
이때 $\triangle ABC \varpropto \triangle ACH$ (AA 닮음)이므로
$\angle x = \angle ABC$

따라서
$\sin x \times \tan x + \cos x$
$= \sin(\angle ABC) \times \tan(\angle ABC) + \cos(\angle ABC)$
$= \dfrac{5}{6} \times \dfrac{5}{\sqrt{11}} + \dfrac{\sqrt{11}}{6} = \dfrac{25\sqrt{11}}{66} + \dfrac{\sqrt{11}}{6} = \dfrac{6\sqrt{11}}{11}$

17 오른쪽 그림과 같이 원의 중심을 O라 하고
$\overline{AO}$, $\overline{BO}$의 연장선과 원의 교점을 각각 C, D라 하면 $\overline{AC}$, $\overline{BD}$는 각각 원 O의 지름이므로
$\angle DAB = \angle CBA = 90°$
또 $\angle ADB = \angle ACB = \angle APB = 30°$이므로
두 직각삼각형 ABD, BAC에서
$\overline{AD} = \overline{BC} = \dfrac{18}{\tan 30°} = 18 \times \sqrt{3} = 18\sqrt{3}$ (m)
한편 $\angle AOB = 2\angle APB = 2 \times 30° = 60°$이고
$\overline{OA} = \overline{OB}$이므로 삼각형 OAB에서
$\angle OAB = \angle OBA = \dfrac{1}{2} \times (180° - 60°) = 60°$
즉 삼각형 OAB는 정삼각형이다.
원 O의 반지름의 길이가 18 m이므로 수영장의 레인의 넓이는
(직사각형 ADCB의 넓이)
$\qquad + (\overline{CD}$와 $\over{CD}$로 이루어진 활꼴의 넓이)
$= 18 \times 18\sqrt{3} + \left(\pi \times 18^2 \times \dfrac{60}{360} - \dfrac{1}{2} \times 18 \times 18 \times \sin 60° \right)$
$= 324\sqrt{3} + (54\pi - 81\sqrt{3})$
$= 54\pi + 243\sqrt{3}$ (m^2)

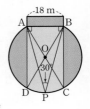

18 오른쪽 그림과 같이 $\overline{AB}$를 그으면
$\overset{\frown}{AB} = \overset{\frown}{BC} = \overset{\frown}{CD}$이므로
$\angle BAC = \angle AEB = \angle BEC = \angle CAD$
이때 $\angle ABE = \angle ACE = 53°$이므로
삼각형 ABF에서
$2\angle BAC = 180° - (53° + 67°) = 60°$
따라서 $\angle AEC = 2\angle AEB = 2\angle BAC = 60°$

19 오른쪽 그림과 같이 $\overline{OB}$, $\overline{BE}$를 그으면
$\overset{\frown}{AB} = \overset{\frown}{DE}$이므로
$\angle AOB = 2\angle DBE$
또 $\angle BOC = 2\angle BEC$이고
삼각형 PBE에서
$\angle DBE + \angle BEC = 43°$이므로
$\angle AOC = \angle AOB + \angle BOC$
$\qquad = 2\angle DBE + 2\angle BEC$
$\qquad = 2(\angle DBE + \angle BEC)$
$\qquad = 2 \times 43° = 86°$

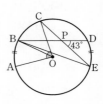

20 오른쪽 그림과 같이 $\overline{OC}$, $\overline{BC}$를 그으면

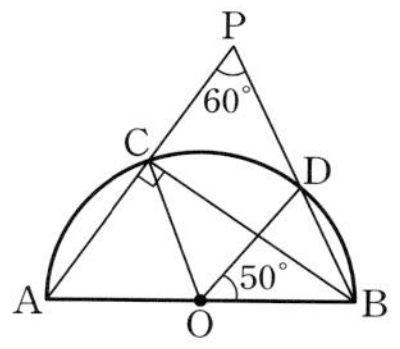

$\angle ACB = 90°$

이때 직각삼각형 PCB에서

$\angle CBP = 90° - 60° = 30°$이므로

$\angle COD = 2\angle CBD = 2 \times 30° = 60°$

$\angle AOC = 180° - (60° + 50°) = 70°$

따라서

$\overset{\frown}{AC} : \overset{\frown}{CD} : \overset{\frown}{BD} = \angle AOC : \angle COD : \angle BOD$

$\qquad\qquad\qquad = 70 : 60 : 50$

$\qquad\qquad\qquad = 7 : 6 : 5$

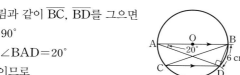

21 오른쪽 그림과 같이 $\overline{BC}$, $\overline{BD}$를 그으면

$\angle ADB = 90°$

$\angle BCD = \angle BAD = 20°$

$\overline{AB} /\!/ \overline{CD}$이므로

$\angle ADC = \angle BAD = 20°$ (엇각)

삼각형 BCD에서 $\angle BCD = 20°$,

$\angle BDC = 20° + 90° = 110°$이므로

$\angle CBD = 180° - (20° + 110°) = 50°$

한 원에서 호의 길이는 원주각의 크기에 정비례하므로

$\overset{\frown}{CD} : \overset{\frown}{BD} = \angle CBD : \angle BAD$

$\overset{\frown}{CD} : 6 = 50 : 20$에서 $2\overset{\frown}{CD} = 30$

따라서 $\overset{\frown}{CD} = 15$ (cm)

22 오른쪽 그림과 같이 $\overline{AO}$의 연장선과 원 O의 교점을 E, 두 현 AC, BD의 교점을 F라 하고 $\overline{BE}$, $\overline{CE}$를 그으면 $\overline{AE}$가 원의 지름이므로

$\angle ABE = \angle ACE = 90°$ ...... ❶

이때 $\angle AFB = \angle FCE = 90°$ (동위각)

이므로 $\overline{BD} /\!/ \overline{EC}$

따라서 $\angle CBD = \angle BCE$ (엇각)

또 $\angle BAE = \angle BCE$이므로 $\angle BAE = \angle CBD$

즉 $\overset{\frown}{BE}$와 $\overset{\frown}{CD}$에 대한 원주각의 크기가 같으므로

$\overline{BE} = \overline{CD}$ ...... ㉠ ...... ❷

직각삼각형 ABE에서 $\overline{AE} = 8$이므로

$\overline{AB}^2 + \overline{BE}^2 = 8^2$ ...... ㉡

㉠, ㉡에 의하여 $\overline{AB}^2 + \overline{CD}^2 = 64$ ...... ❸

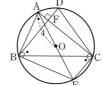

채점 기준	비율
❶ 반원에 대한 원주각의 크기가 90°임을 알기	30 %
❷ 평행한 두 직선을 찾아 $\overline{BE} = \overline{CD}$임을 알기	40 %
❸ $\overline{AB}^2 + \overline{CD}^2$의 값 구하기	30 %

23 오른쪽 그림과 같이 $\overline{AD}$를 그으면 삼각형 PAD에서

$\angle ADB + \angle CAD$

$= 180° - 80° = 100°$

이때

$\overset{\frown}{AB} : \overset{\frown}{CD} = 14\pi : 6\pi = 7 : 3$

이므로

$\angle ADB = \dfrac{7}{7+3} \times 100° = 70°$

즉 $\angle AOB = 2\angle ADB = 2 \times 70° = 140°$이고

$\overset{\frown}{AB} = 14\pi$이므로

원 O의 반지름의 길이를 r라 하면

$2\pi r \times \dfrac{140}{360} = 14\pi$

즉 $r = 18$

따라서 원 O의 반지름의 길이는 18이다.

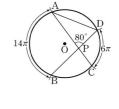

24 오른쪽 그림과 같이 $\overline{AD}$를 긋고

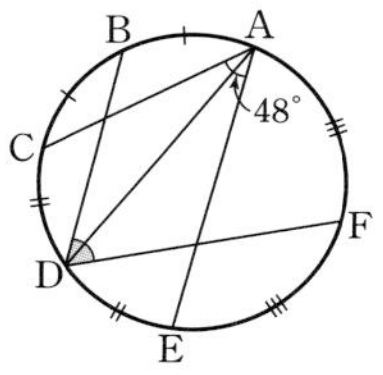

$\angle ADB = \angle x$, $\angle ADF = \angle y$

라 하면

한 원에서 모든 원주각의 크기의 합은

180°이고

$\angle CAE = 48°$이므로

$2\angle x + 2\angle y + 48° = 180°$, $2\angle x + 2\angle y = 132°$

즉 $\angle x + \angle y = 66°$

따라서

$\angle BDF = \angle x + \angle y = 66°$

다른 풀이

오른쪽 그림과 같이 $\overline{AD}$, $\overline{CD}$, $\overline{DE}$를 그으면

$\angle ADB = \angle BDC$,

$\angle ADF = \angle FDE$

사각형 ACDE는 원에 내접하므로

$\angle CAE + \angle CDE = 180°$

$48° + 2(\angle ADB + \angle ADF) = 180°$이므로

$2(\angle ADB + \angle ADF) = 132°$에서

$\angle ADB + \angle ADF = 66°$

따라서 $\angle BDF = 66°$

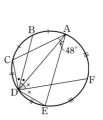

25 $\angle AEB = \angle ADB = 90°$이므로 네 점 A, B, D, E는 $\overline{AB}$를 지름으로 하고 점 M을 중심으로 하는 한 원 위에 있다.

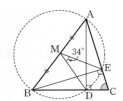

$$\angle DAE = \frac{1}{2} \angle DME$$
$$= \frac{1}{2} \times 34° = 17°$$

따라서 직각삼각형 ADC에서
$$\angle ACB = 90° - 17° = 73°$$

26 네 점 A, B, C, D가 한 원 위에 있으므로

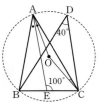

$\angle BAC = \angle BDC = 40°$ ...... ❶

따라서 $\angle BAE = \angle EAC = 20°$이므로 삼각형 ABE에서

$\angle ABC = 100° - 20° = 80°$ ...... ❷

오른쪽 그림과 같이 $\overline{OA}$를 그으면
$$\angle AOC = 2\angle ABC = 2 \times 80° = 160°$$

이때 삼각형 OAC는 $\overline{OA} = \overline{OC}$인 이등변삼각형이므로
$$\angle ACO = \frac{1}{2} \times (180° - 160°) = 10° \quad \cdots\cdots ❸$$

채점 기준	비율
❶ $\angle BAC$의 크기 구하기	30 %
❷ $\angle ABC$의 크기 구하기	40 %
❸ $\angle ACO$의 크기 구하기	30 %

27 $\angle OCE = \angle ODE = 20°$이므로 네 점 O, C, D, E는 한 원 위에 있다.

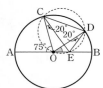

삼각형 COE에서
$$\angle CEO = 75° - 20° = 55°$$

오른쪽 그림과 같이 $\overline{CD}$를 그으면
$$\angle CDO = \angle CEO = 55°$$

한편 삼각형 OCD는 $\overline{OC} = \overline{OD}$인 이등변삼각형이므로
$$\angle DCO = \angle CDO = 55°$$

따라서 $\angle DCE = 55° - 20° = 35°$이므로
$$\angle DOE = \angle DCE = 35°$$

28 $\angle CED = \angle CFD = 90°$이므로 네 점 C, D, E, F는 $\overline{CD}$를 지름으로 하는 한 원 위에 있다.

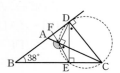

$\angle CDE = \angle CFE$이고
$\triangle BCD \backsim \triangle DCE$ (AA 닮음)이므로
$$\angle CDE = \angle CBD = 38°$$

따라서 $\angle CFE = 38°$이므로
$$\angle AFE = 180° - 38° = 142°$$

29 사각형 ABCD가 원에 내접하므로
$$\angle BAD + \angle BCD = 180°$$

이때 $\overset{\frown}{AE} = \overset{\frown}{DE}$이므로
$\angle ABE = \angle DCE = \angle a$라 하면
$$\angle BAD = 180° - \angle BCD$$
$$= 180° - (70° + \angle a)$$
$$= 110° - \angle a$$

따라서 삼각형 ABF에서
$$\angle AFE = (110° - \angle a) + \angle a = 110°$$

30 두 삼각형 ABC와 ADE가 합동이므로
$$\overline{AB} = \overline{AD}$$

오른쪽 그림과 같이 $\overline{BD}$를 그으면

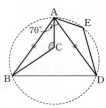

$$\angle ABD = \angle ADB$$
$$= \frac{1}{2} \times (180° - 70°) = 55°$$

사각형 ABDE가 원에 내접하므로
$\angle ABD + \angle AED = 180°$에서
$$\angle AED = 180° - \angle ABD$$
$$= 180° - 55° = 125°$$

따라서 $\angle ACB = \angle AED = 125°$

31 오른쪽 그림과 같이 $\overline{BG}, \overline{CG}, \overline{DG}$를 그으면 사각형 DEFG는 원 O에 내접하므로

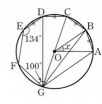

$$\angle DGF = 180° - 134° = 46°$$
$$\angle AGD = 100° - 46° = 54°$$이고
$\overline{AB} = \overline{BC} = \overline{CD}$이므로
$$\angle AGB = \angle BGC = \angle CGD$$
$$= \frac{1}{3} \times 54° = 18°$$

따라서 $\angle x = 2 \times 18° = 36°$

32 사각형 ACDB가 원 O에 내접하므로
$$\angle ABD = 180° - 114° = 66°$$

또 $\overline{AB}$가 원 O의 지름이므로
$$\angle ADB = 90°$$

직각삼각형 ADB에서
$\angle BAD = 90° - 66° = 24°$이므로
$$\angle BAE = \angle BAD = 24°$$

삼각형 ABP에서
$$\angle APD = \angle ABD - \angle BAE$$
$$= 66° - 24° = 42°$$

33 $\angle ABE=90°$이므로 오른쪽 그림과 같이 $\overline{AE}$를 그으면 $\overline{AE}$는 원 O의 지름이 된다.

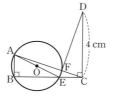

사각형 ABEF가 원 O에 내접하므로
$\angle DEC=\angle CAB$
$\triangle ABC\equiv\triangle ECD$ (ASA 합동)이므로
$\overline{BC}=\overline{CD}$
$\overline{AB}=a$ cm라 하면 $\overline{BC}=3a$ cm이므로
$3a=4$, 즉 $a=\dfrac{4}{3}$
직각삼각형 ABE에서
$\overline{AB}=\dfrac{4}{3}$ cm, $\overline{BE}=\dfrac{8}{3}$ cm이므로
$\overline{AE}=\sqrt{\left(\dfrac{4}{3}\right)^2+\left(\dfrac{8}{3}\right)^2}=\dfrac{4\sqrt{5}}{3}$ (cm)
따라서 원 O의 반지름의 길이는 $\dfrac{2\sqrt{5}}{3}$ cm이다.

34 오른쪽 그림과 같이 $\overline{CD}$를 그으면

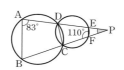

사각형 ABCD가 원에 내접하므로
$\angle DCF=\angle BAD=83°$
또 사각형 CFED가 원에 내접하므로
$\angle PEF=\angle DCF=83°$
따라서 삼각형 PEF에서
$\angle APB=110°-83°=27°$

35 사각형 ABCD가 원 O_1에 내접하므로
$\angle BAD=\angle DCE$
사각형 DCEF가 원 O_2에 내접하므로
$\angle DCE+\angle DFE=180°$
즉 $\angle BAD+\angle DFE=180°$
이때 $\angle BAD:\angle DFE=7:5$이므로
$\angle BAD=180°\times\dfrac{7}{7+5}=105°$
$\angle DFE=180°\times\dfrac{5}{7+5}=75°$
$\angle ABC=\angle BAD-13°=105°-13°=92°$ ...... ❶
한편 사각형 CGHE가 원 O_3에 내접하고 사각형 DCEF가 원 O_2에 내접하므로
$\angle x=\angle CEF=\angle CDA$ ...... ❷
또 사각형 ABCD가 원 O_1에 내접하므로
$\angle ABC+\angle CDA=180°$
$92°+\angle x=180°$, 즉 $\angle x=88°$ ...... ❸

채점 기준	비율
❶ $\angle BAD$, $\angle DFE$, $\angle ABC$의 크기 구하기	40 %
❷ $\angle x=\angle CEF=\angle CDA$임을 알기	30 %
❸ $\angle x$의 크기 구하기	30 %

36 $\triangle ACE$와 $\triangle BCD$에서
$\overline{AC}=\overline{BC}$, $\overline{CE}=\overline{CD}$이고
$\angle ACE=\angle ACD+60°=\angle BCD$이므로
$\triangle ACE\equiv\triangle BCD$(SAS 합동)
즉 $\angle CAE=\angle CBD$, $\angle CEA=\angle CDB$
이때 사각형의 한 변에 대하여 같은 쪽에 있는 두 각의 크기가 같은 사각형은 원에 내접하므로 □ABCH, □HCED는 원에 내접한다.
□ABCH가 원에 내접하므로
$\angle BAC=\angle BHC=60°$
□HCED가 원에 내접하므로
$\angle CHE=\angle CDE=60°$
$\angle FHG=60°+60°=120°$

한편 $\triangle ABC$, $\triangle DCE$가 모두 정삼각형이므로
$\angle FCG=180°-(60°+60°)=60°$
즉 $\angle FHG+\angle FCG=180°$이고 한 쌍의 대각의 크기의 합이 180°인 사각형은 원에 내접하므로 □FCGH는 원에 내접한다.
따라서 원에 내접하는 사각형은
□ABCH, □HCED, □FCGH의 3개이다.

37 직선 AP가 원의 접선이므로
$\angle PAB=\angle ACB$
이때 $\angle PAB=\angle ACB=\angle a$,
$\angle APQ=\angle BPQ=\angle b$라 하면
삼각형 APC에서
$(\angle a+52°)+2\angle b+\angle a=180°$
$2(\angle a+\angle b)=128°$
즉 $\angle a+\angle b=64°$
따라서 삼각형 QPC에서
$\angle AQP=\angle QCP+\angle QPC$
$\qquad=\angle a+\angle b=64°$

38 사각형 ABCD가 원에 내접하므로
$\angle BAD=180°-114°=66°$
오른쪽 그림과 같이 $\overline{BD}$를 그으면
삼각형 ABD에서

$\angle BDA+\angle ABD=180°-66°=114°$
이때 $\overset{\frown}{AB}:\overset{\frown}{AD}=5:14$이므로
$\angle BDA=114°\times\dfrac{5}{5+14}=30°$
따라서 $\angle BAT=\angle BDA=30°$

39 삼각형 ABC에서

$\overline{AB}=\overline{AC}$이므로

$\angle ABC=\angle ACB$

따라서 $\angle ABC=\angle ACB=\angle a$로 놓으면

$\angle BAC=180°-2\angle a$

$\overline{PC}$가 원의 접선이므로

$\angle BCP=\angle BAC$

$=180°-2\angle a$

삼각형 BPC에서

$\angle a=42°+(180°-2\angle a)$

$3\angle a=222°$, 즉 $\angle a=74°$

사각형 ABCD가 원에 내접하므로

$\angle ADC=180°-\angle ABC$

$=180°-74°=106°$

40 오른쪽 그림과 같이 $\overline{AC}$, $\overline{O'D}$, $\overline{AD}$를 그으면

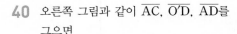

$\angle ACB=\angle O'DB=90°$이므로

$\triangle ACB \backsim \triangle O'DB$ (AA 닮음)

$\overline{AB}:\overline{O'B}=\overline{AC}:\overline{O'D}$이므로

$16:12=\overline{AC}:4$

즉 $\overline{AC}=\dfrac{16}{3}$(cm) ...... ❶

직각삼각형 O'DB에서

$\overline{BD}=\sqrt{12^2-4^2}=8\sqrt{2}$(cm)

삼각형 ACB에서

$\overline{AC} /\!/ \overline{O'D}$이므로

$\overline{AO'}:\overline{O'B}=\overline{CD}:\overline{DB}$에서

$4:12=\overline{CD}:8\sqrt{2}$

즉 $\overline{CD}=\dfrac{8\sqrt{2}}{3}$(cm) ...... ❷

$\overline{BC}$가 원 O'의 접선이므로

$\angle x=\angle CDA$ ...... ❸

따라서 직각삼각형 ACD에서

$\tan x=\tan(\angle CDA)$

$=\dfrac{\overline{AC}}{\overline{CD}}$

$=\dfrac{16}{3} \div \dfrac{8\sqrt{2}}{3}$

$=\dfrac{16}{3} \times \dfrac{3}{8\sqrt{2}}=\sqrt{2}$ ...... ❹

채점 기준	비율
❶ $\overline{AC}$의 길이 구하기	30 %
❷ $\overline{BD}$, $\overline{CD}$의 길이 구하기	30 %
❸ $\angle x=\angle CDA$임을 알기	20 %
❹ $\tan x$의 값 구하기	20 %

41 $\overset{\frown}{ED}$에 대한 원주각의 크기는 모두 같으므로

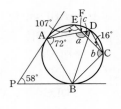

$\angle DAE=\angle DCE=16°$

$\overline{AD}$와 $\overline{CE}$의 교점을 F라 하면

삼각형 AFE에서

$\angle a=16°+107°=123°$

사각형 ABCD가 원에 내접하므로

$72°+(\angle b+16°)=180°$, 즉 $\angle b=92°$

$\overline{PA}$, $\overline{PB}$가 원의 접선이므로

삼각형 PAB는 $\overline{PA}=\overline{PB}$인 이등변삼각형이다.

$\angle PAB=\angle PBA=\dfrac{1}{2} \times (180°-58°)=61°$이므로

$\angle c=\angle PAB=61°$

따라서 $\angle a+\angle b+\angle c=123°+92°+61°=276°$

다른 풀이

사각형 ABCE는 원에 내접하므로

$107°+\angle ABC=180°$, 즉 $\angle ABC=73°$

사각형 ABCF의 내각의 크기의 합은 $360°$이므로

$\angle a+\angle b+73°+72°=360°$에서

$\angle a+\angle b=360°-145°=215°$

$\angle c=\angle PAB=\dfrac{1}{2} \times (180°-58°)=61°$

따라서 $\angle a+\angle b+\angle c=215°+61°=276°$

42 오른쪽 그림과 같이 점 P를 지나는 두 원의 공통인 접선 $\overline{TT'}$을 그으면

$\angle DCP=\angle DPT=\angle BPT'$

$=\angle BAP=44°$

한편 $\overline{BC}$는 작은 원의 접선이므로

$\angle PBC=\angle PAB=44°$

삼각형 DBC에서

$\angle PDC+(44°+26°)+44°=180°$이므로

$\angle PDC+114°=180°$

따라서 $\angle PDC=66°$

05 대푯값과 산포도

필수 확인 문제 | 78~82쪽 |

01 ③	02 244 mm	03 ②	04 ③
05 1	06 ⑤	07 ⑤	08 ④	09 ⑤
10 ④	11 46	12 8	13 ③	14 9
15 ④	16 ②	17 90.5점	18 ③	19 ③
20 $\frac{20}{3}$	21 ⑤	22 2	23 ③	24 ④
25 C	26 ⑤		

01 4개의 변량 a, b, c, d의 평균이 8이므로
$\frac{a+b+c+d}{4}=8$, 즉 $a+b+c+d=32$
따라서 6개의 변량 9, a, b, c, d, 13의 평균은
$\frac{9+a+b+c+d+13}{6}=\frac{(a+b+c+d)+22}{6}$
$=\frac{32+22}{6}=\frac{54}{6}=9$

02 전체 학생 수가 15이므로
$2+x+4+5=15$, 즉 $x=4$ ...... ❶
따라서 신발 사이즈의 평균은
$\frac{235\times2+240\times4+245\times4+250\times5}{15}$
$=\frac{3660}{15}=244\,(\text{mm})$ ...... ❷

채점 기준	비율
❶ x의 값 구하기	40 %
❷ 신발 사이즈의 평균 구하기	60 %

03 두 모둠의 자료를 변량이 작은 값부터 크기순으로 나타내면 다음과 같다.
[A 모둠] 5, 5, 6, 6, 7, 8, 8, 8, 9, 10
[B 모둠] 4, 4, 6, 6, 6, 7, 8, 10, 11
[A 모둠]의 중앙값은 $\frac{7+8}{2}=\frac{15}{2}$(회)이고
[B 모둠]의 중앙값은 6회이므로
$a=\frac{15}{2}$, $b=6$
따라서 $2a+b=2\times\frac{15}{2}+6=21$

04 7개의 변량을 작은 값부터 크기순으로 나열할 때, 중앙값은 네 번째에 위치하는 값이다.
이때 중앙값이 164 cm이므로 네 번째 학생의 키는 164 cm 이다.

변량을 하나 추가하면 8개의 변량이 되고 이때의 중앙값은 네 번째와 다섯 번째 변량의 평균이 된다.
추가되는 변량인 170 cm는 168 cm보다 크므로 네 번째와 다섯 번째 변량은 각각 164 cm, 168 cm이다.
따라서 구하는 중앙값은
$\frac{164+168}{2}=\frac{332}{2}=166\,(\text{cm})$

05 두 사람 모두 10시간 동안 TV를 시청했으므로
$1+3+a+2+2=10$에서 $a=2$
$3+1+1+b+1=10$에서 $b=4$
수진이의 TV 시청 시간은
1, 3, 2, 2, 2 ➡ 1, 2, 2, 2, 3
이므로 수진이의 TV 시청 시간의 최빈값은 2시간이다.
진영이의 TV 시청 시간은
3, 1, 1, 4, 1 ➡ 1, 1, 1, 3, 4
이므로 진영이의 TV 시청 시간의 최빈값은 1시간이다.
따라서 $x=2$, $y=1$이므로
$x-y=2-1=1$

06 주어진 자료를 작은 값부터 크기순으로 나열하면
5, 7, 8, 9, 9, 11, 11, 11, 12, 13이므로
중앙값은 $\frac{9+11}{2}=\frac{20}{2}=10$(개)이고
최빈값은 11개이다.
따라서 $a=10$, $b=11$이므로
$a+b=10+11=21$

07 [자료 1]에서 2, 3, 5, 7, 7, 8이므로
$(\text{평균})=\frac{2+3+5+7+7+8}{6}=\frac{32}{6}=\frac{16}{3}$
$(\text{중앙값})=\frac{5+7}{2}=\frac{12}{2}=6$
$(\text{최빈값})=7$
[자료 2]에서 자료를 작은 값부터 크기순으로 나열하면
1, 2, 3, 3, 4, 4, 6이므로
$(\text{평균})=\frac{1+2+3+3+4+4+6}{7}=\frac{23}{7}$
$(\text{중앙값})=3$, $(\text{최빈값})=3$, 4
[자료 3]에서 자료를 작은 값부터 크기순으로 나열하면
3, 3, 4, 4, 5, 5, 7이므로
$(\text{평균})=\frac{3+3+4+4+5+5+7}{7}=\frac{31}{7}$
$(\text{중앙값})=4$, $(\text{최빈값})=3$, 4, 5
⑤ [자료 1], [자료 2], [자료 3]의 중앙값은 각각 6, 3, 4이므로 중앙값은 [자료 1]이 가장 크다.
따라서 옳지 않은 것은 ⑤이다.

08 주어진 자료를 작은 값부터 크기순으로 나열할 때, 8번째 변량은 $(10+b)$초이므로 중앙값은 $(10+b)$초이다.
이때 최빈값은 중앙값보다 4초만큼 작고 $a<b$이므로 최빈값은 14초이다.
즉 $a=4$이고 $10+b=14+4$이므로 $b=8$
따라서 $a+b=4+8=12$

> **참고**
> 주어진 자료에서 3초가 2개, 14초가 2개, 30초가 2개이므로 최빈값이 하나뿐이려면 그 변량은 3개 이상이어야 한다.
> 그런데 $4\le a<b$이므로 3개가 가능한 변량은 14초뿐이다.
> 따라서 최빈값은 14초가 된다.

09 ㄱ. 자료에 극단적인 값이 있는 경우는 평균보다 중앙값이 자료 전체의 특징을 더 잘 나타내므로 대푯값으로 평균보다 중앙값이 적당하다.
ㄴ. 자료의 개수가 짝수 개인 경우는 중앙에 있는 두 값의 평균이 중앙값이 되므로 자료에 없는 값일 수도 있다.
따라서 옳은 것은 ㄱ, ㄷ이다.

10 5회째 시험에서 x점을 받는다고 하면
$$\frac{88+77+95+93+x}{5}=90,\ 353+x=450$$
즉 $x=97$
따라서 5회에 걸쳐 받은 영어 성적의 평균이 90점이 되려면 5회째 시험에서 97점을 받아야 한다.

11 x를 제외한 변량이 모두 다르므로 x는 이 자료의 최빈값이다.
이때 이 자료의 최빈값과 평균이 서로 같으므로
$$\frac{52+42+46+44+x}{5}=x,\ 184+x=5x$$
$4x=184$, 즉 $x=46$

12 평균이 76점이므로
$$\frac{71+89+65+93+x+64+78+91+75+69}{10}=76$$
$$\frac{695+x}{10}=76,\ 695+x=760$$
즉 $x=65$ $\qquad\qquad$ ······ **❶**
따라서 10명의 학생들의 국어 성적을 작은 값부터 크기순으로 나열하면 64, 65, 65, 69, 71, 75, 78, 89, 91, 93이므로
중앙값은 $a=\dfrac{71+75}{2}=\dfrac{146}{2}=73$(점)이고
최빈값은 $b=65$(점)이다. $\qquad$ ······ **❷**
따라서 $a-b=73-65=8$ $\qquad$ ······ **❸**

채점 기준	비율
❶ x의 값 구하기	40 %
❷ a, b의 값 구하기	40 %
❸ $a-b$의 값 구하기	20 %

13 [자료 1]의 중앙값이 8이고 $x<y$이므로
3, 5, x, y, 10 또는 3, 5, x, 10, y에서 $x=8$
[자료 2]의 중앙값이 11이고 $x=8$이므로
$8<y<13$
8, y, 13, 14에서 $\dfrac{y+13}{2}=11$이므로
$y+13=22$, 즉 $y=9$
따라서 $x+y=8+9=17$

14 x를 제외한 변량을 작은 값부터 크기순으로 나열하면
7, 8, 9, 9, 10, 11, 14
x를 포함시켰을 때, 중앙값이 9이므로 $x\le9$
이때 x는 음이 아닌 정수이므로 $x\ge0$
$0\le x\le9$에서 정수 x의 값이 될 수 있는 가장 큰 값은 9이고 가장 작은 값은 0이다.
따라서 구하는 차는 $9-0=9$

> **참고**
> $x=0$이면 주어진 자료는 0, 7, 8, 9, 9, 10, 11, 14
> $x=1$이면 주어진 자료는 1, 7, 8, 9, 9, 10, 11, 14
> $x=2$이면 주어진 자료는 2, 7, 8, 9, 9, 10, 11, 14
> $x=3$이면 주어진 자료는 3, 7, 8, 9, 9, 10, 11, 14
> $x=4$이면 주어진 자료는 4, 7, 8, 9, 9, 10, 11, 14
> $x=5$이면 주어진 자료는 5, 7, 8, 9, 9, 10, 11, 14
> $x=6$이면 주어진 자료는 6, 7, 8, 9, 9, 10, 11, 14
> $x=7$이면 주어진 자료는 7, 7, 8, 9, 9, 10, 11, 14
> $x=8$이면 주어진 자료는 7, 8, 8, 9, 9, 10, 11, 14
> $x=9$이면 주어진 자료는 7, 8, 9, 9, 9, 10, 11, 14
> 따라서 x가 $0\le x\le9$인 정수이면 중앙값은
> $\dfrac{9+9}{2}=\dfrac{18}{2}=9$

15 편차의 총합은 0이므로
$-3+2+x+(-1)+1=0$, 즉 $x=1$
양궁 점수의 평균이 8점이므로 3회에 받은 양궁 점수는
$1+8=9$(점)

16 6명의 학생의 몸무게의 평균을 구하면
$$\frac{55+45+48+52+50+44}{6}=\frac{294}{6}=49\,(kg)$$
각 학생의 몸무게의 편차를 구하면
$6\,kg$, $-4\,kg$, $-1\,kg$, $3\,kg$, $1\,kg$, $-5\,kg$
따라서 주어진 수 중에서 편차가 될 수 없는 것은 $-3\,kg$이다.

17 잘못 보고 구한 평균이 90점이므로 이때의 10명의 영어 점수의 총합은

$90 \times 10 = 900$(점)

편차의 총합은 항상 0인데 -5점이 나왔으므로 바르게 구한 점수의 총합은

$900 + 5 = 905$(점)

따라서 원래 영어 성적의 평균은

$\dfrac{905}{10} = 90.5$(점)

18 편차의 총합은 0이므로

$-4 + (-1) + 3 + x + (-2) + 5 = 0$, 즉 $x = -1$

ㄱ. (라디오 청취 시간) = (편차) + (평균)이므로 라디오 청취 시간이 가장 긴 학생은 F이다.

ㄴ. 편차의 절댓값이 가장 작은 학생은 B, D이므로 라디오 청취 시간이 평균 시간에 가장 가까운 학생은 B, D의 2명이다.

ㄷ. A의 라디오 청취 시간은 $-4 + ($평균$)$이고, C의 라디오 청취 시간은 $3 + ($평균$)$이다.

이때 $\{3 + ($평균$)\} - \{-4 + ($평균$)\} = 7$이므로 학생 C는 학생 A보다 라디오를 7시간 더 청취했다.

따라서 옳은 것은 ㄷ뿐이다.

19 편차의 총합은 0이므로

$-6 + 5 + (-2) + x + 3 = 0$, 즉 $x = 0$

$($분산$) = \dfrac{(-6)^2 + 5^2 + (-2)^2 + 0^2 + 3^2}{5}$

$\qquad = \dfrac{74}{5} = 14.8$

따라서 구하는 표준편차는 $\sqrt{14.8}$세이다.

20 평균이 7점이므로

$\dfrac{6 + 8 + 10 + 7 + x + 9}{6} = 7$, $\dfrac{40 + x}{6} = 7$

$40 + x = 42$, 즉 $x = 2$ ······ ❶

각 회의 점수의 편차를 구하면

-1점, 1점, 3점, 0점, -5점, 2점 ······ ❷

따라서 구하는 분산은

$\dfrac{(-1)^2 + 1^2 + 3^2 + 0^2 + (-5)^2 + 2^2}{6} = \dfrac{40}{6} = \dfrac{20}{3}$ ······ ❸

채점 기준	비율
❶ x의 값 구하기	40 %
❷ 각 점수의 편차 구하기	20 %
❸ 분산 구하기	40 %

21 5개의 변량의 평균은

$\dfrac{2x + 8 + 5 + (3x - 5) + 7}{5} = \dfrac{5x + 15}{5} = x + 3$

각 변량에 대한 편차가 각각

$x - 3$, $5 - x$, $2 - x$, $2x - 8$, $4 - x$

이고 분산이 3.6이므로

$\dfrac{(x-3)^2 + (5-x)^2 + (2-x)^2 + (2x-8)^2 + (4-x)^2}{5} = 3.6$

$\dfrac{8x^2 - 60x + 118}{5} = 3.6$, $8x^2 - 60x + 118 = 18$

$8x^2 - 60x + 100 = 0$, $2x^2 - 15x + 25 = 0$

$(2x - 5)(x - 5) = 0$

이때 x는 정수이므로 $x = 5$

22 주어진 5개의 변량의 평균이 11이므로

$\dfrac{9 + a + 13 + b + 15}{5} = 11$, $\dfrac{a + b + 37}{5} = 11$

$a + b + 37 = 55$, 즉 $b = 18 - a$ ······ ㉠ ······ ❶

5개의 변량의 표준편차가 $\sqrt{6.8}$이므로 분산은

$(\sqrt{6.8})^2 = 6.8$

한편 5개의 변량의 편차는 각각

-2, $a - 11$, 2, $b - 11$, 4이므로

$\dfrac{(-2)^2 + (a-11)^2 + 2^2 + (b-11)^2 + 4^2}{5} = 6.8$

$(a-11)^2 + (b-11)^2 + 24 = 34$

$(a-11)^2 + (b-11)^2 - 10 = 0$ ······ ㉡ ······ ❷

㉠을 ㉡에 대입하면

$(a-11)^2 + (7-a)^2 - 10 = 0$

$2a^2 - 36a + 160 = 0$, $a^2 - 18a + 80 = 0$

$(a-8)(a-10) = 0$, 즉 $a = 8$ 또는 $a = 10$

㉠에서 $a = 8$이면 $b = 10$, $a = 10$이면 $b = 8$

이때 $a > b$이므로 $a = 10$, $b = 8$ ······ ❸

따라서 $a - b = 10 - 8 = 2$ ······ ❹

채점 기준	비율
❶ 평균을 이용하여 a, b의 관계식 구하기	30 %
❷ 표준편차를 이용하여 a, b의 관계식 구하기	30 %
❸ a, b의 값 구하기	30 %
❹ $a - b$의 값 구하기	10 %

23 남학생과 여학생의 평균이 76점으로 같으므로 정민이네 반 전체 학생에 대한 과학 성적의 분산은

$\dfrac{14 \times 5^2 + 14 \times 3^2}{14 + 14} = \dfrac{14 \times 34}{28} = 17$

따라서 구하는 표준편차는 $\sqrt{17}$점이다.

24 ① A학급의 평균이 가장 높으므로 A학급의 성적이 가장 우수하다고 할 수 있다.
② 편차의 총합은 항상 0이므로 세 학급의 편차의 총합은 모두 같다.
③ C학급의 표준편차가 가장 작으므로 C학급의 성적이 가장 고르게 분포되어 있다.
④ 주어진 자료로는 성적이 가장 높은 학생이 속한 학급을 알 수 없다.
⑤ A학급의 표준편차가 B학급의 표준편차보다 작으므로 A학급의 성적이 B학급의 성적보다 고르다.
따라서 옳지 않은 것은 ④이다.

25 C선수의 사격 점수가 A선수와 B선수에 비하여 10점을 중심으로 모여 있으므로 사격 점수가 가장 고른 선수는 C이다.

다른 풀이

A, B, C 세 사격 선수의 사격 점수는 각각 다음과 같다.
A: 10, 9, 8, 8, 5
B: 10, 10, 9, 9, 7
C: 10, 10, 9, 8, 8
A선수의 사격 점수의 평균과 분산을 구하면

$$(\text{평균}) = \frac{10+9+8+8+5}{5} = \frac{40}{5} = 8(\text{점})$$

$$(\text{분산}) = \frac{(10-8)^2+(9-8)^2+(8-8)^2+(8-8)^2+(5-8)^2}{5}$$
$$= \frac{14}{5} = 2.8$$

B선수의 사격 점수의 평균과 분산을 구하면

$$(\text{평균}) = \frac{10+10+9+9+7}{5} = \frac{45}{5} = 9(\text{점})$$

$$(\text{분산}) = \frac{(10-9)^2+(10-9)^2+(9-9)^2+(9-9)^2+(7-9)^2}{5}$$
$$= \frac{6}{5} = 1.2$$

C선수의 사격 점수의 평균과 분산을 구하면

$$(\text{평균}) = \frac{10+10+9+8+8}{5} = \frac{45}{5} = 9(\text{점})$$

$$(\text{분산}) = \frac{(10-9)^2+(10-9)^2+(9-9)^2+(8-9)^2+(8-9)^2}{5}$$
$$= \frac{4}{5} = 0.8$$

따라서 C선수의 분산이 가장 작으므로 사격 점수가 가장 고른 선수는 C이다.

26 A, B 두 종류의 세탁기의 1월부터 6월까지의 월별 판매 대수를 표로 나타내면 다음과 같다.

(단위: 대)

월	1	2	3	4	5	6
A	10	18	25	27	31	27
B	13	15	22	28	32	28

A세탁기의 월별 판매 대수의 평균과 분산을 구하면

$$(\text{평균}) = \frac{10+18+25+27+31+27}{6} = \frac{138}{6} = 23(\text{대})$$

$$(\text{분산}) = \frac{(-13)^2+(-5)^2+2^2+4^2+8^2+4^2}{6}$$
$$= \frac{294}{6} = 49$$

B세탁기의 월별 판매 대수의 평균과 분산을 구하면

$$(\text{평균}) = \frac{13+15+22+28+32+28}{6} = \frac{138}{6} = 23(\text{대})$$

$$(\text{분산}) = \frac{(-10)^2+(-8)^2+(-1)^2+5^2+9^2+5^2}{6}$$
$$= \frac{296}{6} = \frac{148}{3}$$

ㄱ. 월별 판매 대수의 평균이 23대로 같으므로 평균 월별 판매 대수는 A, B세탁기 모두 같다.
ㄴ. 4, 5, 6월에 B세탁기의 그래프가 더 위에 그려졌으므로 B세탁기가 A세탁기보다 더 많이 판매되었다.
ㄷ. 두 세탁기의 분산을 비교하면 $49 < \frac{148}{3}$ 이므로 월별 판매 대수가 더 고른 제품은 A세탁기이다.
따라서 옳은 것은 ㄴ, ㄷ이다.

참고

25번 문제에서는 그림으로 사격 점수가 더 고른 것을 쉽게 알 수 있었지만 26번 문제에서는 그림으로 판단하기가 쉽지 않다.
이런 경우는 직접 분산이나 표준편차를 구하여 그 값이 더 작은 것을 고른다.

고난도 대표 유형

| 83~86쪽 |

1 ③	2 ④	3 7	4 ④	5 13
6 5	7 ⑤	8 40	9 23.5	10 $\frac{\sqrt{665}}{5}$ 권
11 ③, ⑤	12 ㄴ, ㄷ			

1 미진, 영수, 수민이의 영어 점수를 각각 x, y, z라 하면 미진이와 영수의 평균 점수가 80점이므로

$\frac{x+y}{2} = 80$, 즉 $x+y = 160$ ...... ㉠

영수와 수민이의 평균 점수가 84점이므로

$\frac{y+z}{2} = 84$, 즉 $y+z = 168$ ...... ㉡

미진이와 수민이의 평균 점수가 79점이므로

$\frac{x+z}{2} = 79$, 즉 $x+z = 158$ ...... ㉢

㉠+㉡+㉢을 하면
$2(x+y+z) = 486$, 즉 $x+y+z = 243$
따라서 세 사람의 영어 성적의 평균은

$$\frac{x+y+z}{3} = \frac{243}{3} = 81(\text{점})$$

2 남학생 수와 여학생 수를 각각 x, y라 하면

남학생의 과학 성적의 평균이 68점이므로 남학생의 과학 성적의 총점은 $68x$점이다.

또 여학생의 과학 성적의 평균이 74점이므로 여학생의 과학 성적의 총점은 $74y$점이다.

이때 남학생과 여학생 전체의 과학 성적의 평균이 71.5점이므로

$$\frac{68x+74y}{x+y}=71.5,\ 68x+74y=71.5x+71.5y$$

$2.5y=3.5x,\ 25y=35x,$ 즉 $y=\dfrac{7}{5}x$

따라서 남학생 수와 여학생 수의 비는

$$x:y=x:\frac{7}{5}x=5:7$$

3 주사위를 던져서 나오는 눈의 수는 1, 2, 3, 4, 5, 6이므로 하나의 주사위를 차례로 두 번 던져서 나오는 모든 경우에 대하여 두 눈의 수의 합은 오른쪽 표와 같다.

	1	2	3	4	5	6
1	2	3	4	5	6	7
2	3	4	5	6	7	8
3	4	5	6	7	8	9
4	5	6	7	8	9	10
5	6	7	8	9	10	11
6	7	8	9	10	11	12

즉 나오는 변량은

2, 3, 3, 4, 4, 4, 5, 5, 5, 5, 6, 6, 6, 6, 6, 7, 7, 7, 7, 7, 7,
8, 8, 8, 8, 8, 9, 9, 9, 9, 10, 10, 10, 11, 11, 12

이므로

평균은

$$a=(2+3\times2+4\times3+5\times4+6\times5+7\times6+8\times5+9\times4$$
$$+10\times3+11\times2+12)\div36$$
$$=252\div36=7$$

중앙값은 $b=\dfrac{7+7}{2}=7$

최빈값은 $c=7$

따라서 $a+b-c=7+7-7=7$

[참고]

하나의 주사위를 차례로 두 번 던져서 나오는 모든 경우에 대하여 두 눈의 수의 합은 2가 1번, 3이 2번, 4가 3번, 5가 4번, 6이 5번, 7이 6번, 8이 5번, 9가 4번, 10이 3번, 11이 2번, 12가 1번 나온다.

따라서 중앙값은 이들을 작은 수부터 크기순으로 나열할 때, 18번째 수인 7과 19번째 수인 7의 평균인 7이고, 최빈값은 7이 6번으로 가장 많이 나오므로 7이다.

4 5회까지의 평균이 40개이므로 5회까지의 총 턱걸이 개수는

$5\times40=200$(개)

6회째에서 영민이가 한 턱걸이 개수를 x라 하면 6회째까지의 평균이 42개 이상이 되어야 하므로

$$\frac{200+x}{6}\ge42,\ 200+x\ge252,\ \text{즉 }x\ge52$$

따라서 6회째에서 영민이는 턱걸이를 최소 52개 해야 한다.

5 10개의 자료의 평균이 11이므로

$$\frac{8+13+a+7+13+b+15+3+16+c}{10}=11$$

$$\frac{75+a+b+c}{10}=11,\ 75+a+b+c=110$$

즉 $a+b+c=35$ $\cdots\cdots$ ㉠

a, b, c를 제외한 나머지 변량을 작은 값부터 크기순으로 나열하면 3, 7, 8, 13, 13, 15, 16

이때 13이 두 번 나오므로 최빈값이 16이 되려면 a, b, c 중 적어도 두 개는 16이 되어야 한다.

(i) $a=b=c=16$일 때

$a+b+c=48$이 되어 ㉠을 만족시키지 않는다.

(ii) a, b, c 중 두 개가 16일 때

㉠에 의하여 나머지 하나는 3이 되므로 주어진 조건을 만족시킨다.

(i), (ii)에서 주어진 변량들을 작은 값부터 크기순으로 나열하면

3, 3, 7, 8, 13, 13, 15, 16, 16, 16

따라서 구하는 중앙값은

$$\frac{13+13}{2}=13$$

6 주어진 세 자료에서 n을 제외한 나머지 변량을 작은 값부터 크기순으로 나열하면

[자료 1] 2, 4, 8, 9

[자료 2] 2, 5, 7, 9

[자료 3] 3, 5, 6, 8

주어진 자료의 변량이 모두 5개이므로 세 번째 놓이는 수가 중앙값이다.

(i) $n=1, 2, 3, 4$일 때

$a=4$, $b=5$, $c=5$이므로 $c\le b\le a$를 만족시키지 않는다.

(ii) $n=5$일 때

$a=b=c=5$이므로 $c\le b\le a$를 만족시킨다.

(iii) $n=6$일 때

$a=b=c=6$이므로 $c\le b\le a$를 만족시킨다.

(iv) $n=7$일 때

$a=b=7$, $c=6$이므로 $c\le b\le a$를 만족시킨다.

(v) $n\ge8$일 때

$a=8$, $b=7$, $c=6$이므로 $c\le b\le a$를 만족시킨다.

(i)~(v)에 의하여 $n\ge5$

따라서 n의 최솟값은 5이다.

7 ① 편차의 합은 0이므로

$-0.2+0.7-0.6+x+0.3=0$, 즉 $x=-0.2$

② 달리기 기록은 변량의 값이 작을수록 좋으므로 기록이 가장 좋은 것은 편차의 값이 가장 작은 3회이다.

③, ④ (편차)=(변량)−(평균)이므로 각 회의 기록은 17초, 17.9초, 16.6초, 17초, 17.5초이다.

즉 5회의 기록은 17.5초이고 최빈값은 17초로 1회와 4회의 기록과 같다.

⑤ 17초, 17.9초, 16.6초, 17초, 17.5초를 작은 값부터 크기순으로 나열하면 16.6초, 17초, 17초, 17.5초, 17.9초이므로 중앙값은 17초이다.

즉 중앙값과 최빈값은 같다.

따라서 옳은 것은 ⑤이다.

8 편차의 합은 0이므로

$(3x^2+2x-1)+(-x^2+2)+(-2x+1)+(-4)$
$\qquad\qquad\qquad\qquad+(-9x+6)=0$

$2x^2-9x+4=0$, $(2x-1)(x-4)=0$

이때 x는 자연수이므로 $x=4$

(편차)=(변량)−(평균)에서

(변량)=(편차)+(평균)이므로 변량 E의 값은

$(-9\times4+6)+70=40$

9 세 변량 a, b, c의 평균이 5이므로

$\dfrac{a+b+c}{3}=5$, 즉 $a+b+c=15$ $\qquad$ ······ ㉠

또 표준편차가 $\sqrt{3}$이므로

$\dfrac{(a-5)^2+(b-5)^2+(c-5)^2}{3}=(\sqrt{3})^2$

$\dfrac{a^2+b^2+c^2-10(a+b+c)+75}{3}=3$ $\quad$ ······ ㉡

㉡에 ㉠을 대입하면

$\dfrac{a^2+b^2+c^2-10\times15+75}{3}=3$

$\dfrac{a^2+b^2+c^2-75}{3}=3$

$a^2+b^2+c^2-75=9$

즉, $a^2+b^2+c^2=84$ $\qquad$ ······ ㉢

㉠, ㉢을 이용하여 세 수 ab, bc, ca의 평균을 구하면

$\dfrac{ab+bc+ca}{3}=\dfrac{1}{3}\times\dfrac{1}{2}\{(a+b+c)^2-(a^2+b^2+c^2)\}$

$\qquad\qquad=\dfrac{1}{6}\times(15^2-84)$

$\qquad\qquad=\dfrac{47}{2}=23.5$

참고

$(a+b+c)^2=\{(a+b)+c\}^2$
$\qquad\qquad=(a+b)^2+2(a+b)c+c^2$
$\qquad\qquad=a^2+2ab+b^2+2ac+2bc+c^2$
$\qquad\qquad=a^2+b^2+c^2+2(ab+bc+ca)$

이므로

$2(ab+bc+ca)=(a+b+c)^2-(a^2+b^2+c^2)$

즉 $ab+bc+ca=\dfrac{1}{2}\{(a+b+c)^2-(a^2+b^2+c^2)\}$

10 A, B가 읽은 책의 권수는

$8+12=20$(권)

C, D가 읽은 책의 권수는

$14+6=20$(권)

이므로 A, B가 탈퇴하고 C, D가 새로 가입을 한 후에도 15명이 읽은 책의 평균 권수는 10권으로 변하지 않는다.

A, B, C, D를 제외한 13명의 편차의 제곱의 합을 a라 하면

A, B를 포함한 15명의 표준편차가 5권이므로

$\dfrac{a+(8-10)^2+(12-10)^2}{15}=5^2$, $\dfrac{a+8}{15}=25$

$a+8=375$, 즉 $a=367$

신규 회원 C, D를 포함한 15명의 분산은

$\dfrac{367+(14-10)^2+(6-10)^2}{15}=\dfrac{399}{15}=\dfrac{133}{5}$

따라서 구하는 표준편차는 $\sqrt{\dfrac{133}{5}}=\dfrac{\sqrt{665}}{5}$(권)

11 a, b, c의 평균을 m, 분산을 s^2이라 하면

$m=\dfrac{a+b+c}{3}$

$s^2=\dfrac{(a-m)^2+(b-m)^2+(c-m)^2}{3}$

① $a-1$, $b-1$, $c-1$의 평균은

$\dfrac{(a-1)+(b-1)+(c-1)}{3}=\dfrac{a+b+c}{3}-1=m-1$

이므로 a, b, c의 평균보다 1만큼 작다.

② $a+2$, $b+2$, $c+2$의 평균은

$\dfrac{(a+2)+(b+2)+(c+2)}{3}=\dfrac{a+b+c}{3}+2=m+2$

이므로 a, b, c의 평균보다 2만큼 크다.

③ $a+1$, $b+1$, $c+1$의 평균은

$\dfrac{(a+1)+(b+1)+(c+1)}{3}=\dfrac{a+b+c}{3}+1=m+1$

이므로 분산은

$\dfrac{\{(a+1)-(m+1)\}^2+\{(b+1)-(m+1)\}^2+\{(c+1)-(m+1)\}^2}{3}$

$=\dfrac{(a-m)^2+(b-m)^2+(c-m)^2}{3}=s^2$

즉 a, b, c의 분산과 같다.

④ $3a$, $3b$, $3c$의 평균은

$$\frac{3a+3b+3c}{3}=3\times\frac{a+b+c}{3}=3m$$

이므로 분산은

$$\frac{(3a-3m)^2+(3b-3m)^2+(3c-3m)^2}{3}$$
$$=9\times\frac{(a-m)^2+(b-m)^2+(c-m)^2}{3}=9s^2$$

즉 a, b, c의 분산의 9배이다.

⑤ $2a+1$, $2b+1$, $2c+1$의 평균은

$$\frac{(2a+1)+(2b+1)+(2c+1)}{3}$$
$$=2\times\frac{a+b+c}{3}+1=2m+1$$

이므로 분산은

$$\frac{\{(2a+1)-(2m+1)\}^2+\{(2b+1)-(2m+1)\}^2+\{(2c+1)-(2m+1)\}^2}{3}$$
$$=\frac{(2a-2m)^2+(2b-2m)^2+(2c-2m)^2}{3}$$
$$=4\times\frac{(a-m)^2+(b-m)^2+(c-m)^2}{3}=4s^2$$

즉 a, b, c의 분산의 4배이다.

따라서 옳은 것은 ③, ⑤이다.

12 ㄱ. 각 모둠의 학생 수를 구하면

A모둠: $1+2+4+2+1=10$(명)

B모둠: $1+1+2+2+4=10$(명)

C모둠: $2+3+4+1=10$(명)

즉 세 모둠의 학생 수는 10명으로 모두 같다.

ㄴ. 각 모둠의 평균을 구하면

A모둠: $\dfrac{2\times1+3\times2+4\times4+5\times2+6\times1}{10}$

$\qquad=\dfrac{40}{10}=4$(시간)

B모둠: $\dfrac{1\times1+3\times1+4\times2+5\times2+7\times4}{10}$

$\qquad=\dfrac{50}{10}=5$(시간)

C모둠: $\dfrac{1\times2+4\times3+5\times4+6\times1}{10}$

$\qquad=\dfrac{40}{10}=4$(시간)

즉 TV 시청 시간이 가장 긴 모둠은 평균이 가장 큰 B이다.

ㄷ. 각 모둠의 분산을 구하면

A모둠: $\{(2-4)^2\times1+(3-4)^2\times2+(4-4)^2\times4$
$\qquad\qquad+(5-4)^2\times2+(6-4)^2\times1\}\div10$

$\qquad=\dfrac{12}{10}=1.2$

B모둠: $\{(1-5)^2\times1+(3-5)^2\times1+(4-5)^2\times2$
$\qquad\qquad+(5-5)^2\times2+(7-5)^2\times4\}\div10$

$\qquad=\dfrac{38}{10}=3.8$

C모둠: $\{(1-4)^2\times2+(4-4)^2\times3+(5-4)^2\times4$
$\qquad\qquad+(6-4)^2\times1\}\div10$

$\qquad=\dfrac{26}{10}=2.6$

즉 TV 시청 시간이 가장 고른 모둠은 분산이 제일 작은 A이다.

따라서 옳은 것은 ㄴ, ㄷ이다.

고난도 실전 문제 | 87~92쪽 |

01 73점	**02** ③	**03** 33세	**04** ④	**05** ⑤
06 49	**07** ③	**08** 88점	**09** 30	**10** ②
11 ⑤	**12** 83	**13** 2000	**14** ④	**15** ④
16 ②	**17** 173 cm	**18** ④	**19** ③, ⑤	**20** ③
21 ⑤	**22** 117	**23** ⑤	**24** $\sqrt{105}$점	**25** ④
26 ③	**27** ㄱ, ㄷ	**28** ㄷ		

01 잘못 본 점수를 제외한 나머지 다섯 번의 점수의 합을 a점이라 하고 85점을 b점으로 잘못 보았다고 하면

$$\frac{85+a}{6}-2=\frac{a+b}{6},\ 85+a-12=a+b$$

즉 $b=73$

따라서 지희는 85점인 점수를 73점으로 잘못 보았다.

02 세 학급의 과학 과목의 수행평가 평균 점수의 평균은

$$\frac{66+70+68}{3}=\frac{204}{3}=68(점)$$

세 학급 전체 학생의 과학 과목의 수행평가 점수의 평균은

$$\frac{2310+2240+2244}{35+32+33}=\frac{6794}{100}=67.94(점)$$

따라서 $k=68-67.94=0.06$이므로

$$50k=50\times0.06=3$$

03 나이가 가장 적은 회원의 나이를 a세, 나이가 가장 많은 회원의 나이를 b세, 두 회원을 제외한 나머지 6명의 나이의 합을 c세라 하자.

나이가 가장 많은 회원을 제외한 7명의 평균 나이가 30세이므로

$\dfrac{a+c}{7}=30$, 즉 $a+c=210$ ······ ㉠

나이가 가장 적은 회원을 제외한 7명의 평균 나이가 35세이므로

$\dfrac{b+c}{7}=35$, 즉 $b+c=245$ ······ ㉡

나이가 가장 많은 회원과 가장 적은 회원의 나이의 합이 73세이므로

$a+b=73$ ······ ㉢ ······ **❶**

㉠+㉡을 하면

$a+b+2c=455$

위 식에 ㉢을 대입하면

$73+2c=455$, $2c=382$

즉 $c=191$ ······ **❷**

따라서 음악 감상 동우회 회원 8명의 평균 나이는

$\dfrac{a+b+c}{8}=\dfrac{73+191}{8}$
$=\dfrac{264}{8}=33$(세) ······ **❸**

채점 기준	비율
❶ 나이가 가장 적은 회원의 나이와 가장 많은 회원의 나이, 나머지 6명의 나이의 합을 각각 a, b, c로 놓고 $a+c$, $b+c$, $a+b$의 값 구하기	40 %
❷ c의 값 구하기	30 %
❸ 음악 감상 동우회 회원 8명의 평균 나이 구하기	30 %

04 미애와 승현이네 반 학생 수를 각각 x, y로 놓으면

미애네 반 수학 성적의 평균이 70점이므로 수학 성적의 총점은 $70x$점이고, 승현이네 반 수학 성적의 평균이 68점이므로 수학 성적의 총점은 $68y$점이다.

두 반 전체 학생의 수학 성적의 평균이 69.1점이므로

$\dfrac{70x+68y}{x+y}=69.1$

$70x+68y=69.1x+69.1y$

$0.9x=1.1y$, $9x=11y$

즉 $x=\dfrac{11}{9}y$

따라서 미애네 반과 승현이네 반의 학생 수의 비는

$x:y=\dfrac{11}{9}y:y=11:9$

05 12명의 학생 중 90호를 입는 학생이 6명이므로 85호, 95호, 100호, 105호를 입는 학생 수의 경우를 순서쌍 (85호, 95호, 100호, 105호)로 나타내면

$(1, 1, 2, 2)$, $(1, 2, 1, 2)$, $(1, 2, 2, 1)$, $(2, 1, 1, 2)$,
$(2, 1, 2, 1)$, $(2, 2, 1, 1)$, $(3, 1, 1, 1)$, $(1, 3, 1, 1)$,
$(1, 1, 3, 1)$, $(1, 1, 1, 3)$

ㄱ. 평균이 가장 큰 경우는 큰 사이즈를 입는 학생이 가장 많은 경우이므로 85호 1명, 90호 6명, 95호 1명, 100호 1명, 105호 3명인 경우이다.

이때 평균은

$\dfrac{85\times1+90\times6+95\times1+100\times1+105\times3}{12}$

$=\dfrac{1135}{12}=94.\cdots$(호)

이므로 가장 큰 평균 사이즈는 90호보다 크다.

ㄴ. 평균이 가장 작은 경우는 작은 사이즈를 입는 학생이 가장 많은 경우이므로 85호 3명, 90호 6명, 95호 1명, 100호 1명, 105호 1명인 경우이다.

이때 평균은

$\dfrac{85\times3+90\times6+95\times1+100\times1+105\times1}{12}$

$=\dfrac{1095}{12}=91.\cdots$(호)

이므로 평균은 항상 90호 이상이다.

ㄷ. 어떤 경우에도 90호가 6명으로 가장 많으므로 최빈값은 항상 90호이다.

ㄹ. 변량이 12개이므로 중앙값은 변량을 작은 값부터 크기순으로 나열할 때, 여섯 번째와 일곱 번째 변량의 평균이다. 이때 어떤 경우에도 여섯 번째와 일곱 번째 변량은 90호가 오게 되므로 중앙값은 항상 90호이다.

따라서 옳은 것은 ㄴ, ㄷ, ㄹ이다.

06 각 주머니에서 공을 하나씩 꺼내는 모든 경우에 대하여 두 공에 적힌 수의 차를 구하면 오른쪽 표와 같다.

B \ A	1	2	3	4	5
2	1	0	1	2	3
4	3	2	1	0	1
6	5	4	3	2	1
8	7	6	5	4	3
10	9	8	7	6	5

즉 나오는 변량은

0, 0, 1, 1, 1, 1, 1, 2, 2, 2, 3, 3, 3, 3, 4, 4, 5, 5, 5, 6, 6, 7, 7, 8, 9

$x=(0\times2+1\times5+2\times3+3\times4+4\times2+5\times3+6\times2$
$\qquad\qquad+7\times2+8+9)\div25$

$=\dfrac{89}{25}$

$y=3$, $z=1$이므로

$25x-10(y+z)=25\times\dfrac{89}{25}-10\times(3+1)$

$=89-40=49$

07 ㄱ. 주어진 12명의 기록의 평균은

$$\frac{10+34+25+35+34+52+21+44+34+37+42+16}{12}$$

$$=\frac{384}{12}=32(\text{회})$$

이므로 추가되는 기록이 32회이면 평균은 변하지 않는다.

ㄴ. 주어진 자료를 작은 값부터 크기순으로 나열하면

10, 16, 21, 25, 34, 34, 34, 35, 37, 42, 44, 52이므로

중앙값은

$$\frac{34+34}{2}=34(\text{회})$$

이때 55회의 기록이 추가되면

10, 16, 21, 25, 34, 34, 34, 35, 37, 42, 44, 52, 55이고

일곱 번째 변량이 중앙값이 되므로 중앙값은 34회로 변

하지 않는다.

ㄷ. 주어진 자료는 34회가 3개이고 나머지 변량은 모두 1개

씩 있으므로 어떤 기록을 추가해도 최빈값은 34회로 변

하지 않는다.

따라서 옳은 것은 ㄷ뿐이다.

참고

ㄴ에서 추가되는 기록을 x회라 하면

$x \le 34$일 때, 일곱 번째 변량이 34로 변함이 없으므로 중앙값은 변하지

않는다.

$x > 34$일 때, 마찬가지로 일곱 번째 변량은 34로 변함이 없으므로 중앙

값은 변하지 않는다.

따라서 어떤 기록을 추가해도 중앙값은 변하지 않는다.

08 4회까지의 영어 점수의 평균이 78점이므로 4회까지의 영어

점수의 총점은

$78 \times 4 = 312(\text{점})$

5회째 시험에서 받은 영어 점수를 x점이라 하면 5회까지의

영어 시험에서의 평균이 80점 이상이 되어야 하므로

$$\frac{312+x}{5} \ge 80,\ 312+x \ge 400,\ \text{즉 } x \ge 88$$

따라서 최소 88점 이상을 받아야 한다.

09 주어진 자료에서 a를 제외한 9개의 변량을 작은 값부터 크기

순으로 나열하면

18, 20, 22, 22, 26, 30, 30, 34, 36

이때 22가 두 번, 30이 두 번 나오므로 최빈값이 a뿐이려면

$a=22$ 또는 $a=30$

(i) $a=22$일 때, 중앙값은 $\dfrac{22+26}{2}=\dfrac{48}{2}=24$

　그런데 이것은 중앙값이 $a-2$라는 조건을 만족시키지 않

　는다.

(ii) $a=30$일 때, 중앙값은 $\dfrac{26+30}{2}=\dfrac{56}{2}=28$

　이것은 중앙값이 $a-2$라는 조건을 만족시킨다.

(i), (ii)에서 $a=30$

10 A, B, C, D, E의 나이를 각각 a세, b세, c세, d세, e세라 하

면 이들의 평균 나이가 30세이므로

$$\frac{a+b+c+d+e}{5}=30$$

즉 $a+b+c+d+e=150$　　……㉠

F의 나이가 35세이고 A, B, D, E, F의 평균 나이가 31세이

므로

$$\frac{a+b+d+e+35}{5}=31,\ a+b+d+e+35=155$$

즉 $a+b+d+e=120$　　……㉡

㉠-㉡을 하면 $c=30$

이때 $30>28$, $35>28$이므로 A, B, D, E, F의 나이의 중앙

값도 28세이다.

11 ㈎의 변량에서 a를 제외한 나머지를 작은 값부터 크기순으로

나열하면 5, 9, 15, 18

이때 중앙값이 9이므로 $a \le 9$

㈏에서 중앙값이 13이므로 $b=13$

또 평균이 11이므로

$$\frac{3+16+15+a+13}{5}=11,\ \frac{47+a}{5}=11$$

$47+a=55$, 즉 $a=8$

따라서 $b-a=13-8=5$

12 A반의 남학생과 여학생 수를 각각 a, b라 하고, B반의 남학

생과 여학생 수를 각각 x, y라 하면

A반의 전체 평균이 83점이므로

$$\frac{85a+78b}{a+b}=83,\ 85a+78b=83a+83b$$

즉 $2a=5b$　　……㉠

B반의 전체 평균이 84.5점이므로

$$\frac{83x+86y}{x+y}=84.5,\ 83x+86y=84.5x+84.5y$$

$1.5x=1.5y$, 즉 $x=y$　　……㉡

A, B 두 반의 남학생 전체의 평균이 84.2점이므로

$$\frac{85a+83x}{a+x}=84.2,\ 85a+83x=84.2a+84.2x$$

$0.8a=1.2x$, 즉 $a=\dfrac{3}{2}x$　　……㉢

㉠에 ㉢을 대입하면

$2 \times \dfrac{3}{2}x=5b$, 즉 $b=\dfrac{3}{5}x$　　……㉣

㉡, ㉣을 이용하여 m의 값을 구하면

$$m=\frac{78b+86y}{b+y}$$

$$=\left(78 \times \frac{3}{5}x+86x\right) \div \left(\frac{3}{5}x+x\right)$$

$$=\frac{234x+430x}{5} \div \frac{8x}{5}$$

$$=\frac{664x}{8x}=83$$

13 $a \le b \le c$라 하고 a, b, c를 제외한 나머지 변량을 작은 값부터 크기순으로 나열하면

3, 5, 7, 15

7개의 변량을 작은 값부터 크기순으로 나열할 때, 중앙값은 4번째에 놓인 변량의 값이 된다.

이때 중앙값과 최빈값이 모두 10이므로

$a = b = 10$ …… ❶

한편 평균도 10이므로

$\dfrac{3+5+7+10+10+15+c}{7} = 10$

$\dfrac{50+c}{7} = 10$

$50 + c = 70$, 즉 $c = 20$ …… ❷

따라서 $abc = 10 \times 10 \times 20 = 2000$ …… ❸

채점 기준	비율
❶ $a \le b \le c$라 할 때, a, b의 값 구하기	40 %
❷ c의 값 구하기	40 %
❸ abc의 값 구하기	20 %

14 ㈎, ㈐, ㈑에 의하여 4명의 학생의 통학 시간은

5분, 20분, 20분, 25분

나머지 한 학생의 통학 시간을 x분이라 하면 ㈏에서 평균 통학 시간이 17분이므로

$\dfrac{5+20+20+25+x}{5} = 17$

$\dfrac{70+x}{5} = 17$

$70 + x = 85$, 즉 $x = 15$

주어진 자료를 작은 값부터 크기순으로 나열하면

5, 15, 20, 20, 25

따라서 중앙값은 20분이다.

15 ㄱ. 전학을 간 선수의 키를 a cm, 전학을 온 선수의 키를 b cm, 이들을 제외한 나머지 14명의 키의 합을 c cm라 하자.

한 선수가 전학을 가기 전의 키의 평균이 192 cm이므로

$\dfrac{a+c}{15} = 192$, 즉 $a + c = 2880$ …… ㉠

한 선수가 전학을 가고 다른 선수가 전학을 왔을 때의 키의 평균이 193 cm이므로

$\dfrac{b+c}{15} = 193$, 즉 $b + c = 2895$ …… ㉡

㉡－㉠을 하면 $b - a = 15$ …… ㉢

즉 전학을 온 선수는 전학을 간 선수보다 15 cm 더 크다.

ㄴ. 전학을 가기 전 15명 키의 중앙값이 189 cm이므로 15명의 키를 작은 값부터 크기순으로 나열할 때, 8번째 선수의 키가 189 cm이다.

전학을 온 선수의 키가 190 cm이면 전학을 간 선수의 키는 ㉢에 의하여 $190 - 15 = 175$ (cm)

이 선수가 전학을 가면 앞의 7개의 변량 중 하나가 빠지게 되므로 189 cm는 7번째 변량이 된다.

이때 15명의 키가 모두 다르므로 중앙값은 변한다.

ㄷ. 전학을 온 선수의 키가 188 cm이면 전학을 온 선수, 전학을 간 선수 모두 키가 189 cm보다 작다.

즉 189 cm는 8번째 변량이 되므로 중앙값은 변하지 않는다.

따라서 옳은 것은 ㄱ, ㄷ이다.

16 수지의 점수에서 a를 제외한 나머지 점수를 작은 값부터 크기순으로 나열하면

3, 5, 8, 10, 10, 11

이때 수지가 얻은 점수의 중앙값이 a점이므로

$a = 8$ 또는 $a = 9$ 또는 $a = 10$

(i) $a = 8$일 때

수지와 정민이의 점수를 모두 섞은 전체에서 b를 제외한 나머지 점수들을 작은 값부터 크기순으로 나열하면

3, 4, 5, 6, 7, 8, 8, 8, 10, 10, 11, 11, 12

이때 b의 값에 관계없이 중앙값은 항상 8점이 되므로 조건을 만족시키지 않는다.

(ii) $a = 9$일 때

수지와 정민이의 점수를 모두 섞은 전체에서 b를 제외한 나머지 점수들을 작은 값부터 크기순으로 나열하면

3, 4, 5, 6, 7, 8, 8, 9, 10, 10, 11, 11, 12

이때 중앙값이 8.5점이 되려면

$b = 9$ 또는 $b = 10$ 또는 $b = 11$ 또는 $b = 12$

(iii) $a = 10$일 때

수지와 정민이의 점수를 모두 섞은 전체에서 b를 제외한 나머지 점수들을 작은 값부터 크기순으로 나열하면

3, 4, 5, 6, 7, 8, 8, 10, 10, 10, 11, 11, 12

이때 중앙값이 8.5점이 되려면

$b = 9$

(i)~(iii)에서

$(a, b) = (9, 9), (9, 10), (9, 11), (9, 12), (10, 9)$

이므로 $a = 9$, $b = 12$일 때, $a + b$는 최대가 된다

따라서 $a + b$의 최댓값은

$9 + 12 = 21$

17 A, B, C, D 네 학생의 키의 평균을 m cm라 하면
A, B, C, D의 키는 각각
$(m-1)$ cm, $(m-3)$ cm, $(m+9)$ cm, $(m-5)$ cm
$$\cdots\cdots \text{㉠}$$

E의 키는
$(m-5)+9.1=m+4.1\,(\text{cm})$
$$\cdots\cdots \text{㉡}$$

A, B, C, D, E의 키의 평균이 $1.005m$ cm이므로
$$\frac{(m-1)+(m-3)+(m+9)+(m-5)+(m+4.1)}{5}$$
$$=1.005m$$
$$\frac{5m+4.1}{5}=1.005m$$
$$5m+4.1=5.025m$$
$0.025m=4.1$, 즉 $m=164$
㉠, ㉡에서 키가 가장 큰 학생 C의 키는
$m+9=164+9=173\,(\text{cm})$

18 평균을 m개라 하면 A, B, C, D, E가 받은 문자 메시지 개수는 각각
$m+x$, $m+2$, $m-3$, $m+y$, $m+2$
변량이 5개로 홀수 개이므로 중앙값은 5개의 변량 중 하나의 값과 같다.
이때 평균과 중앙값이 같으므로
$x=0$ 또는 $y=0$
(i) $x=0$일 때
편차의 총합은 0이므로
$0+2+(-3)+y+2=0$, 즉 $y=-1$
(ii) $y=0$일 때
편차의 총합은 0이므로
$x+2+(-3)+0+2=0$, 즉 $x=-1$
① $x=0$ 또는 $x=-1$이므로 A가 받은 문자 메시지 개수는 평균과 같거나 1개 적다.
② B가 받은 문자 메시지 개수는 평균보다 2개 더 많다.
또 $y=0$ 또는 $y=-1$이므로 D가 받은 문자 메시지 개수는 평균과 같거나 1개 적다.
즉 B가 받은 문자 메시지 개수가 D가 받은 것보다 많다.
③ 평균과 중앙값이 같고 C는 평균보다 3개 적게 문자 메시지를 받았으므로 C가 받은 문자 메시지 개수는 중앙값보다 3개 적다.
④ 편차를 작은 값부터 크기순으로 나열하면
-3개, -1개, 0개, 2개, 2개
이므로 최빈값은 편차가 2개인 변량이다.
즉 B와 E가 받은 문자 메시지 개수가 최빈값이다.
⑤ D가 받은 문자 메시지 개수는 평균과 같거나 1개 적고, E가 받은 문자 메시지 개수는 평균보다 2개 많으므로 E가 받은 문자 메시지 개수는 D가 받은 것보다 2개 또는 3개 더 많다.
따라서 옳지 않은 것은 ④이다.

19 편차의 총합은 0이므로
$$(3x^2-1)+(-x+3)+(-4)+(2x-3)+(-2)$$
$$+(-2x^2+1)=0$$
$x^2+x-6=0$, $(x+3)(x-2)=0$
즉 $x=-3$ 또는 $x=2$
(편차)=(변량)$-$(평균)에서
(변량)=(편차)$+$(평균)이므로 변량 F의 값은
$x=-3$일 때
$\{-2\times(-3)^2+1\}+65=48$
$x=2$일 때
$(-2\times 2^2+1)+65=58$
따라서 변량 F의 값은 48, 58이다.

20 영미의 몸무게를 x kg이라 하면 A, B, C, D, E의 몸무게는 각각
$(x-4)$ kg, $(x+5)$ kg, $(x-1)$ kg, $(x+2)$ kg, $(x+3)$ kg
5명의 학생의 몸무게의 평균은
$$\frac{(x-4)+(x+5)+(x-1)+(x+2)+(x+3)}{5}$$
$$=\frac{5x+5}{5}$$
$$=x+1\,(\text{kg})$$
A, B, C, D, E의 몸무게의 편차는 각각
$(x-4)-(x+1)=-5\,(\text{kg})$, $(x+5)-(x+1)=4\,(\text{kg})$
$(x-1)-(x+1)=-2\,(\text{kg})$, $(x+2)-(x+1)=1\,(\text{kg})$
$(x+3)-(x+1)=2\,(\text{kg})$
이므로
$$(\text{분산})=\frac{(-5)^2+4^2+(-2)^2+1^2+2^2}{5}$$
$$=\frac{50}{5}=10$$
따라서 구하는 표준편차는 $\sqrt{10}$ kg이다.

21 편차의 총합은 0이므로
$5+x+(-3)+2+y=0$
즉 $x+y=-4$ $\qquad\cdots\cdots\text{㉠}$
분산이 9.6이므로
$$\frac{5^2+x^2+(-3)^2+2^2+y^2}{5}=9.6$$
$$\frac{x^2+y^2+38}{5}=9.6$$
$$x^2+y^2+38=48$$
즉 $x^2+y^2=10$ $\qquad\cdots\cdots\text{㉡}$
이때 $(x+y)^2=x^2+y^2+2xy$이므로
㉠, ㉡을 대입하면
$(-4)^2=10+2xy$, $2xy=6$
따라서 $xy=3$

22 a, b, c, d, 6, 12의 평균이 10이므로

$\dfrac{a+b+c+d+6+12}{6}=10$, $a+b+c+d+18=60$

즉 $a+b+c+d=42$ ...... ㉠ ...... ❶

또 분산이 8이므로

$\dfrac{(a-10)^2+(b-10)^2+(c-10)^2+(d-10)^2+(-4)^2+2^2}{6}$

$=8$

$\dfrac{a^2+b^2+c^2+d^2-20(a+b+c+d)+420}{6}=8$

$a^2+b^2+c^2+d^2-20(a+b+c+d)+420=48$

위 식에 ㉠을 대입하면

$a^2+b^2+c^2+d^2-20\times42+420=48$

즉 $a^2+b^2+c^2+d^2=468$ ...... ❷

따라서 a^2, b^2, c^2, d^2의 평균은

$\dfrac{a^2+b^2+c^2+d^2}{4}=\dfrac{468}{4}=117$ ...... ❸

채점 기준	비율
❶ $a+b+c+d$의 값 구하기	30 %
❷ $a^2+b^2+c^2+d^2$의 값 구하기	50 %
❸ a^2, b^2, c^2, d^2의 평균 구하기	20 %

23 국어, 영어, 수학, 과학, 사회 5개 과목의 중간고사 점수를 각각 a점, b점, c점, d점, e점이라 하면

평균이 82점이므로

$\dfrac{a+b+c+d+e}{5}=82(점)$

표준편차가 5점이므로

$\dfrac{(a-82)^2+(b-82)^2+(c-82)^2+(d-82)^2+(e-82)^2}{5}$

$=5^2$

기말고사에서 5개 과목 모두 5점씩 올랐으므로 기말고사의 평균은

$\dfrac{(a+5)+(b+5)+(c+5)+(d+5)+(e+5)}{5}$

$=\dfrac{a+b+c+d+e+25}{5}$

$=\dfrac{a+b+c+d+e}{5}+5$

$=82+5=87(점)$

이므로 중간고사 때의 평균보다 5점 올랐다.

분산은

$\dfrac{(a+5-87)^2+(b+5-87)^2+(c+5-87)^2+(d+5-87)^2+(e+5-87)^2}{5}$

$=\dfrac{(a-82)^2+(b-82)^2+(c-82)^2+(d-82)^2+(e-82)^2}{5}$

$=5^2$

이므로 표준편차는 5점으로 중간고사 때와 같다.

따라서 기말고사에서 5개 과목의 평균은 87점, 표준편차는 5점이다.

24 A, B의 수학 성적의 합은 $80+70=150(점)$

C, D의 수학 성적의 합은 $65+85=150(점)$

이므로 A, B가 전학을 가고 C, D가 전학을 온 이후에도 30명의 수학 성적의 총합은 그대로이므로 평균도 75점으로 변하지 않는다. ...... ❶

A, B, C, D를 제외한 28명의 편차의 제곱의 합을 a라 하면

A, B를 포함한 30명의 표준편차가 10점이므로

$\dfrac{a+(80-75)^2+(70-75)^2}{30}=10^2$

$\dfrac{a+50}{30}=100$

$a+50=3000$, 즉 $a=2950$ ...... ❷

전학을 온 C, D를 포함한 30명의 분산은

$\dfrac{2950+(65-75)^2+(85-75)^2}{30}=\dfrac{3150}{30}=105$

따라서 구하는 표준편차는 $\sqrt{105}$점이다. ...... ❸

채점 기준	비율
❶ C, D가 전학을 온 이후에도 평균은 변하지 않음을 알기	30 %
❷ A, B, C, D를 제외한 나머지 28명의 편차의 제곱의 합 구하기	40 %
❸ C, D가 전학을 온 후의 표준편차 구하기	30 %

25 A, B, C, D의 몸무게를 각각 a kg, b kg, c kg, d kg이라 하면 A, B의 몸무게의 평균이 110 kg이므로

$\dfrac{a+b}{2}=110$

즉 $a+b=220$ ...... ㉠

분산이 4이므로

$\dfrac{(a-110)^2+(b-110)^2}{2}=4$

$\dfrac{a^2+b^2-220(a+b)+24200}{2}=4$

$a^2+b^2-220(a+b)+24200=8$

위의 식에 ㉠을 대입하면

$a^2+b^2-220\times220+24200=8$

즉 $a^2+b^2=24208$ ...... ㉡

C, D의 몸무게의 평균이 100 kg이므로

$\dfrac{c+d}{2}=100$

즉 $c+d=200$ ...... ㉢

분산이 16이므로

$\dfrac{(c-100)^2+(d-100)^2}{2}=16$,

$\dfrac{c^2+d^2-200(c+d)+20000}{2}=16$

$c^2+d^2-200(c+d)+20000=32$

위의 식에 ㉢을 대입하면

$c^2+d^2-200\times200+20000=32$

즉 $c^2+d^2=20032$ ...... ㉣

㉠, ㉡을 이용하여 A, B, C, D의 몸무게의 평균을 구하면

$$\frac{a+b+c+d}{4}=\frac{220+200}{4}=\frac{420}{4}=105\,(\text{kg})$$

㉠, ㉡, ㉢, ㉣을 이용하여 A, B, C, D의 몸무게의 분산을 구하면

$$\frac{(a-105)^2+(b-105)^2+(c-105)^2+(d-105)^2}{4}$$

$$=\frac{a^2+b^2+c^2+d^2-210(a+b+c+d)+44100}{4}$$

$$=\frac{24208+20032-210\times420+44100}{4}$$

$$=\frac{140}{4}=35$$

따라서 평균은 105 kg, 분산은 35이다.

26 x, y, z의 평균이 4이므로

$$\frac{x+y+z}{3}=4$$

즉 $x+y+z=12$ ...... ㉠

표준편차가 1이므로

$$\frac{(x-4)^2+(y-4)^2+(z-4)^2}{3}=1$$

$$\frac{x^2+y^2+z^2-8(x+y+z)+48}{3}=1$$

$$x^2+y^2+z^2-8(x+y+z)+48=3$$

위의 식에 ㉠을 대입하면

$$x^2+y^2+z^2-8\times12+48=3$$

즉 $x^2+y^2+z^2=51$ ...... ㉡

① ㉡을 이용하여 x^2, y^2, z^2의 평균을 구하면

$$\frac{x^2+y^2+z^2}{3}=\frac{51}{3}=17$$

이므로 x^2, y^2, z^2의 평균은 x, y, z의 평균의 제곱보다 1만큼 더 크다.

② $(x+y+z)^2=x^2+y^2+z^2+2(xy+yz+zx)$이므로

이 식에 ㉠, ㉡을 대입하면

$$12^2=51+2(xy+yz+zx)$$

$xy+yz+zx=46.5$이므로 xy, yz, zx의 평균은

$$\frac{xy+yz+zx}{3}=\frac{46.5}{3}=15.5$$

즉 xy, yz, zx의 평균은 x, y, z의 평균의 3배보다 크다.

③ $4x$, $4y$, $4z$의 평균은

$$\frac{4x+4y+4z}{3}=4\times\frac{x+y+z}{3}=4\times4=16$$

이므로 분산은

$$\frac{(4x-16)^2+(4y-16)^2+(4z-16)^2}{3}$$

$$=16\times\frac{(x-4)^2+(y-4)^2+(z-4)^2}{3}$$

$$=16\times1=16$$

즉 $4x$, $4y$, $4z$의 표준편차는 $\sqrt{16}=4$이므로 x, y, z의 표준편차의 4배이다.

④ $\frac{1}{2}x-1$, $\frac{1}{2}y-1$, $\frac{1}{2}z-1$의 평균은

$$\frac{\left(\frac{1}{2}x-1\right)+\left(\frac{1}{2}y-1\right)+\left(\frac{1}{2}z-1\right)}{3}$$

$$=\frac{1}{2}\times\frac{x+y+z}{3}-1=\frac{1}{2}\times4-1=1$$

이므로 분산은

$$\frac{\left(\frac{1}{2}x-1-1\right)^2+\left(\frac{1}{2}y-1-1\right)^2+\left(\frac{1}{2}z-1-1\right)^2}{3}$$

$$=\frac{1}{4}\times\frac{(x-4)^2+(y-4)^2+(z-4)^2}{3}$$

$$=\frac{1}{4}\times1=\frac{1}{4}$$

즉 $\frac{1}{2}x-1$, $\frac{1}{2}y-1$, $\frac{1}{2}z-1$의 분산은 x, y, z의 분산의 $\frac{1}{4}$배이다.

⑤ $x+3$, $y+3$, $z+3$의 평균은

$$\frac{(x+3)+(y+3)+(z+3)}{3}$$

$$=\frac{x+y+z}{3}+3=4+3=7$$

이므로 분산은

$$\frac{(x+3-7)^2+(y+3-7)^2+(z+3-7)^2}{3}$$

$$=\frac{(x-4)^2+(y-4)^2+(z-4)^2}{3}=1$$

즉 $x+3$, $y+3$, $z+3$의 표준편차는 1이므로 x, y, z의 표준편차와 같다.

따라서 옳은 것은 ③이다.

27 나래의 수면 시간의 평균은

$$\frac{5+7+6+6+5+7+5+7}{8}=\frac{48}{8}=6(\text{시간})$$

분산은

$$\frac{(-1)^2+1^2+0^2+0^2+(-1)^2+1^2+(-1)^2+1^2}{8}=\frac{6}{8}=0.75$$

성민이의 수면 시간의 평균은

$$\frac{8+6+7+6+5+8+6+6}{8}=\frac{52}{8}=6.5(\text{시간})$$

분산은

$$\frac{1.5^2+(-0.5)^2+0.5^2+(-0.5)^2+(-1.5)^2+1.5^2+(-0.5)^2+(-0.5)^2}{8}$$

$$=\frac{8}{8}=1$$

정희의 수면 시간의 평균은

$$\frac{4+7+5+6+6+4+7+5}{8}=\frac{44}{8}=5.5(\text{시간})$$

분산은

$$\frac{(-1.5)^2+1.5^2+(-0.5)^2+0.5^2+0.5^2+(-1.5)^2+1.5^2+(-0.5)^2}{8}$$

$$=\frac{10}{8}=1.25$$

ㄱ. 나래, 성민, 정희의 평균 수면 시간은 각각 6시간, 6.5시간, 5.5시간이므로 평균 수면 시간이 가장 긴 사람은 성민이다.

ㄴ, ㄷ. 나래, 성민, 정희의 수면 시간의 분산은 각각 0.75, 1, 1.25이므로 나래의 수면 시간의 분산이 가장 작고, 정희의 수면 시간의 분산이 가장 크다.

즉 수면 시간이 가장 고른 사람은 나래이고 가장 고르지 못한 사람은 정희이다.

따라서 옳은 것은 ㄱ, ㄷ이다.

28 영화 A의 평점에 대한 평균은

$$\frac{1\times3+2\times5+3\times4+4\times5+5\times3}{20}$$

$$=\frac{60}{20}=3(\text{점})$$

이므로 분산은

$$\{(1-3)^2\times3+(2-3)^2\times5+(3-3)^2\times4$$
$$\qquad\qquad +(4-3)^2\times5+(5-3)^2\times3\}\div20$$

$$=\frac{34}{20}=1.7$$

영화 B의 평점에 대한 평균은

$$\frac{1\times3+2\times5+3\times5+4\times3+5\times4}{20}=\frac{60}{20}=3(\text{점})$$

이므로 분산은

$$\{(1-3)^2\times3+(2-3)^2\times5+(3-3)^2\times5$$
$$\qquad\qquad +(4-3)^2\times3+(5-3)^2\times4\}\div20$$

$$=\frac{36}{20}=1.8$$

영화 C의 평점에 대한 평균은

$$\frac{1\times2+2\times6+3\times5+4\times4+5\times3}{20}=\frac{60}{20}=3(\text{점})$$

이므로 분산은

$$\{(1-3)^2\times2+(2-3)^2\times6+(3-3)^2\times5$$
$$\qquad\qquad +(4-3)^2\times4+(5-3)^2\times3\}\div20$$

$$=\frac{30}{20}=1.5$$

ㄱ, ㄴ. 세 영화 A, B, C의 평점의 평균은 모두 3점으로 같다.

ㄷ. 세 영화 A, B, C의 평점의 분산은 각각 1.7, 1.8, 1.5이므로 영화 C의 분산이 가장 작다.

즉 영화 C의 평점이 가장 고르다.

따라서 옳은 것은 ㄷ뿐이다.

06 상관관계

01 ②	02 40 %	03 ④	04 ③, ④
05 90점	06 ⑤	07 ⑤	08 15
09 50 %	10 ①, ⑤	11 ②	12 ⑤
13 (개 음 (내 E	14 ④	15 ④	

01 하루 평균 공부 시간이 3.6시간 이상이고 수학 점수가 75점 이상인 학생 수는 오른쪽 그림의 색칠한 부분(경계선 포함)에 속하는 점의 개수와 같다.

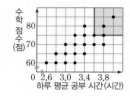

따라서 구하는 학생은 모두 4명이다.

02 2차 점수가 1차 점수보다 떨어진 학생 수는 오른쪽 그림에서 색칠한 부분(경계선 제외)에 속하는 점의 개수와 같다.

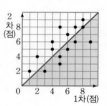

따라서 2차 점수가 1차 점수보다 떨어진 학생은 6명이므로 ...... ❶

$$\frac{6}{15}\times100=40(\%)$$ ...... ❷

채점 기준	비율
❶ 2차 점수가 1차 점수보다 떨어진 학생 수 구하기	60 %
❷ 전체의 몇 %인지 구하기	40 %

03 1차 점수가 8점 이상인 선수 수는 오른쪽 그림에서 직선 m 위에 있거나 직선 m의 오른쪽에 있는 점의 개수와 같으므로 $a=9$

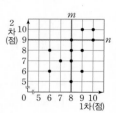

2차 점수가 9점 이상인 선수 수는 직선 n 위에 있거나 직선 n보다 위쪽에 있는 점의 개수와 같으므로 $b=4$

따라서 $a+b=9+4=13$

04 ① 영어 점수와 과학 점수가 같은 학생 수는 오른쪽 위로 향하는 대각선 위의 점의 개수와 같으므로 5명이다.

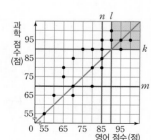

② 영어 점수가 90점 이상인 학생 수는 직선 l 위에 있거나 직선 l의 오른쪽에 있는 점의 개수와 같으므로 5명이다.

③ 과학 점수가 70점 미만인 학생 수는 직선 m 아래쪽에 있는 점의 개수와 같은 3명이므로

$$\frac{3}{20} \times 100 = 15(\%)$$

④ 영어 점수와 과학 점수가 모두 90점 이상인 학생 수는 색칠한 부분(경계선 포함)에 속하는 점의 개수와 같으므로 5명이다.

⑤ 영어 점수가 85점 이상이고 과학 점수가 90점 미만인 학생 수는 직선 n 위에 있거나 직선 n의 오른쪽에 있으면서 직선 k의 아래쪽에 있는 점 개수와 같은 2명이므로

$$\frac{2}{20} \times 100 = 10(\%)$$

따라서 옳은 것은 ③, ④이다.

---

05 책을 7권 이상 읽은 학생들의 국어 점수는
80점 1명, 85점 1명, 90점 3명, 95점 3명   ······ ❶
이므로 이들의 국어 점수의 평균은

$$\frac{80+85+90\times3+95\times3}{1+1+3+3} = \frac{720}{8} = 90(점)$$ ······ ❷

채점 기준	비율
❶ 책을 7권 이상 읽은 학생들의 국어 점수 구하기	50 %
❷ 책을 7권 이상 읽은 학생들의 국어 점수의 평균 구하기	50 %

---

06 수면 시간이 7시간인 학생 중 인터넷 사용 시간이 가장 긴 학생의 인터넷 사용 시간은 150분이고, 가장 짧은 학생의 인터넷 사용 시간은 50분이므로 그 시간의 차는
$$150 - 50 = 100(분)$$

---

07 ㄱ. 영화관과 도서관 방문 횟수가 모두 5회 미만인 학생 수는 오른쪽 그림의 색칠한 부분(경계선 제외)에 속하는 점의 개수와 같으므로 2명이다.

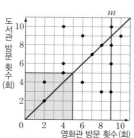

ㄴ. 도서관보다 영화관을 더 많이 방문한 학생 수는 오른쪽 위로 향하는 대각선의 아래쪽에 있는 점의 개수와 같으므로 6명이다.

ㄷ. 영화관 방문을 9회한 학생은 직선 m 위의 4명이고, 이들의 도서관 방문 횟수는 각각 3, 6, 8, 10이므로 도서관 평균 방문 횟수는

$$\frac{3+6+8+10}{4} = \frac{27}{4} = 6.75(회)$$

따라서 옳은 것은 ㄱ, ㄷ이다.

---

08 중간고사와 기말고사의 수학 점수의 차가 20점인 학생 수는 오른쪽 그림의 직선 l과 직선 m 위에 있는 점의 개수와 같으므로

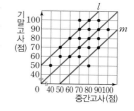

$$a = 5$$ ······ ❶

중간고사보다 기말고사의 수학 점수가 더 오른 학생 수는 오른쪽 위로 향하는 대각선의 위쪽에 있는 점의 개수와 같으므로

$$b = 10$$ ······ ❷

따라서 $a+b = 5+10 = 15$ ······ ❸

채점 기준	비율
❶ a의 값 구하기	40 %
❷ b의 값 구하기	40 %
❸ $a+b$의 값 구하기	20 %

---

09 중간고사와 기말고사의 수학 점수의 평균이 80점 이상이면 중간고사와 기말고사의 수학 점수의 총점이 160점 이상이므로 그 학생 수는 오른쪽 그림에서 색칠한 부분(경계선 포함)에 속하는 점의 개수와 같다.

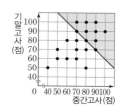

따라서 10명이므로

$$\frac{10}{20} \times 100 = 50(\%)$$

---

10 주어진 산점도는 x의 값이 커질수록 y의 값이 대체로 작아지므로 음의 상관관계를 나타낸다.
①, ⑤ 양의 상관관계
②, ③, ④ 음의 상관관계
따라서 음의 상관관계가 아닌 것은 ①, ⑤이다.

---

11 ①, ③, ④, ⑤ 음의 상관관계
② 양의 상관관계
따라서 나머지 넷과 다른 하나는 ②이다.

---

12 ⑤ A, B, C, D 중 1차 점수가 2차 점수보다 월등히 높은 학생은 D이다.
따라서 옳지 않은 것은 ⑤이다.

13 운동 시간이 길어질수록 체질량 지수는 대체로 낮아지므로 운동 시간과 체질량 지수 사이에는 │음│의 상관관계가 있다.

그런데 학생 E는 운동 시간은 긴 편인데 체질량 지수도 높은 편이므로 운동 시간에 비하여 체질량 지수가 높은 학생은 │E│이다.

주의

운동 시간과 체질량 지수 사이에는 음의 상관관계가 있으므로 운동 시간이 짧고 체질량 지수가 높은 A를 운동 시간에 비하여 체질량 지수가 높은 학생으로 답하지 않도록 주의한다.

14 ㄴ. A, B, C, D, E 중 성적이 가장 낮은 학생은 E이다.
따라서 옳은 것은 ㄱ, ㄷ이다.

15 ④ 지면에서 높이 올라갈수록 기압은 낮아지므로 지면으로부터의 높이와 기압 사이에는 음의 상관관계가 있다.
따라서 옳지 않은 것은 ④이다.

고난도 대표 유형
|98~99쪽|

| 1 ② | 2 ④ | 3 0.9 | 4 ④ | 5 ① |

1 오른쪽 그림과 같이 오른쪽 위로 향하는 대각선을 그으면 오른쪽 눈의 시력이 왼쪽 눈의 시력보다 좋은 학생 수는 대각선의 아래쪽에 있는 점의 개수와 같은 3명이므로

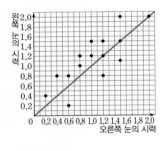

$$\frac{3}{15} \times 100 = 20(\%)$$

왼쪽 눈의 시력이 오른쪽 눈의 시력보다 좋은 학생 수는 대각선의 위쪽에 있는 점의 개수와 같은 9명이므로

$$\frac{9}{15} \times 100 = 60(\%)$$

따라서 $a=20$, $b=60$이므로
$a+b=80$

2 오른쪽과 왼쪽 눈의 시력의 차가 0.4 이상인 학생 수는 오른쪽 그림의 색칠한 부분(경계선 포함)에 속하는 점의 개수와 같은 7명이므로

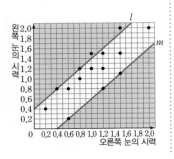

$$\frac{7}{15} \times 100 = 46.66 \cdots (\%)$$

따라서 전체의 46.7 %이다.

참고

오른쪽과 왼쪽 눈의 시력의 차가 0.4인 학생 수는 그림에서 두 직선 l, m 위에 있는 점의 개수와 같다.

또 오른쪽과 왼쪽 눈의 시력의 차가 0.4 미만인 학생 수는 두 직선 l, m 사이에 있는 점의 개수와 같다.

3 오른쪽 눈의 시력이 1.5인 학생 수는 오른쪽 그림의 직선 k 위의 점의 개수와 같으므로 3명이다.

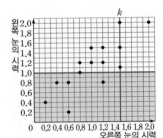

이들의 왼쪽 눈의 시력은 각각 1.1, 1.5, 2.0이므로 평균 시력은

$$\frac{1.1+1.5+2.0}{3} = \frac{4.6}{3}$$
$$= 1.533\cdots$$

왼쪽 눈의 시력이 1.0 이하인 학생 수는 위의 그림에서 색칠한 부분(경계선 포함)에 속하는 점의 개수와 같으므로 6명이다.

이들의 오른쪽 눈의 시력은 각각
0.2, 0.4, 0.6, 0.6, 0.8, 1.2
이므로 평균 시력은

$$\frac{0.2+0.4+0.6\times2+0.8+1.2}{6} = \frac{3.8}{6}$$
$$= 0.633\cdots$$

따라서 $a=1.5$, $b=0.6$이므로
$a-b=1.5-0.6=0.9$

4 ㄱ. 월급에 비하여 월 저축액이 가장 많은 사람은 오른쪽 그림의 대각선에서 위쪽으로 가장 멀리 떨어진 A이다.

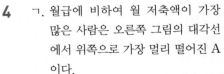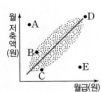

ㄴ. 월급에 비하여 월 저축액이 가장 적은 사람은 오른쪽 그림의 대각선에서 아래쪽으로 가장 멀리 떨어진 E이다.

ㄷ. 점들이 대체로 오른쪽 위로 향하는 대각선 주위에 모여 있으므로 월급이 많은 직원일수록 대체로 월 저축액도 많은 편이다.

따라서 옳은 것은 ㄱ, ㄷ이다.

5 열량을 가로축, 지방을 세로축으로 하여 주어진 자료를 산점도로 나타내면 다음 그림과 같다.

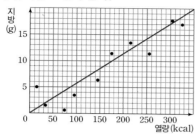

위의 산점도에서 열량이 높은 음식일수록 대체로 지방 함유량도 높아지므로 열량과 지방의 양 사이에는 양의 상관관계가 있음을 알 수 있다.
따라서 같은 상관관계를 나타내는 산점도는 양의 상관관계를 나타내는 ①이다.

고난도 실전 문제 | 100~102쪽 |

01 ③	**02** 80	**03** ③	**04** 33.3 %	**05** ②
06 10.7시간		**07** 32 %	**08** ⑤	**09** 12 %
10 ㄱ, ㄷ	**11** ④	**12** ④	**13** 양의 상관관계	
14 ④	**15** ㄴ, ㄹ			

---

01 실기 점수 또는 필기 점수가 80점 이상인 학생 수는 오른쪽 그림의 색칠한 부분(경계선 포함)에 속하는 점의 개수와 같은 10명이므로

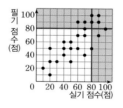

$\dfrac{10}{25} \times 100 = 40\,(\%)$

---

02 오른쪽 그림과 같이 오른쪽 위로 향하는 대각선을 그으면 실기 점수가 필기 점수보다 더 높은 학생 수는 대각선의 아래쪽에 있는 점의 개수와 같은 7명이므로

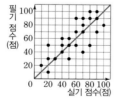

$\dfrac{7}{25} \times 100 = 28\,(\%)$에서 $a = 28$ ······ ❶

필기 점수가 실기 점수보다 더 높은 학생 수는 대각선의 위쪽에 있는 점의 개수와 같은 13명이므로

$\dfrac{13}{25} \times 100 = 52\,(\%)$에서 $b = 52$ ······ ❷

따라서 $a + b = 80$ ······ ❸

채점 기준	비율
❶ a의 값 구하기	40 %
❷ b의 값 구하기	40 %
❸ $a+b$의 값 구하기	20 %

03

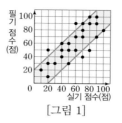 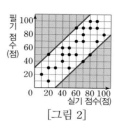

[그림 1]   [그림 2]

실기 점수와 필기 점수의 차가 20점 이하인 학생 수는
[그림 1]의 색칠한 부분(경계선 포함)에 속하는 점의 개수와 같으므로 $a = 21$
실기 점수와 필기 점수의 차가 30점 이상인 학생 수는
[그림 2]의 색칠한 부분(경계선 포함)에 속하는 점의 개수와 같으므로 $b = 4$
따라서 $a - b = 21 - 4 = 17$

04

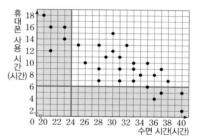

수면 시간이 24시간 이하 또는 휴대폰 사용 시간이 6시간 이하인 학생 수는 색칠한 부분(경계선 포함)에 속하는 점의 개수와 같은 10명이므로

$\dfrac{10}{30} \times 100 = \dfrac{100}{3} = 33.33\cdots(\%)$

따라서 전체의 33.3 %이다.

05

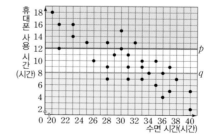

휴대폰 사용 시간이 12시간 이상인 학생 수는 직선 p 위의 점 또는 직선 p의 위쪽에 있는 점의 개수와 같으므로 10명이다.
이들의 수면 시간은 각각 20시간, 21시간, 21시간, 23시간, 23시간, 25시간, 28시간, 30시간, 30시간, 32시간이므로 평균 수면 시간은

$\dfrac{20 + 21 \times 2 + 23 \times 2 + 25 + 28 + 30 \times 2 + 32}{10}$

$= \dfrac{253}{10} = 25.3\,(시간)$

휴대폰 사용 시간이 8시간 이하인 학생 수는 직선 q 위의 점 또는 직선 q의 아래쪽에 있는 점의 개수와 같으므로 11명이다.

이들의 수면 시간은 각각 28시간, 31시간, 33시간, 34시간, 35시간, 36시간, 36시간, 37시간, 38시간, 40시간, 40시간이므로 평균 수면 시간은

$$\frac{28+31+33+34+35+36\times2+37+38+40\times2}{11}$$

$$=\frac{388}{11}=35.2727\cdots(시간)$$

따라서 구하는 평균 수면 시간의 차는

$$35.3-25.3=10(시간)$$

06

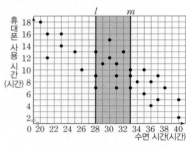

수면 시간이 28시간 이상 33시간 미만인 학생 수는 색칠한 부분(직선 l 위의 점은 포함, 직선 m 위의 점은 제외)에 속하는 점의 개수와 같으므로 10명이다.

이들의 휴대폰 사용 시간은 각각 7시간, 7시간, 9시간, 9시간, 11시간, 11시간, 12시간, 13시간, 13시간, 15시간이므로 평균 휴대폰 사용 시간은

$$\frac{7\times2+9\times2+11\times2+12+13\times2+15}{10}$$

$$=\frac{107}{10}=10.7(시간)$$

07 1학기와 2학기의 영어 점수의 차가 20점 이상인 학생 수는 오른쪽 그림의 색칠한 부분(경계선 포함)에 속하는 점의 개수와 같은 8명이므로

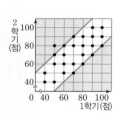

$$\frac{8}{25}\times100=32(\%)$$

08 1학기와 2학기의 영어 점수의 평균이 90점 이상이면 영어 점수의 총합은 180점 이상이므로 학생 수는 오른쪽 그림의 색칠한 부분(경계선 포함)에 속하는 점의 개수와 같은 5명이다.

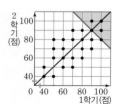

1학기보다 2학기에 성적이 오른 학생 수는 오른쪽 위로 향하는 대각선을 그었을 때, 그 대각선의 위쪽에 있는 점의 개수와 같은 10명이다.

따라서 $a=5$, $b=10$이므로

$$b-a=10-5=5$$

09 조건 ㈎를 만족시키는 학생 수는 오른쪽 위로 향하는 대각선을 그었을 때, 그 대각선의 아래쪽에 있는 점의 개수와 같다.

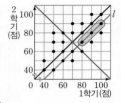

조건 ㈎, ㈏를 모두 만족시키는 학생 수는 직선 l 위의 점의 개수와 같다.

1학기와 2학기의 영어 점수의 평균이 70점 이상이면 영어 점수의 총합은 140점 이상이므로 조건 ㈎, ㈏, ㈐를 모두 만족시키는 학생 수는 그림에서 색칠한 부분에 속하는 점의 개수와 같다.

따라서 주어진 조건을 모두 만족시키는 학생은 3명이므로

$$\frac{3}{25}\times100=12(\%)$$

10 ㄱ. 오른쪽 그림과 같이 점들이 대체로 오른쪽 위로 향하는 대각선 주위에 있으므로 수학 점수가 높은 학생일수록 영어 점수도 높은 편이다.

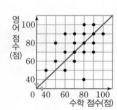

ㄴ. 수학 점수에 비하여 영어 점수가 더 높은 학생 수는 오른쪽 위로 향하는 대각선의 위쪽에 있는 점의 개수와 같은 10명이므로

$$\frac{10}{20}\times100=50(\%)$$

ㄷ. 수학과 영어 점수의 차가 20점인 학생은 오른쪽 그림의 두 직선 위의 점으로 나타난다.

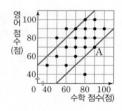

이들 중 수학 점수가 가장 높은 학생은 A이고, A의 영어 점수는 70점이다.

따라서 옳은 것은 ㄱ, ㄷ이다.

11 ① 오른쪽 그림과 같이 점들이 대체로 오른쪽 위로 향하는 대각선 주위에 있으므로 필기시험 점수가 높은 사람일수록 면접 점수도 대체로 높은 편이다.

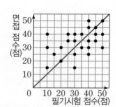

② 필기시험 점수보다 면접 점수가 더 높은 사람 수는 오른쪽 위로 향하는 대각선의 위쪽에 있는 점의 개수와 같은 12명이므로

$$\frac{12}{25}\times100=48(\%)$$

③ 필기시험 점수가 40점 이상인 사람 수는 오른쪽 그림의 색칠한 부분(경계선 포함)에 속하는 점의 개수와 같으므로 11명이다.

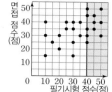

이들의 면접 점수는 각각 25점, 30점, 30점, 35점, 35점, 40점, 40점, 45점, 45점, 50점, 50점이므로 면접 점수의 평균은

$$\frac{25+30\times2+35\times2+40\times2+45\times2+50\times2}{11}$$

$$=\frac{425}{11}=38.6363\cdots(\text{점})$$

즉 필기시험 점수가 40점 이상인 사람들의 면접 점수의 평균은 30점 이상이다.

④ 필기시험 점수와 면접 점수의 차가 30점인 사람 수는 오른쪽 그림의 두 직선 위의 점의 개수와 같으므로 1명이다.

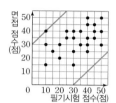

⑤ $25\times\dfrac{16}{100}=4$에서 상위 16 % 이내에 들려면 상위 4위 안에 들어야 하므로 오른쪽 그림의 색칠한 부분(경계선 포함)에 속하는 점으로 나타난다.

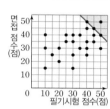

즉 합격자의 총점은 90점 이상이어야 한다.

따라서 옳지 않은 것은 ④이다.

---

12 타율이 높을수록 출루율도 높아지므로 타율과 출루율 사이에는 양의 상관관계가 있다.

ㄱ. 상관관계가 없다.

ㄴ, ㄷ. 양의 상관관계

ㄹ. 음의 상관관계

따라서 타율과 출루율 사이의 상관관계와 같은 상관관계를 갖는 두 변량은 ㄴ, ㄷ이다.

---

13 일평균 기온을 가로축, 아이스크림 판매량을 세로축으로 하여 주어진 자료를 산점도로 나타내면 다음 그림과 같다.

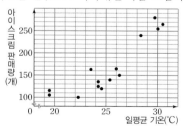

위의 산점도에서 일평균 기온이 올라갈수록 아이스크림 판매량도 대체로 많아짐을 알 수 있다.

따라서 일평균 기온과 아이스크림 일일 판매량 사이에는 양의 상관관계가 있다.

---

14 ① 1차 점수가 높을수록 대체로 2차 점수도 높아지므로 1차 점수와 2차 점수 사이에는 양의 상관관계가 있다.

② 1차 점수와 2차 점수의 차가 가장 큰 사람은 오른쪽 그림과 같이 오른쪽 위로 향하는 대각선을 그었을 때, 이 대각선에서 가장 멀리 떨어진 A이다.

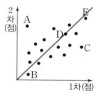

③ C는 D보다 오른쪽에 있으므로 1차 점수는 D보다 높다. 또 C는 D보다 아래쪽에 있으므로 2차 점수는 D보다 낮다.

즉 C는 D보다 1차 점수는 높지만 2차 점수는 낮다.

④ 1차 점수가 2차 점수에 비하여 월등히 높은 사람은 오른쪽 위로 향하는 대각선을 그었을 때, 이 대각선의 아래쪽에 있으면서 대각선에서 가장 멀리 떨어진 C이다.

⑤ E는 다른 점들보다 가장 오른쪽에 위치하므로 1차 점수가 가장 높다.

또 다른 점들보다 가장 위에 위치하므로 2차 점수도 가장 높다.

즉 1, 2차 점수가 모두 가장 높은 사람은 E이다.

따라서 옳지 않은 것은 ④이다.

---

15 ㄱ. 50 m 달리기 기록이 길어짐에 따라 제자리멀리뛰기 기록은 대체로 짧아지므로 50 m 달리기 기록과 제자리멀리뛰기 기록 사이에는 음의 상관관계가 있다.

ㄴ. A는 다른 점들보다 가장 위쪽에 있으므로 제자리멀리뛰기 기록이 가장 길다.

즉 제자리멀리뛰기를 가장 잘하는 학생은 A이다.

ㄷ. 50 m 달리기 기록은 왼쪽에 있을수록 기록이 짧아지므로 A, B, C, D 중 가장 왼쪽에 있는 A의 50 m 달리기 기록이 가장 좋다.

ㄹ. 50 m 달리기 기록에 비하여 제자리멀리뛰기 기록이 가장 좋은 학생은 오른쪽 그림과 같이 오른쪽 아래로 향하는 대각선을 그었을 때, 이 대각선의 위쪽에 있으면서 대각선에서 가장 멀리 떨어진 B이다.

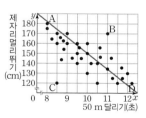

따라서 옳은 것은 ㄴ, ㄹ이다.

주의

50 m 달리기 기록과 제자리멀리뛰기 기록 사이에 음의 상관관계가 있다고 해서 50 m 달리기를 잘하는 학생이 제자리멀리뛰기는 못한다고 착각해서는 안 된다.

50 m 달리기는 기록이 짧을수록 잘한다고 하고, 제자리멀리뛰기는 기록이 길수록 잘한다고 하므로 50 m 달리기를 잘하는 학생이 제자리멀리뛰기도 대체로 잘한다고 할 수 있다.

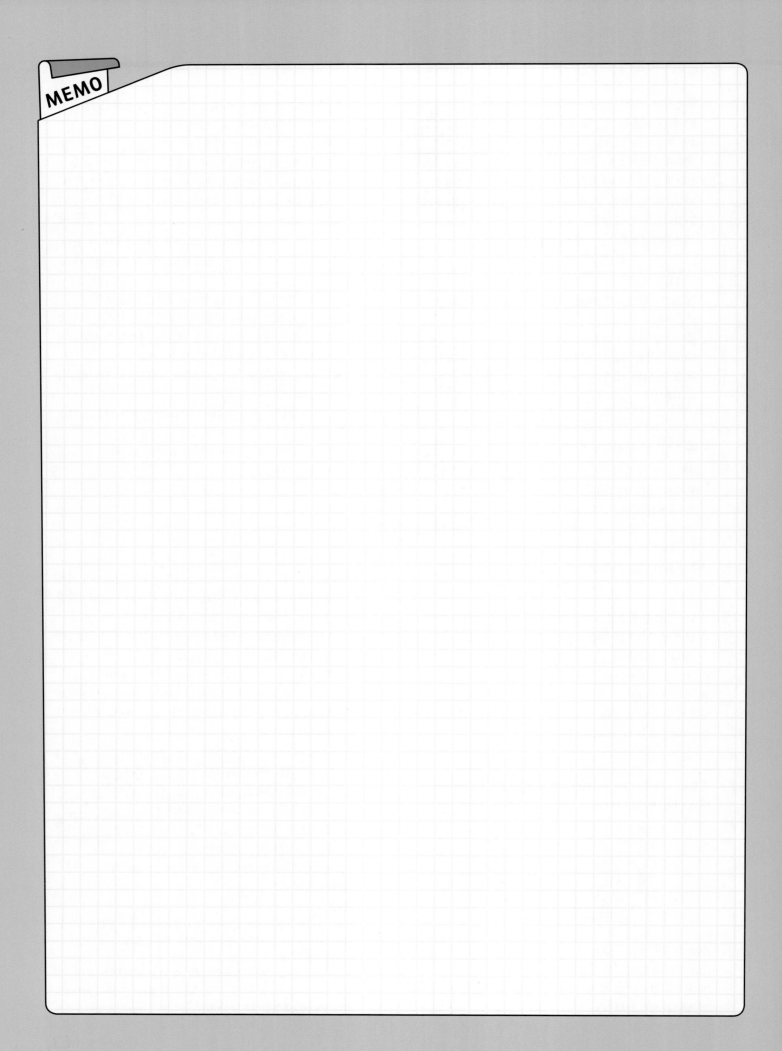

MEMO

수학
마스터
중학 수학 만점 실력서

고난도 Σ
시그마

EBS CLASS ⓔ 와 '한동일'의 콜라보

한동일 지음 | 328쪽 | 값15,000원

오늘의 키워드로 읽는 EBS 지식채널ⓔ

2,800여 편의 방송에 압축된 '살아 있는 지식'을 만나다!

1인 가구 600만 시대
혼자 사는 즐거움을 위해

1인용 인생 계획

내일을 위한
기록을 남기다

기억하는 인간

밀레니얼 세대가 맞이할
'다가오는 경제'

밀레니얼 경제

지금은 코로나 시대,
생존의 조건을 묻다

살아남은 자의 조건